これからの債権管理

—— AI・DX起点の新デザイン

弁護士法人片岡総合法律事務所
弁護士 **右崎 大輔**

［編］

長野国助法律事務所
弁護士 **横澤 康平**

NTS総合弁護士法人
弁護士 **櫻井 宏平**

一般社団法人 金融財政事情研究会

はしがき

　昨今「DX」や「デジタル化社会」などの用語を目にすることは珍しくはありませんが、総務省の「令和3年度版情報通信白書」によれば、日本のデジタル化政策については、①ICTインフラの整備の時期（第1期）、②ICT利活用の推進時期（第2期）、③デジタルデータの利活用の時期（第3期）、④デジタル社会の構築の時期（第4期）という四つの時代に区分されるとのことです。

　ただし、これらの時期は以下の図のとおり各々重複しており、コロナ禍を経た現時点では、上記の各時代における取組みが同時並行的に進められている状態にあります。特に2021年以降は、デジタル庁を中心として「デジタル社会の実現に向けた重点計画」が取りまとめられ、政府をあげた取組みが進められています。

デジタル化の歴史

| 第1期 | 第2期 | 第3期 | 第4期 |

デジタル社会の構築

デジタルデータの利活用

ICT利活用の推進

ICTインフラの整備

コロナ禍

（出典）　総務省作成

　他方で、債権管理回収の業務においては回収担当者のノウハウなどに依存することも多く、また、契約書や債権証書を含む書面での資料管理なども必要になることから、社会のデジタル化の流れからすれば後れをとっていた業務分野でもありました。

　しかしながら、金融機関や債権回収を専門に行うサービサーを含む一部の事業者においては、DX化を踏まえた先進的な回収手法をいち早く取り入れ、効果的、効率的な債権管理回収業務を行っている事業者も存在します。

本書では、上記のような状況を踏まえ、テーマ設定を行った上で、債権管理回収の場面でDX化を促進する際に想定される手法や留意すべき事項について、できる限り幅広く検討を行いました（このテーマ設定に際しては、執筆者が所属する三つの法律事務所と多数の事業会社の皆様が参加し、３年以上にわたり開催しておりました「最先端技術を利活用した債権回収の在り方研究会」での議論をおおいに参考にいたしました）。

　しかしながら、設定したテーマの中でもいまだ議論が進んでいないものが数多くあり、このようなテーマについては、執筆者の研究はもちろんのこと、執筆チーム全体で議論、協議等を行い、その結果を反映させております。

　本書の内容が債権管理回収にかかわる方々の業務において少しでも参考になれば幸いです。

　最後になりましたが、本書は、金融財政事情研究会の平野正樹氏のご尽力なしには、完成に至りませんでした。厚く御礼を申し上げます。

2024年11月

弁護士　右崎　大輔

【著者紹介】

[編者]

右崎　大輔（うざき　だいすけ）

2003年10月弁護士登録、片岡総合法律事務所。
サービサー、銀行、クレジット会社、貸金業者、リース会社などのファイナンス会社からの相談対応を行う。特に、与信サービス関係（リース・クレジット、ファクタリング関係を含む）、サービサー・債権管理回収業務関係、電子マネー関係の相談が多い。
近時の主な執筆実績として「事業再生支援におけるサービサー法の課題と法改正」（季刊事業再生と債権管理179号）、「金融のデジタル化に向けた体制整備　改正資金決済法」（ビジネス法務2022年10月号）、「社会の実態と乖離した貸金業法の改正提言」（消費者信用2021年6月号）。

横澤　康平（よこざわ　こうへい）

2004年10月弁護士登録、長野国助法律事務所。
2017年よりニッテレ債権回収株式会社取締役弁護士。サービサーの取締役弁護士として社内の内部統制やコンプライアンスを担当するほか、サービサー法、貸金業法、割賦販売法等の相談対応や契約書チェック等の業務を行う。取締役弁護士以外の業務としては、株式会社における株主対応、労働問題のほか、個人からは相続に関する案件を多く取り扱う。
主な執筆実績として『フロー＆チェック　企業法務コンプライアンスの手引』（共著、新日本法規出版）、『非上場会社の法務と税務』（共著、新日本法規出版）。

櫻井　宏平（さくらい　こうへい）

2013年3月弁護士登録、NTS総合弁護士法人。
法律事務所や民間企業（企業内弁護士）に在籍後、2016年8月に「つながる全てに『ありがとう』を」を理念とするNTSグループ内の法人としてNTS総合弁護士法人を設立。現在（2024年11月）までに東京、札幌、福岡の3拠点を有する。
全国のクレジット会社、貸金事業者、BNPL等の決済事業者、通信事業者、電力会社、ガス会社、家賃保証会社などの民間企業のほか、地方公共団体や独立行政法人などから、未延滞も含めた幅広い債権を対象とし、債権回収、管理スキームの組成、オフバランスなどに関する依頼や相談を受けている。債権回収以外にも企業法務を中心に、一般民事事件や家事事件も取り扱う。

[執筆者]

● 片岡総合法律事務所

近岡　裕輔（ちかおか　ゆうすけ）

　2019年12月弁護士登録。慶應義塾大学法務研究科（法科大学院）助教（現職）。主な執筆実績として「顧客本位の業務運営（フィデューシャリー・デューティー）がよくわかる講座」（共著、金融財政事情研究会）、『2023年改訂版　Q＆Aでわかる！　第一線のお客様対応（顧客管理）とマネロン対策』（共著、ビジネス教育出版社）、『副業制度の導入と運用の実務』（共著、中央経済社）。

成田　昌平（なりた　しょうへい）

　2020年1月裁判官任官、2023年4月弁護士登録（判事補の弁護士職務経験制度）。金融規制法や個人情報保護法に関する相談対応に従事。また、裁判官の経験を生かし、各種訴訟や人事・労務相談のほか、不正等調査案件を含む危機管理・コンプライアンス業務も手がける。

藤田　侑也（ふじた　ゆうや）

　2020年12月弁護士登録。
　2024年2月より個人情報保護委員会の参事官補佐として法制執務等に従事。片岡総合法律事務所在籍中は、個人情報保護法・GDPR等のデータプロテクションや貸金業法・割賦販売法等の金融レギュレーションのほか、投資案件、人事・労務相談、訴訟、危機管理・リスクマネジメントを含む幅広い案件を手がける。

松澤　瞭（まつざわ　りょう）

　2020年12月弁護士登録。
　主に銀行、貸金業者、資金移動業者等の金融機関からの金融規制法や個人情報保護法に関する相談対応に従事。2024年4月1日から現在に至るまで、デジタル庁の非常勤職員を兼務し、主にデータを利活用した政策等の法的支援に取り組む。

中西　成太（なかにし　せいた）

　2022年4月弁護士登録。
　2023年12月末日まで信販会社や貸金業者、プリペイドカード会社、決済代行会社などの幅広い金融関連会社から寄せられる各種業法や個人情報の取扱い、金融犯

罪対策等に関する相談対応に従事。2024年1月から任期付公務員として官公庁にて執務中。

緒方　祐（おがた　たすく）

2022年4月弁護士登録。
2023年から現在（2024年11月）に至るまで週3回信託銀行に出向し、証券化取引、各種レギュレーション対応等に従事。そのほか、一般企業法務に関する各種契約書のレビュー、訴訟、不動産等の案件も手がける。

宮下　俊満（みやした　しゅんま）

2022年12月弁護士登録。
貸金業法、資金決済法及び割賦販売法等の規制法対応に主として従事。また、契約書のレビューや紛争案件、不祥事対応などのさまざまな企業法務案件にも取り組む。

時岡　直輝（ときおか　なおき）

2022年12月弁護士登録。
片岡総合法律事務所在籍中は、金融機関等の相談対応（資金決済法、貸金業法、割賦販売法及び個人情報保護法に関するものが中心。）を行うほか、紛争案件（通常訴訟のほか、保全・執行手続、ADRへの対応を含む）や一般企業法務全般に取り組む。2024年9月から任期付公務員として官公庁にて執務中。

手島　都瑠（てじま　さとる）

2022年12月弁護士登録。
各種流動化案件を中心に、割賦販売法、貸金業法、銀行法、保険業法等の各種レギュレーション対応等に従事。また、一般企業法務に関する各種契約書のレビュー、訴訟、不動産等の案件も手がける。

松浦　正樹（まつうら　まさき）

2023年12月弁護士登録。
割賦販売法を中心とした決済分野、争訟分野及び危機管理分野を主に取り扱う。

白岩　朋也（しらいわ　ともや）

2023年12月弁護士登録。
割賦販売法、資金決済法、個人情報保護法等のレギュレーション分野、一般企業法務に関する各種契約書のレビュー、訴訟等の分野の業務を手がける。

● 長野国助法律事務所

中狹　和孝（なかばさみ　かずたか）

2012年12月弁護士登録。
古物営業法にかかわる法務、労働問題、一般企業法務に関する各種契約書のレビュー、訴訟、破産事件等を取り扱う。

林田　祐真（はやしだ　ゆうま）

2018年12月弁護士登録。
労働問題や学校法人に関する法務、不動産に関する紛争に注力的に取り組むほか、法人、個人を問わず民事事件・家事事件を中心とした法律相談や訴訟等を取り扱う。

● NTS総合弁護士法人

松本　優子（まつもと　ゆうこ）

2009年6月弁護士登録。
2011年まで都内法律事務所においてサービサー依頼案件を担当し、2016年から5年間文部科学省原子力損害賠償紛争解決センターの調査官を務める。2021年から2023年まで外資系企業の企業内弁護士として契約書レビューや利用規約作成、特定商取引法・個人情報保護法の改正対応等に従事。2023年6月よりNTS総合弁護士法人にて法的措置による債権回収案件を手がける。

目　　次

序　章

1　DX化の潮流と債権回収 ………………………………………………………… 2

Q1　社会におけるDX化の流れはどのような状況か。
Q2　債権管理回収の場面において、今後どのようなかたちでDX化が図られていくのか。

　Ⅰ　社会におけるDX化の流れ ……………………………………………… 2
　Ⅱ　債権管理回収の場面におけるDX化 …………………………………… 5
　Ⅲ　小　　括 ………………………………………………………………… 9

第 **1** 章　総　　論

2　AI利活用原則——債権管理の業務にAIを活用する場合の留意点 …………… 12

Q1　AIを利用するに当たり、遵守すべき規範があるか。
Q2　AIを利用するに当たり、どのような点に留意すべきか。

　Ⅰ　はじめに ………………………………………………………………… 12
　Ⅱ　AI事業者ガイドラインの「基本理念」「原則」「共通指針」 ………… 14
　Ⅲ　AI利用に当たっての留意点 …………………………………………… 28
　Ⅳ　AIガバナンス ………………………………………………………… 34
　Ⅴ　展望のまとめ …………………………………………………………… 36

3　AIを利用した場合の責任の所在 …………………………………………… 37

Q1　AIを利用したところ、法令違反や第三者に損害が生じた場合、だれが責任を負うことになるか。
Q2　AIを利用して債権回収をしていたところ、法令違反や第三者に損害が生じたというケースにおいて、どのような責任が生じるか。

　Ⅰ　はじめに ………………………………………………………………… 37
　Ⅱ　AIの法的位置づけ …………………………………………………… 38
　Ⅲ　法令違反が生じた場合における責任の所在 ………………………… 40

Ⅳ　ま と め ……………………………………………………………………… 49

4　個人情報保護法と債権管理 …………………………………………………… 50

Q1　令和 2 年個人情報保護法改正により、債権管理において留意すべき点はあるか。

Q2　その他、債権管理回収との関係で、どのような場合に個人情報保護法が問題となるか。

Ⅰ　令和 2 年個人情報保護法改正により留意すべき点 …………………… 50

Ⅱ　債権管理回収において個人情報保護法が問題となる場合 ………… 57

5　債権回収の委託業務により生じた回収データの法的帰属 ……………… 63

Q　債権回収業務をサービサー又は弁護士若しくは弁護士法人（以下「サービサー等」という）に委託した場合において、その委託先で生じた回収データは、委託元又は委託先サービサー等のいずれに帰属するか。

Ⅰ　債権管理回収行為により生じる回収データとは ……………………… 63

Ⅱ　一般的な「データ」の財産性について ………………………………… 64

Ⅲ　契約とデータの保護 ……………………………………………………… 69

Ⅳ　ま と め ……………………………………………………………………… 76

6　AI等の利活用と弁護士法72条の関係 ……………………………………… 77

Q　債権回収の業務において、AI等を活用して、契約書の作成等の機能を有するサービス（以下「リーガルテックサービス」という）を、有償で利用しようと考えている。利用の前提として、このようなリーガルテックサービスは適法なものであるか。具体的には、債務者との間で行われたこれまでの交渉経緯や、当該債務者の職業・収入・資産状況などを入力することによって、当該債務者にとって最適な支払期間や支払回数、各回の支払金額等を定めた示談契約が作成される機能を備えたAI等を活用した、有償のリーガルテックサービスとは、弁護士法72条に違反するか。

Ⅰ　契約書関連業務と弁護士法72条 ……………………………………… 77

Ⅱ　法務省による回答・ガイドライン公表 ……………………………… 78

Ⅲ　本ガイドラインの分析 …………………………………………………… 80

Ⅳ　②「訴訟事件……その他一般の法律事件」の要件に含まれる「事件性」について ……………………………………………………………… 83

Ⅴ　本稿におけるリーガルテックサービスについての検討 ………… 85

第2章 各 論 ① —— 債権管理

7 ブログ、SNS等を利活用した債務者動向の把握と債権回収行為 ······· 88

Q1 ブログ、SNS等からはどのような情報が取得でき、どのような利用が考えられるか。

Q2 債権管理回収において、ブログ、SNS等から情報を取得・利用することに関し、どのような点に留意すべきか。

Ⅰ ブログ・SNS等から得られる情報の種類と利用イメージ ·················· 88

Ⅱ ブログ、SNS等から情報を取得・利用することに関する留意点 ····· 91

8 スコアリング情報を利活用した債権回収における法的課題 ··············· 101

Q1 スコアリングモデル及びスコアリング情報とは何か。

Q2 スコアリング情報の法的位置づけはどのようになっているか。

Q3 債権回収の場面でのスコアリング情報の利活用の可能性はあるか。

Ⅰ スコアリングモデル及びスコアリング情報 ································· 102

Ⅱ スコアリング情報の法的位置づけ ··· 104

Ⅲ 債権回収の場面でのスコアリング情報の利活用の可能性 ············· 112

9 電磁的方法を用いた債権管理回収 ··· 117

Q1 通常、債権管理回収はどのように行われるか。

Q2 債権管理回収について、電磁的方法をどのように用いることができるか。

Q3 債権管理回収に電磁的方法を用いることによって、どのようなメリットがあるか。

Ⅰ 通常の債権管理回収 ··· 117

Ⅱ 電磁的方法を用いた債権管理回収 ··· 120

Ⅲ 電磁的方法を用いることのメリット等 ··································· 127

10 クラウドファンディングの最新動向と事業再生面での活用可能性 ··· 129

Q1 クラウドファンディングとは何か。どのように分類されるか。

Q2 クラウドファンディングに係る法規制はどのようなものか。

Q3 クラウドファンディングをめぐる最新動向。

Ⅰ クラウドファンディングとは ··· 130

Ⅱ 法規制等 ··· 132

Ⅲ クラウドファンディングをめぐる最新動向 ······························· 138

11 新しい担保のとり方 ·· 144

Q1 新しい担保のとり方として、どのようなものが考えられるか。
Q2 暗号資産に対して担保を設定する場合、どのようなことに注意すればよいか。
Q3 暗号資産を担保とした場合、担保の実行はどのようにすればよいか。

Ⅰ　新しい担保のとり方 ·· 144

Ⅱ　暗号資産に対して担保を設定する場合の注意点 ·············· 148

Ⅲ　担保権実行の方法 ·· 151

第3章　各　論 ② —— 債権回収（任意回収）

12 電磁的方法による契約の締結 ································· 154

Q1 電磁的方法による契約の締結において、どのような点に留意すべきか。
Q2 電磁的方法を用いた債権管理回収方法にはどのようなものがあるか。

Ⅰ　電子商取引の現状 ·· 154

Ⅱ　契約の締結 ··· 156

Ⅲ　債権の管理回収 ··· 162

13 システムツールの利用による回収の効果と留意点 ·········· 167

Q1 債権管理回収手法の現状としてどのようなものがあるか。
Q2 システムツールを利用した督促に回収の効果はあるか。また利用する際の留意点は何か。

Ⅰ　債権回収手法の現状 ··· 167

Ⅱ　ロボットによる回収の効果と利用する際の留意点 ············ 173

Ⅲ　ま　と　め ··· 181

14 シェアリングエコノミーを利用した債権回収における法的課題 ······· 182

Q1 シェアリングエコノミーとは何か。
Q2 債権回収におけるシェアリングエコノミーの可能性として、何が考えられるか。
Q3 シェアリングエコノミーを活用した債権回収において生じ得る法的課題は何か。

Ⅰ　シェアリングエコノミー ··· 182

Ⅱ　債権回収におけるシェアリングエコノミーの可能性 ··········· 185

Ⅲ シェアリングエコノミーを活用した債権回収において生じ得る法的課題 ················ 186

Ⅳ まとめ ················ 193

15 デジタルマネーでの債務弁済 ················ 195

Q1 デジタルマネーとは何か。
Q2 デジタルマネーによる債務弁済はできるか。
Q3 デジタルマネーによる債務弁済を実施する際の実務上の留意点は何か。

Ⅰ デジタルマネー ················ 196

Ⅱ デジタルマネーによる債務弁済の可否 ················ 202

Ⅲ 実務上の留意点 ················ 207

第4章 | 各 論 ③ —— 債権回収（法的回収・法的手続）

16 不良債権ネット市場の創設可能性と、当該市場を利活用した債権売却による債権回収の可能性 ················ 210

Q1 現在不良債権の譲渡はどのように行われているか。
Q2 不良債権を売買するネット市場を開設した場合のメリットとデメリットは何か。
Q3 不良債権ネット市場を創設して、債権売買を行うことの実現可能性はあるか。

Ⅰ 現在不良債権の譲渡はどのように行われているか ················ 210

Ⅱ 不良債権を売買するネット市場を開設した場合のメリットとデメリット ················ 213

Ⅲ 不良債権ネット市場を創設して、債権売買を行うことの実現可能性はあるか ················ 215

17 原因証書等が電子化されている場合の立証パッケージ ················ 218

Q1 民事訴訟における事実認定の原則は何か。
Q2 電磁的方法を証拠として提出する場合の留意点は何か。
Q3 電磁的方法により契約が締結された場合における訴訟での立証の留意点は何か。

Ⅰ 民事訴訟手続における事実認定等 ················ 219

Ⅱ 電磁的記録を証拠として提出する際の留意点 ················ 219

 Ⅲ　電磁的方法により契約が締結された場合における訴訟でのその他
　の立証の留意点 ……………………………………………………………… 227

18　裁判手続のIT化と債権回収 ……………………………………………… 229

Q1　これまでの裁判手続はどのようなものか。
Q2　裁判手続のIT化とは何か。
Q3　弁護士ではない貸金業者やサービサーも裁判手続のIT化を利用することはで
　きるのか。また、債権の管理回収に当たりIT化のデメリットはあるか。

 Ⅰ　これまでの裁判手続 …………………………………………………… 229

 Ⅱ　裁判手続のIT化 ………………………………………………………… 232

 Ⅲ　裁判手続のIT化の利用 ………………………………………………… 235

19　電子マネー、暗号資産に対する強制執行 ……………………………… 237

Q1　電子マネーにはどのようなタイプが存在するか。
Q2　電子マネーに対して強制執行を行うことはできるか。
Q3　暗号資産に対して強制執行を行うことはできるか。

 Ⅰ　電子マネーの種類 ……………………………………………………… 237

 Ⅱ　電子マネーに対する強制執行手続 …………………………………… 240

 Ⅲ　暗号資産に対する強制執行 …………………………………………… 242

第 5 章 ┃ その他（関連する法的制度等）

20　AIの利活用に伴う貸金業法の留意点 …………………………………… 250

Q1　AIを用いる上で、貸金業法との関係で留意しなければならない事項は何か。
Q2　AIを用いた債権回収によって生じ得る責任としては、どのようなものが考え
　られるか。

 Ⅰ　貸金業法 ………………………………………………………………… 250

 Ⅱ　具体的な事例を踏まえた責任に関する検討 ………………………… 252

 Ⅲ　行為規制に関する問題点 ……………………………………………… 254

21　後払サービスにおけるAI技術の利用可能性 …………………………… 262

Q1　「後払サービス」とは何か。
Q2　後払サービスに係る各種法規制としては、どのようなものがあるか。
Q3　BNPL事業者は、顧客に対する後払サービスに係る債権を、サービサーに委
　託又は譲渡して回収することができるか。

　　Ⅰ　「後払サービス」とは何か ……………………………………………… 263

　　Ⅱ　後払サービスに係る各種法規制 ……………………………………… 265

　　Ⅲ　BNPL事業者の債権管理回収（サービサーへの委託・債権譲渡の可

　　　否） ……………………………………………………………………… 271

22　「認定包括信用購入あっせん制度」の概要とその活用可能性 ………… 275

　　Q　割賦販売法において、AI技術等を使用して与信審査等を行う制度として、
　　　「認定包括信用購入あっせん制度」が創設されたが、どのような制度か。

　　Ⅰ　導入背景 ………………………………………………………………… 275

　　Ⅱ　認定包括信用購入あっせん制度の利用 ……………………………… 276

　　Ⅲ　認定包括信用購入あっせん制度の諸規定 …………………………… 278

　　Ⅳ　認定制度と債権回収のかかわり ……………………………………… 279

23　銀行法の改正と債権回収分野への影響 ………………………………… 284

　　Q1　令和3年改正銀行法の概要はどのようになっているか。
　　Q2　銀行が行う情報利活用に係る業務を他業態に提供し、当該業態において利活
　　　用することは可能か。
　　Q3　改正銀行法に係る債権回収分野への今後の影響は何か。

　　Ⅰ　令和3年改正銀行法 …………………………………………………… 285

　　Ⅱ　改正銀行法に関連するサービスと債権回収分野への今後の影響 … 291

　　Ⅲ　補足——改正銀行法に関連するサービスと他業態での利活用 …………… 292

24　事業再生支援等においてサービサーが担うべき役割と現行サービ

サー法の課題 ……………………………………………………………… 294

　　Q1　近時の事業再生支援等の動向とサービサーが担うべき役割は何か。
　　Q2　現行のサービサー法における課題は何か。
　　Q3　サービサー法の改正を行うべき事項は何か。

　　Ⅰ　近時の事業再生支援等の動向とサービサーが担うべき役割 ………… 294

　　Ⅱ　現行のサービサー法における課題について ………………………… 296

　　Ⅲ　サービサー法の改正を行うべき事項 ………………………………… 300

　　Ⅳ　ま と め ………………………………………………………………… 304

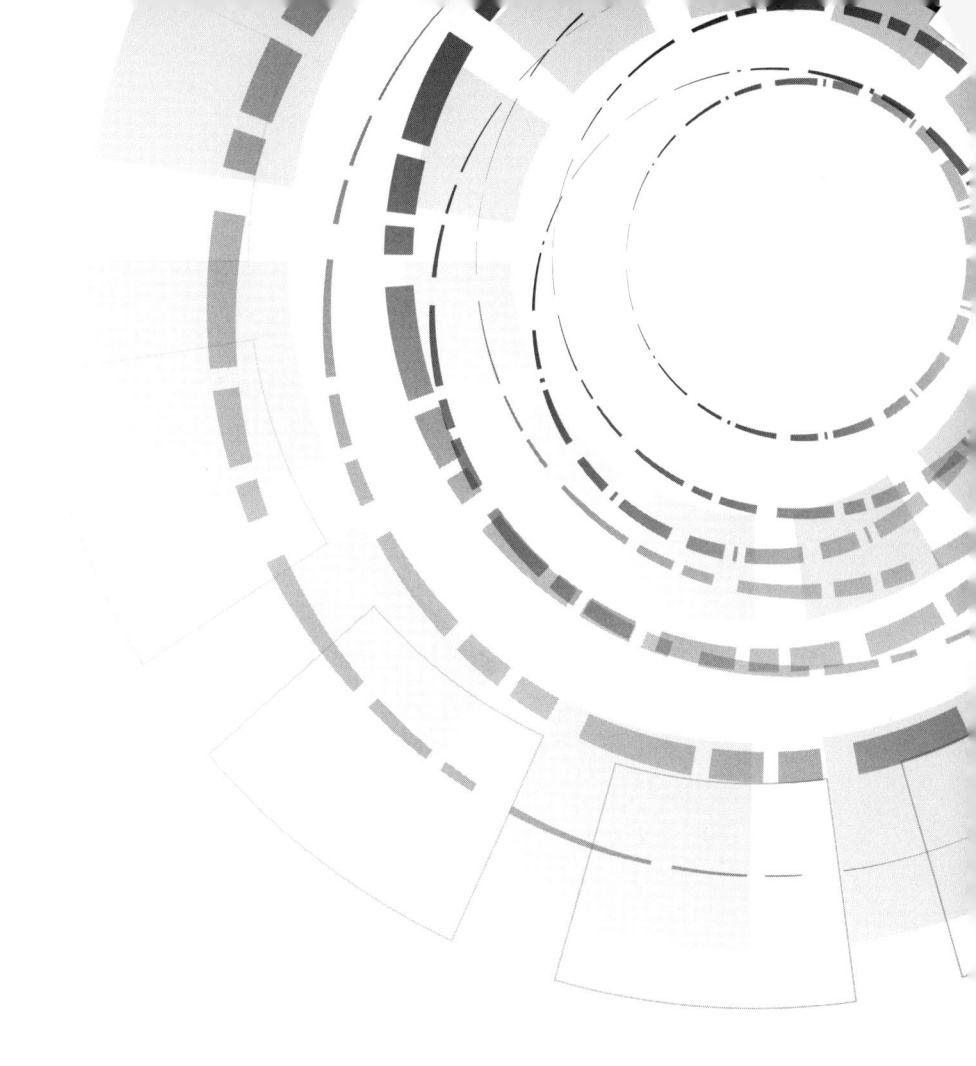

序　章

1 DX化の潮流と債権回収

1 社会におけるDX化の流れはどのような状況か。

2 債権管理回収の場面において、今後どのようなかたちでDX化が図られていくのか。

1 デジタル庁を中心に、「デジタル社会の実現に向けた重点計画」に基づく各種の施策が行われており、DX化の流れが続いている状況である。この流れの中で、DX化に関連する法改正、ルール策定の動きもみられる。

2 社会全体におけるDX化の流れを受け、債権管理回収の場面においても、DX化の流れを踏まえ、新たな対応が必要となったり、新たな手法の検討が必要とされたりしている。そのために、さまざまな点について、具体的な検討が必要である。

I 社会におけるDX化の流れ

1 DXの大きな流れ

(1) デジタル庁の発足

わが国では、2021年9月に日本のデジタル社会を推進するための官庁として、デジタル庁が発足した。このデジタル庁には、国や地方公共団体、民間事業者などの関係者と連携して社会全体のデジタル化を推進する取組みを牽引していくことが期待されている。

(2) 「デジタル社会の実現に向けた重点計画」について

デジタル庁が中心になり、デジタル社会を実現するための計画が策定され、当該計画に沿った取組みが行われている。具体的には、2023年6月に

図表1－1　2023年度「デジタル社会の実現に向けた重点計画」の構成

［本文］
第1　安全・安心で便利な国民の生活や事業者の活動に向けた重点的な取組み
第2　重点計画の基本的考え方
　　　1.デジタルにより目指す社会の姿
　　　2.デジタル社会の実現に向けての理念・原則
第3　デジタル社会の実現に向けた戦略・施策
　　第3－1　戦略として取り組む政策群
　　第3－2　各分野における基本的な施策
第4　今後の推進体制
［工程表］
［別冊（施策集、オンライン化を実施する行政手続きの一覧等）］

（出典）　デジタル庁「デジタル社会の実現に向けた重点計画（概要）」（2023）

「デジタル社会の実現に向けた重点計画」が閣議決定された。

　同計画においては、目指すべきデジタル社会の実現に向けて、政府が実施すべき施策が明記されており、また、同計画は、各府省庁が構造改革や個別の施策に取り組み、それを世界に発信・提言する際の「羅針盤」として位置づけられている。

　「デジタル社会の実現に向けた重点計画」の概要は、図表1－1のとおりである。

　なお、前述の重点計画においては、安全・安心で便利な国民の生活や事業者の活動に向けた重点的な取組みとして、「各種法令のアナログ規制の見直し」や「AI活用及びデータ戦略の推進」などがあげられており、これに従った、法改正や、ルール策定などが進められているところである。

　また、「デジタル社会の実現に向けた重点計画」は2024年6月にも見直しがなされ、アップデート版として公表されている。

2 重点計画に基づく動向等

(1) 「デジタル社会の実現に向けた重点計画」に基づく又はこれに関連する施策・動向

前述の重点計画に基づき、政府をあげてさまざまな施策が行われている。

また、当該重点計画に直接基づかないとしても、さまざまな場面において、DX化に関連する法改正、ルール策定の動きもみられるところである。

本書で検討をする範囲を踏まえれば、法改正に関連する施策、動向としては、主に以下があげられる。

○ 民事訴訟法、民事保全法、民事執行法等の法改正を含む裁判手続のIT化（229頁参照）

○ 情報利活用に係る業務を銀行等に広く認めた銀行法改正（284頁参照）

○ AI技術等を駆使して独自の与信審査を可能とする制度としての認定包括信用購入あっせん制度を創設した割賦販売法改正（275頁参照）

次に、ルール策定としての施策、動向としては、主に以下があげられる。

○ 「AI事業者ガイドライン」の策定（19頁参照）

○ 電子サインについての解釈を示した「利用者の指示に基づきサービス提供事業者自身の署名鍵により暗号化等を行う電子契約サービスに関するQ&A」（総務省・法務省・経済産業省、令和2年7月17日）（123頁参照）

○ リーガルテックサービスと弁護士法との関係を整理した「AI等を用いた契約書等関連業務支援サービスの提供と弁護士法第72条との関係について」（法務省、令和5年8月1日）（79頁参照）

○ 産業競争力強化法に基づく新事業活動計画の認定による債権譲渡の第三者対抗要件のデジタル化（126頁参照）

(2) 小 括

このように社会におけるDX化は、大きな流れになってきており、これに沿った立法化、ルール化が進んでいる状態である。

Ⅱ 債権管理回収の場面におけるDX化

1 はじめに

前述Ⅰで説明したような社会全体におけるDX化の流れを受け、債権管理回収の場面においても、DX化の流れを踏まえ、新たな対応が必要となったり、新たな手法の検討が必要とされたりしている。

具体的に、債権管理回収の事務フローに沿って、これらの内容を俯瞰する。

2 債権管理回収における具体的な事務フローと、DX化を踏まえた検討

(1) 債権管理回収の場面における事務フロー

まず、債権管理回収の場面では、おおむね図表1－2のような手続の流れがとられる。

(a) ①債権内容・状態の確認

対象となる債権がどのような内容で、どのような債務者であり、当該債務者の連絡状況や資産状況がどのような状態なのかを確認するところから債権管理回収はスタートする。

(b) ②回収準備、計画

次に、前述①の結果を踏まえ、どのような方法で回収を進めるかを検討し、必要な準備を行い、回収計画を立てることになる。

図表1－2　債権回収の事務フロー

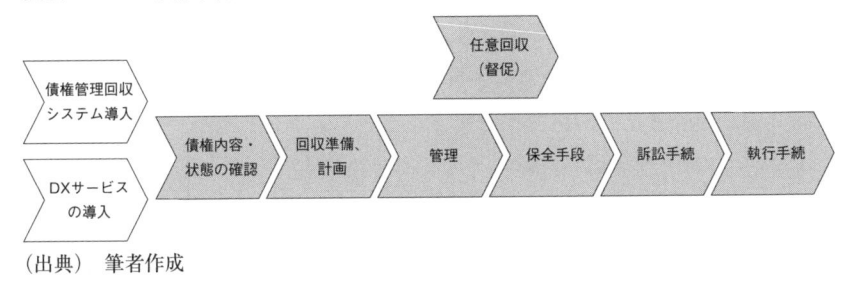

（出典）　筆者作成

(c) ③債権の管理

回収計画を立てた後は、債権の時効管理を行ったり、債務者との連絡手段を維持したり、担保物の価値を維持するための措置を行うなど債権の回収可能性を確保、維持するための措置を行う。

(d) ④任意回収（督促）

債務者に対して任意の弁済を促すために、督促状を送付したり、架電等をするなどのいわゆる督促行為が行われる。

(e) ⑤保全手続

前述④の任意回収の手段では功を奏さない場合には、訴訟手続をとることを前提に、債務者の財産を仮差押えするなどの保全手続を行うこともある。

(f) ⑥訴訟手続

債務者に対して支払を求めるために訴訟手続がとられることもある。

(g) ⑦執行手続

訴訟手続において勝訴判決を得るなどして、債務名義を取得した場合には、当該債務名義を利用して、債務者の財産を差し押さえる手続等を行う。

(h) ⓪システム、サービスの導入など

以上のような①から⑦の事務フローとは別に、これらの事務フローに先立つ段階で、債権管理回収の効率化を図るために、ITシステムが導入されたり、各種DX化のためのサービスが導入されたりすることもある。

(2) DX化を踏まえた検討

(a) 検討すべき論点

以上の⓪から⑦までの各事務フローを念頭に、DX化を踏まえて、検討すべきことが想定される点に言及する。

(i) ⓪システム、サービスの導入など

AI等を利活用したシステムや、サービスを導入しようとする際には、AI利活用原則を踏まえた対応を検討する必要がある（12頁参照）。

また、AI等を利活用した結果、なんらかの不備が生じた場合に、だれがどのような責任を負担することになるのかという点についても、事前に検討を行う必要もある（37頁参照）。

(ii) ①債権内容・状態の確認

債務者についての情報収集等を行うことが想定されるが、DX化のもとでは、ブログやSNSで債務者自らが公表している情報など、これまで想定されてこられなかった情報収集の手法の採否を検討する必要がある（80頁参照）。

(iii) ②回収準備、計画

DX化が進むと、債権の原因契約の締結に際しても、電子サインなども用いられ、原因証書が存在しない債権も多数存在することになる。このような債権については、今後の法的回収の段階に至ることを踏まえ、訴訟上の立証について検討をする必要がある（154頁参照）。

また、この場面では、AIも用いたスコアリングや、回収結果情報を利活用し、効果的な債権回収計画の策定も考慮するべきであろう（101頁参照）。

(iv) ③債権の管理

債権管理の事務フローや、次の④の任意回収の事務フローにおいて、債務者と今後の債務弁済の方法、内容についてあらためて合意を行い、その合意内容を書面化することがある。このような場合において、書面のやりとりではなく、電子サインを用いることも検討する必要があろう（120頁参照）。

また、このような合意の場面において、合意の内容を契約書とする際に、AIを用いて契約条項を作成等する場合には、弁護士法との関係についても留意する必要がある（77頁参照）。

さらに、新しい担保権としてさまざまなものが想定されてくるようになってきたため、これらを利用した債権管理も可能となる余地があり、この検討も必要となる（144頁参照）。

(v) ④任意回収（督促）

これまでは担当者がアナログ的に個別に架電をしたり、書面を送付していたことが多かったが、DX化のもとでは、ロボットコールやSMSなどを利用した督促行為が活用されることが想定され、このような手法を利用した場合の留意点などを検討する必要がある（167頁参照）。

また、新たな回収手法として、シェアリングエコノミーを利用した任意弁済の方法や、電子マネー、暗号資産、ポイントなどによる回収方法について

も、あらかじめ検討をしておくことが必要である（182頁及び195頁参照）。

(vi) ⑤保全手続、⑥訴訟手続、⑦執行手続に共通のもの

前述のとおり、裁判手続についてIT化が進められており、この内容について十分に把握をし、法的手続の選択をする必要がある（229頁参照）。

(vii) ⑦執行手続固有のもの

電子マネーや暗号資産といった社会のDX化のもとで、新たな財産権として認識されているものに対して、強制執行を行うことも検討すべきである（237頁参照）。

図表1－3　債権回収の事務フローと検討論点

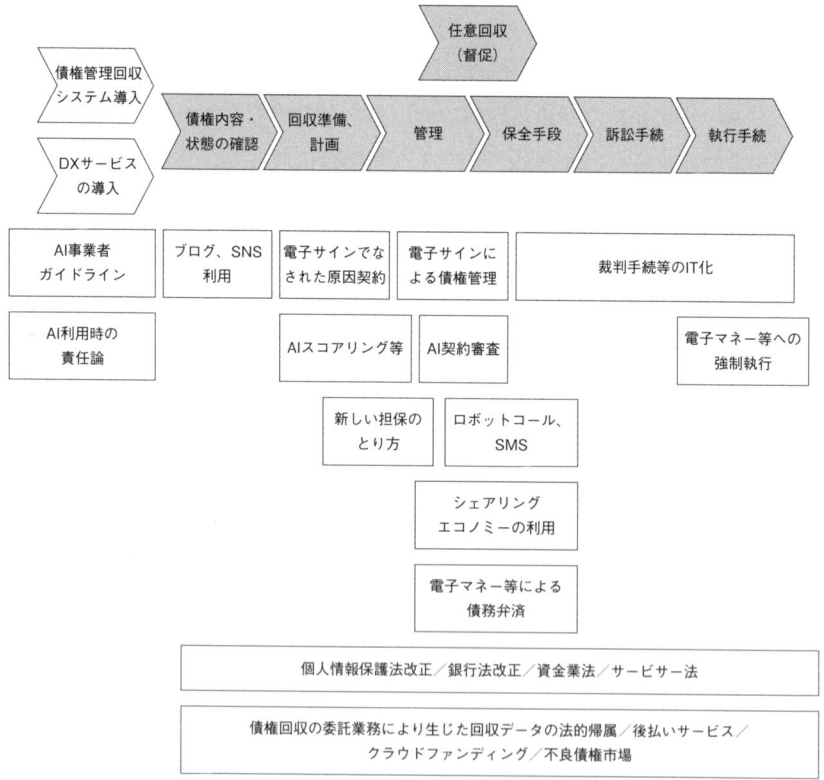

（出典）　筆者作成

(b) 関係法令の法改正動向や新たなルール策定の動向に関する検討

以上の手続ごとの検討とは別に、関係法令の法改正動向や、新たなルール策定の動向についても具体的な検討が必要である。

前述Ⅰで言及したものについても検討すべきであるが、これ以外にも、関連する法制度、サービス等の内容（改正動向も含む）についても留意をしておく必要がある。

○　個人情報保護法の改正動向（50頁参照）

○　債権回収の委託業務により生じた回収データの法的帰属（63頁参照）

○　貸金業法の問題点の検討（250頁参照）

○　後払サービスについての動向（262頁参照）

○　クラウドファンディングについての動向（129頁参照）

○　不良債権市場の創設可能性（210頁参照）

Ⅲ　小　　括

以上みてきたように、日本社会においてDX化が大きな潮流になっており、これまでアナログ中心であった債権管理回収の場面においても、この潮流を踏まえてDX化を推進していくことが必要である。

本書は、このような観点からさまざまな事項について、個別に深掘りをして検討するものである。

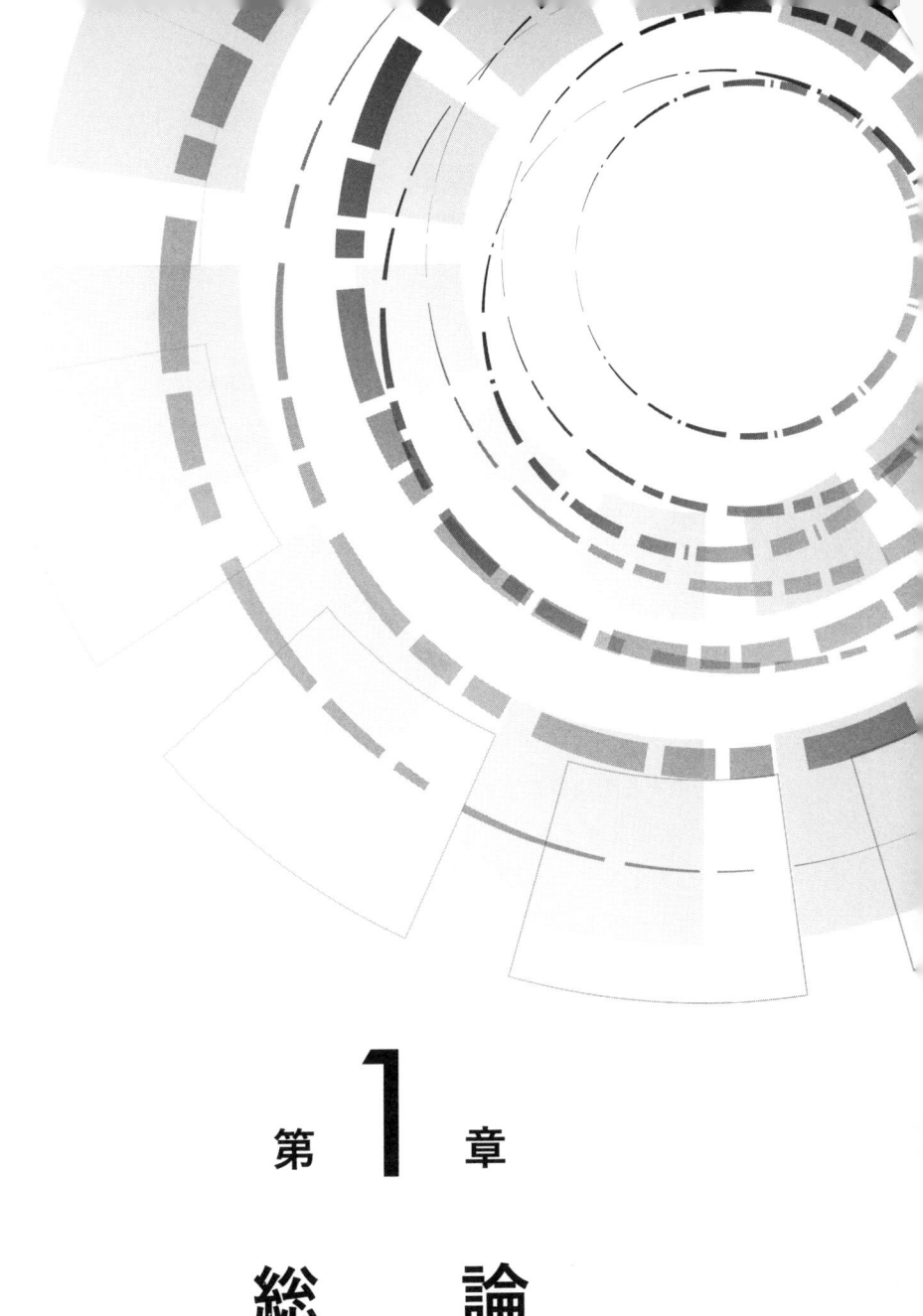

第 1 章

総　論

2 AI利活用原則
——債権管理の業務にAIを活用する場合の留意点

Q
1 AIを利用するに当たり、遵守すべき規範があるか。
2 AIを利用するに当たり、どのような点に留意すべきか。

A
1 現時点で法規範はないが、「AI事業者ガイドライン」にのっとった利用が期待されている。
2 「AI事業者ガイドライン」の各原則に留意する必要がある。

I はじめに

　AIを利用する際に留意すべき規範として、これまでに「人間中心のAI社会原則」「AI開発ガイドライン」「AI利活用ガイドライン」「AI原則実践のためのガバナンス・ガイドライン」が策定されていた。その後、諸外国の動向や新技術の台頭を考慮し、後者三つの諸原則の統合・見直しを行い、2024年4月19日、総務省・経済産業省より、「AI事業者ガイドライン（第1.0版）」（以下「AI事業者ガイドライン」という）が策定・公表された〔脚注1〕。これから、AI事業者が、AIの利活用を検討・実施するに当たり留意すべき事項として、同ガイドラインの参照が必須となる。

　国内法化を目指さない理由として、弥永真生・宍戸常寿『ロボット・AIと法』（有斐閣、2018）では「一つには、ロボット・AIの研究開発がグローバルに進み、その影響やリスクもネットワークを通じて世界的に及ぶことが考えられる以上、一国で規制をするかどうかを考えても限界がある、という

1　詳しい策定経緯については、経済産業省のウェブサイト参照（経済産業省「AI事業者ガイドライン（第1.0版）」https://www.meti.go.jp/press/2024/04/20240419004/20240419004.html（2024.4.19））。

図表2－1　AIに関連する主な諸原則等

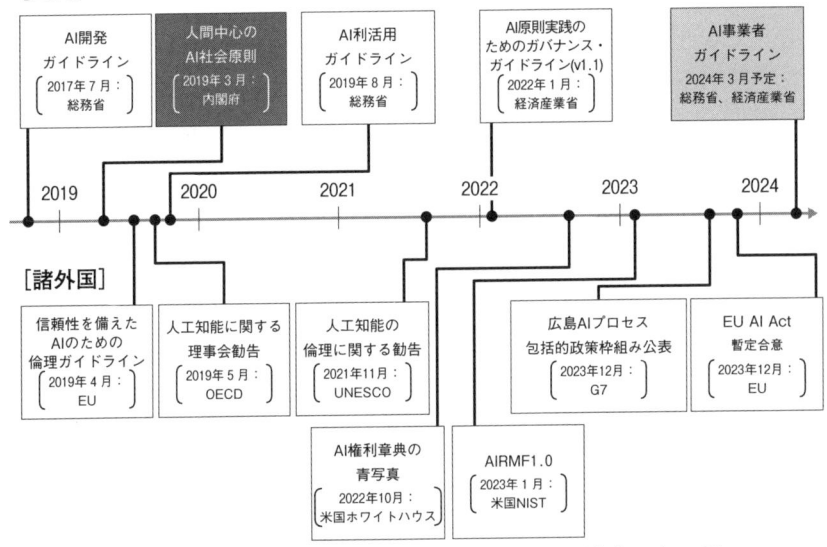

（出典）　総務省・経済産業省「「AI事業者ガイドライン」案概要」（2024）6頁

図表2－2　AI事業者ガイドラインの位置づけ

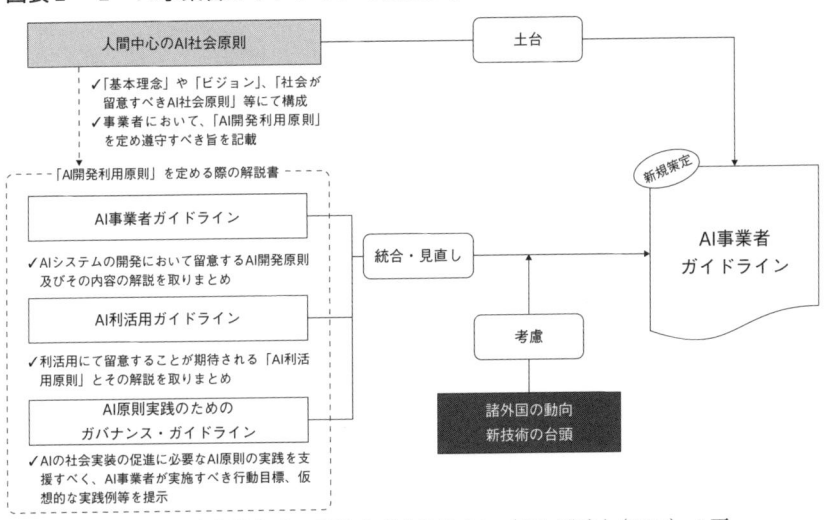

（出典）　総務省・経済産業省「AI事業者ガイドライン（第1.0版）」（2024）3頁

事情がある。また、ロボット・AIの規制に前向きな欧州と逆に消極的な米国の間で、開発者がガイドラインを自主的に遵守しつつ、それによってロボット・AIが社会的に受容されることを国際的な方向性として目指す、という戦略がある」（19〜22頁）と説明されている。もっとも、自民党が2024年2月にAI推進基本法案（仮）をまとめており、日本政府としてもこの案を参考にした法規制化の検討を始めている。

　現在、AI戦略会議において、罰則付きの法規制化が検討されているが、ベースはあくまでも民間による自主規制となるとの見方もされている。今後も大きな動きがあると思われ、注視が必要である。

II　AI事業者ガイドラインの「基本理念」「原則」「共通指針」

　まず、AIの定義について確認の上で、AI事業者ガイドラインの具体的内容につき、解説する。

1　AIの定義

　AI事業者ガイドラインとAI利活用ガイドライン〔**脚注2**〕では、次のとおり定義されている。

　　○　「「AI」とは、「AIソフト及びAIシステムを総称する概念」をいう。

　　○　「AIソフト」とは、データ・情報・知識の学習等により、利用の過程を通じて自らの出力やプログラムを変化させる機能を有するソフトウェアをいう。例えば、機械学習ソフトウェアはこれに含まれる。

　　○　「AIシステム」とは、AIソフトを構成要素として含むシステムをいう。例えば、AIソフトを実装したロボットやクラウドシステムはこれに含まれる。

　AI事業者ガイドライン（8頁〜）では、次のとおり定義している。

2　AIネットワーク社会推進会議「AI利活用ガイドライン」（2019.8.9）

○　「AI」現時点で確立された定義はなく、広義の人工知能の外延を厳密に定義することは困難とした上で、「本ガイドラインにおけるAIは「AIシステム」自体や、機械学習をするソフトウェアやプログラムを含む抽象的な概念とする。」

○　「AIシステム」「活用の過程を通じて様々なレベルの自律性をもって動作し学習する機能を有するソフトウェアを要素として含むシステムとする（機械、ロボット、クラウドシステム等)。」

○　「高度なAIシステム」「最先端の基盤モデル及び生成AIシステムを含む、最も高度なAIシステムを指す。」

○　「AIモデル（MLモデル)」「AIシステムに含まれ、学習データを用いた機械学習によって得られるモデルで、入力で結果に応じた予測結果を生成する。」

○　「AIサービス」「AIシステムを用いた役務を指す。AI利用者への価値提供の全般を指しており、AIサービスの提供・運営は、AIシステムの構成技術に限らず、人間によるモニタリングやステークホルダーとの適切なコミュニケーションなどの非技術的アプローチも連携した形で実施される。」

○　「生成AI」「文章や画像、プログラムなどを生成できるAIモデルにもとづくAIの総称を指す。」

○　「AIガバナンス」「AIの利活用によって生じるリスクをステークホルダーにとって受容可能な水準で管理しつつ、そこからもたらされる正のインパクト（便益）を最大化することを目的とする、ステークホルダーによる技術的、組織的、及び社会的システムの設計及び運用。」

なお、「AI」は、人間と同じ意識や自我をもっているかどうかで「強いAI」と「弱いAI」とに分類され、更に自ら機能を汎化するものかどうかで「汎用AI」と「特化型AI」とに分類されている〔脚注3〕。

3　弥永真生・宍戸常寿編『ロボット・AIと法』（有斐閣、2018）7 ～ 8 頁

人工知能技術戦略会議2017年3月31日「人口知能技術戦略」の「1.人口知能技術、データ、コンピューティングを取り巻く状況」（1頁）では、「現在進んでいるAI技術は特定タスクを行う特化型AI技術であり、あくまで人間の能力を補完するものである」と指摘されている。

　このようにいわれている中、2022年11月、米国のOpenAI（オープンAI）社が開発した「ChatGPT（チャットGPT）」が発表され、いまでも大きな話題となっている。チャットGPTとは、中島秀之博士の説明〔**脚注4**〕によると、「GPTという言語生成モデルを対話（チャット）用に訓練したものである。差別的な発言など、望ましくない対話は行わないように訓練されている。そもそもGPTとは、

　　　Generative（生成的）

　　　Pretrained（事前学習ずみ）

　　　Transformer（現在最高峰とされている自然言語処理のための学習モデル）

のこと」〔**脚注5**〕であり、「統計的学習はしているが、推論はできない」

図表2-3　チャットGPT

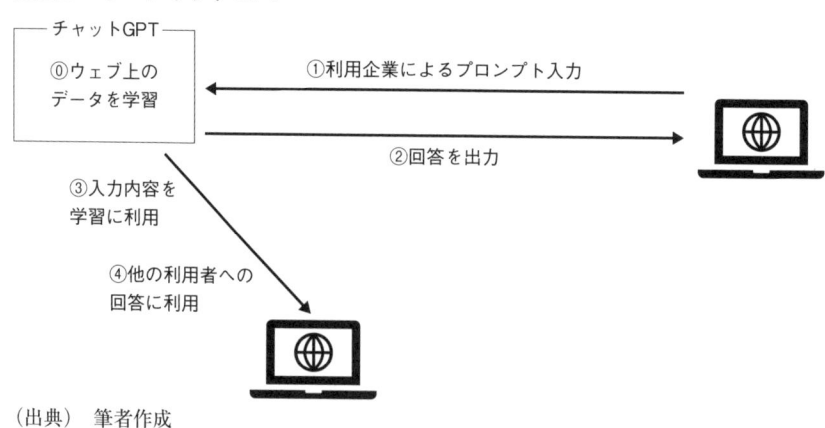

（出典）　筆者作成

4　中島秀之「「ChatGPT」のインパクトと可能性」週刊金融財政事情2023.7.11（3502号Vol.74-No.26）20頁
5　前掲注4・21頁

〔脚注6〕し、生成物については、「あくまで超多数の例から学んだ確率的生成である」〔脚注7〕ということである。

　このような定義から、チャットGPTは前述の分類からすると「弱いAI」であり、かつ「特化型AI」のカテゴリに入るともいえそうであるが、チャットGPTの機能は現在多様化が進み、創造的な分野における活用も期待されており、「汎用AI」寄りになっていくことが考えられる。

図表2－4　AIの事業活動を担う主体

・**AI開発者（AI Developer）** AIシステムを開発する事業者（AIを研究開発する事業者を含む） AIモデル・アルゴリズムの開発、データ収集（購入を含む）、前処理、AIモデル学習、検証を通してAIモデル及びAIモデルのシステム基盤や入出力等を含むAIシステムを構築する役割を担う。
・**AI提供者（AI Provider）** AIシステムをアプリケーションや製品もしくは既存のシステムやビジネスプロセス等に組み込んだサービスとしてAI利用者（AI Business User）、場合によっては業務外利用者に提供する事業者 AIシステム検証、AIシステムの他システムとの連携の実装、AIシステム・サービスの提供、正常稼働のためのAIシステムにおけるAI利用者（AI Business User）側の運用サポートやAIサービスの運用自体を担う。AIサービスの提供に伴い、さまざまなステークホルダーとのコミュニケーションが求められることもある。
・**AI利用者（AI Business User）** 事業活動において、AIシステム又はAIサービスを利用する事業者 AI提供者が意図している適正な利用を行い、環境変化等の情報をAI提供者と共有し正常稼働を継続することや、必要に応じて提供されたAIシステムを運用する役割を担う。また、AIの活用において業務外利用者になんらかの影響が考えられる場合は、当該者に対するAIによる意図しない不利益の回避、AIによる便益最大化の実現に努める役割を担う。

（出典）　総務省・経済産業省「AI事業者ガイドライン（第1.0版）」（2024）5頁

6　前掲注4
7　前掲注4・21頁

2 AI活用に関する法規範

現時点において、AIの利用に関する法規範は存在しないし、その動きもみられない。ただし、次に紹介するとおり、人間中心のAI社会原則を土台とするAI事業者ガイドラインが策定されており、これらを非拘束的なソフトローとして遵守することが期待されている。

図表2-5　一般的なAI活用の流れにおける主体の対応

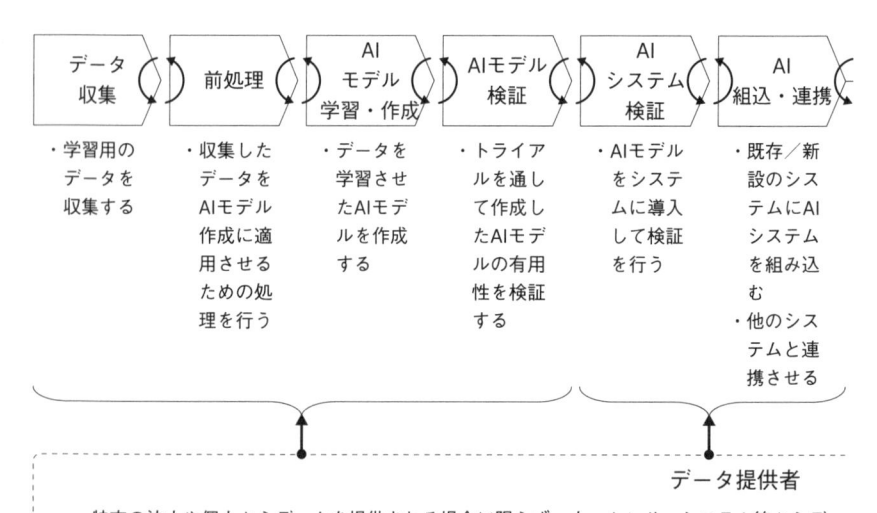

（出典）　総務省・経済産業省「AI事業者ガイドライン（第1.0版）」（2024）5頁から抜粋

3 AI事業者ガイドライン

　AI事業者ガイドラインとは、内容をまとめると、次のようなものである
ということができる。

　　○　事業者がAIの社会実装及びガバナンスを共に実践するための非拘
　　　束的なソフトローであること。

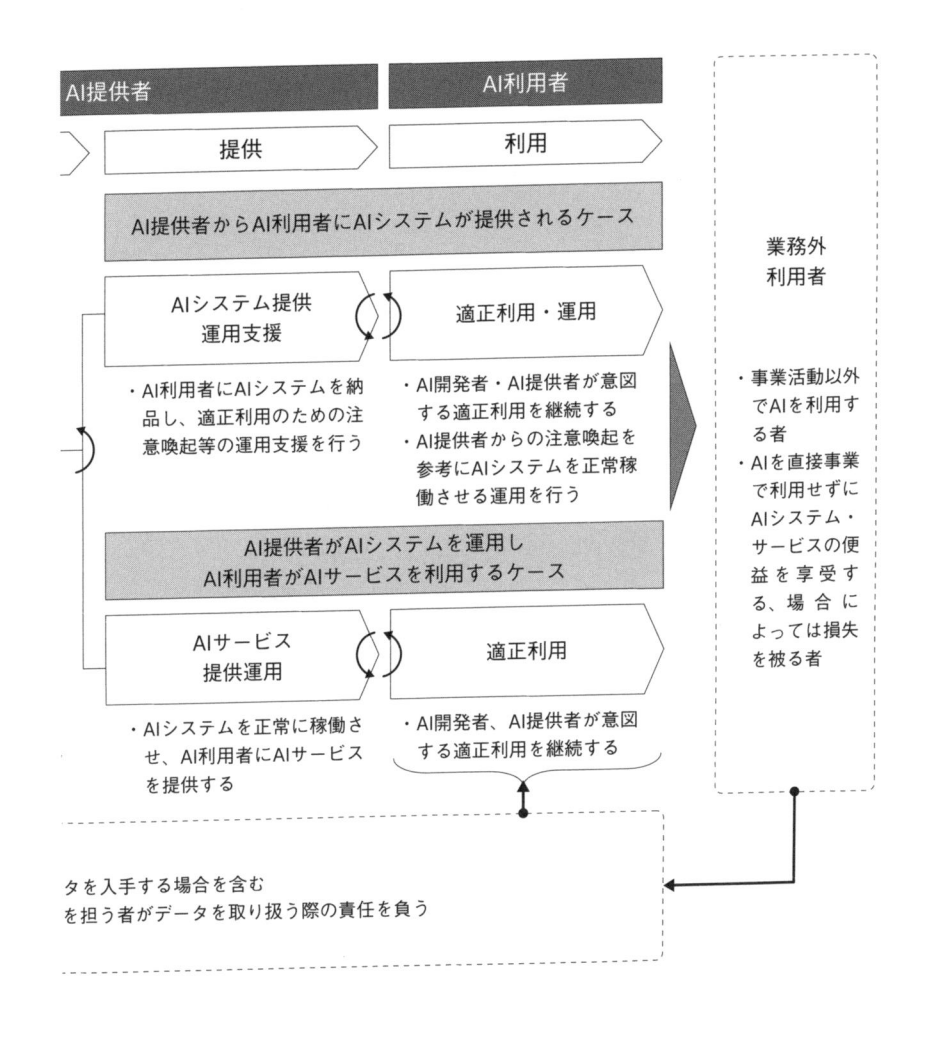

○ AIの利用によるリスクについて、あらかじめ事前に個別の利用分野における利用形態に伴って生じ得るリスクの大きさ（危害の大きさとその蓋然性）を把握した上で、その対策の程度をリスクの大きさに対応させる「リスクベースアプローチ」に基づいて、企業における対策の方向を定めるものであること。

○ AI開発・提供・利用に当たって必要な取組みについての基本的な考え方を示すもの。

○ さまざまな事業活動においてAIの開発・提供・利用を担う全ての者（政府・自治体等の公的機関を含む）を対象とし、他方で、事業活動以外でAIを利用する者又はAIを直接事業で利用せずにAIシステム・サービスの便益を享受する、場合によっては損失を被る者（合わせて「業務外利用者」）については、対象に含まない。

○ AI活用において、データ提供者ではなく、データの提供を受ける者、又は入手する者がデータを取り扱う責任を担うと整理されるため、インターネット等で公開することも含めデータを提供する特定の法人や個人（データ提供者）は、このガイドラインの対象に含まれない。

○ このガイドラインの対象者は、AIの事業活動を担う主体として、「AI開発者」「AI提供者」「AI利用者」である。

AI事業者ガイドラインは、その第2部にAIにより目指すべき社会と各主体（AI開発者、AI提供者、及びAI利用者のことをいう。以下同じ）が取り組む事項が定められており、A.基本理念、B.原則、C.共通の指針、D.高度なAIシステムに関係する事業者に共通の指針、E.AIガバナンスの構築をその内容としている。以下、A〜Cについて簡単に紹介する。

(1) A.基本理念

「人間中心のAI社会原則」（統合イノベーション戦略推進会議）における「基本理念」と同様の内容となっている。AIがSociety5.0の実現に貢献することが期待され、AIが人類の公共財として活用し、社会のあり方の質的変化や真のイノベーションを通じて地球規模の持続可能性へとつなげることが重要であるとし、以下のとおり、三つの価値を基本理念に掲げている。

① 人間の尊厳が尊重される社会（Dignity）	AIを利活用して効率性や利便性を追求するあまり、人間がAIに過度に依存したり、人間の行動をコントロールすることにAIが利用される社会を構築するのではなく、人間がAIを道具として使いこなすことによって、人間がさまざまな能力を更に発揮することを可能とし、より大きな創造性を発揮したり、やりがいのある仕事に従事したりすることで、物質的にも精神的にも豊かな生活を送ることができるような、人間の尊厳が尊重される社会を構築する必要がある。
② 多様な背景をもつ人々が多様な幸せを追及できる社会（Diversity&Inclusion）	多様な背景と価値観、考え方をもつ人々が多様な幸せを追求し、それらを柔軟に包摂した上で新たな価値を創造できる社会は、現代における一つの理想であり、大きなチャレンジである。AIという強力な技術は、この理想にわれわれを近づける一つの有力な道具となり得る。われわれはAIの適切な開発と発展によって、このように社会のあり方を変革していく必要がある。
③ 持続性ある社会（Sustainability）	われわれは、AIの活用によりビジネスやソリューションを次々と生み、社会の格差を解消し、地球規模の環境問題や気候変動等にも対応が可能な持続性のある

社会を構築する方向へ展開される必要が
ある。科学・技術立国としてのわが国
は、その科学的・技術的蓄積をAIに
よって強化し、そのような社会をつくる
ことに貢献する責務がある。

図表2－6　基本理念

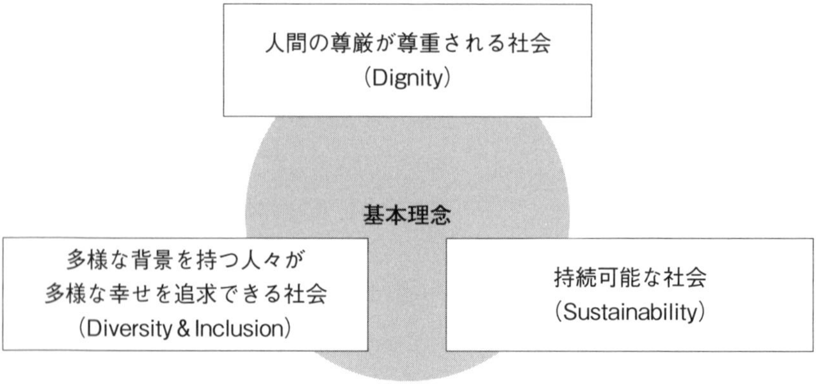

人間の尊厳が尊重される社会
（Dignity）

基本理念

多様な背景を持つ人々が
多様な幸せを追求できる社会
（Diversity & Inclusion）

持続可能な社会
（Sustainability）

（出典）　総務省・経済産業省「AI事業者ガイドライン（第1.0版）」（2024）11頁

　これらは、著しい技術の発展によっても変わるものではないという普遍的
なものであり、AIの発展に伴い、日本及び多国間の枠組みで目指すべき方
向性として、これらの「基本的理念」が尊重されるべきとされている。

(2)　B.原則

　「基本理念」を実現するため、各主体がこれに沿うかたちで取組みを進め
ることが重要とされ、そのために各主体が念頭に置く「原則」を、各主体が
取り組む事項と社会と連携した取組みが期待される事項とに整理されてい
る。この内容は、AIネットワーク社会推進会議策定の「報告書2019（令和
元年8月9日）」（以下「報告書2019年」という）の「AI利活用ガイドライ
ン」において要求されていた事項と共通している。

図表2－7　人間中心のAI社会原則

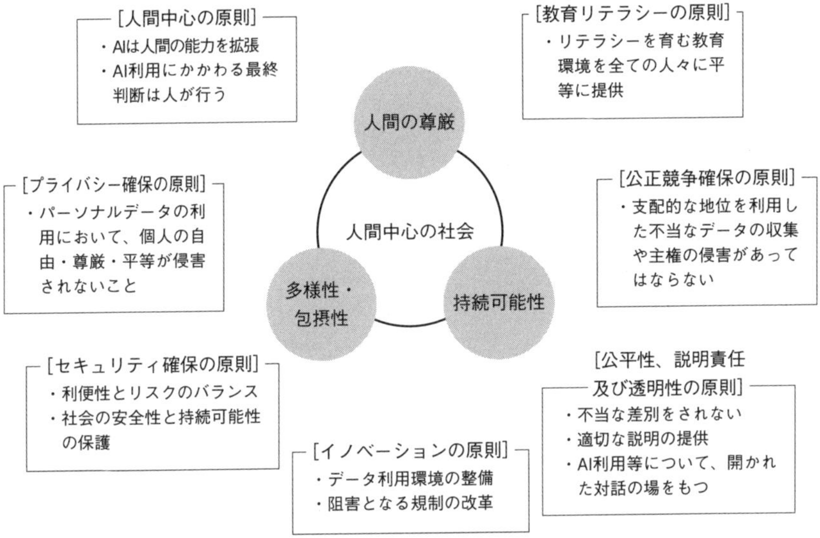

[人間中心の原則]
・AIは人間の能力を拡張
・AI利用にかかわる最終判断は人が行う

[教育リテラシーの原則]
・リテラシーを育む教育環境を全ての人々に平等に提供

[プライバシー確保の原則]
・パーソナルデータの利用において、個人の自由・尊厳・平等が侵害されないこと

[公正競争確保の原則]
・支配的な地位を利用した不当なデータの収集や主権の侵害があってはならない

人間の尊厳

人間中心の社会

多様性・包摂性

持続可能性

[セキュリティ確保の原則]
・利便性とリスクのバランス
・社会の安全性と持続可能性の保護

[イノベーションの原則]
・データ利用環境の整備
・阻害となる規制の改革

[公平性、説明責任及び透明性の原則]
・不当な差別をされない
・適切な説明の提供
・AI利用等について、開かれた対話の場をもつ

(出典)　内閣府「「AI戦略2019」の概要と取組状況」(2019)　1頁

(a)　各主体が取り組む事項

　各主体は、「基本理念」により導き出される「人間中心」の考えのもと、次の取組みを実行すべきとされている。

　　○　安全性・公平性、プライバシー保護、セキュリティ確保、透明性、アカウンタビリティ、各主体間の連携への各取組み

(b)　社会と連携した取組みが期待される事項

　各主体それぞれの取組みに加え、社会（政府・自治体やコミュニティも含む）と積極的に連携することが期待され、次の事項が期待されている。

　　○　教育・リテラシー確保の機会の提供、公正競争の確保、イノベーションの促進

(3)　C.共通の指針

　取組みに当たり、各主体は、人間中心に照らし、法の支配、人権、民主主義、多様性、公平公正な社会を尊重するようなAIシステム・サービスを開発・提供・利用すべきであり、憲法や知的財産関連法令、個人情報保護法を

図表 2 - 8　各主体に共通の指針

指針		内容（主な項目の抜粋）
各主体が取り組む事項	1）人間中心	✓AIが人々の能力を拡張し、多様な人々の多様な幸せ（well-being）の追求が可能となるように行動する ✓AIが生成した偽情報・誤情報・偏向情報が社会を不安定化・混乱させるリスクが高まっていることを認識した上で必要な対策を講じる ✓より多くの人々がAIの恩恵を享受できるよう社会的弱者によるAIの活用を容易にするよう注意を払う
	2）安全性	✓適切なリスク分析を実施し、リスクへの対策を講じる ✓主体のコントロールが及ぶ範囲で本来の利用目的を逸脱した提供・利用により危害が発生することを避ける ✓AIシステム・サービスの特性や用途を踏まえ、学習等に用いるデータの正確性等を検討するとともに、データの透明性の支援や法的枠組みの遵守、AIモデルの更新等を合理的な範囲で適切に実施する
	3）公平性	✓特定の個人ないし集団へのその人種、性別、国籍、年齢、政治的信念、宗教等の多様な背景を理由とした不当で有害な偏見や差別をなくすよう努める ✓AIの出力結果が公平性を欠くことがないよう、AIに単独で判断させるだけでなく人間の判断を介在させる利用を検討した上で、無意識や潜在的なバイアスに留意し、AIの開発・提供・利用を行う
	4）プライバシー保護	✓個人情報保護法等の関連法令の遵守や各主体のプライバシーポリシーの策定・公表により、社会的文脈や人々の合理的な期待を踏まえ、ステークホルダーのプライバシーが尊重され、保護されるよう、その重要性に応じた対応を取る
	5）セキュリティ確保	✓AIシステム・サービスの機密性・完全性・可用性を維持し、常時、AIの安全な活用を確保するため、その時点での技術水準に照らして合理的な対策を講じる ✓AIシステム・サービスに対する外部からの

		攻撃は日々新たな手法が生まれており、これらのリスクに対応するための留意事項を確認する
	6）透明性	✓AIを活用する際の社会的文脈を踏まえ、AIシステム・サービスの検証可能性を確保しながら、必要かつ技術的に可能な範囲で、ステークホルダーに対し合理的な範囲で適切な情報を提供する（AIを利用しているという事実、データ収集及びアノテーションの手法、AIシステム・サービスの能力、限界、提供先における適切／不適切な利用方法、等）
	7）アカウンタビリティ	✓トレーサビリティの確保や共通の指針の対応状況等について、ステークホルダーに対して情報の提供と説明を行う ✓各主体のAIガバナンスに関するポリシー、プライバシーポリシー等の方針を策定し、公表する ✓関係する情報を文書化して保管し、必要なときに、必要なところで、入手可能かつ利用に適したかたちで参照可能な状態とする
社会と連携した取組みが期待される事項	8）教育・リテラシー	✓AIにかかわる者が、そのかかわりにおいて十分なレベルのAIリテラシーを確保するために必要な措置を講じる ✓AIの複雑性や誤情報といった特性や、意図的な悪用の可能性もあることを勘案して、ステークホルダーに対しても教育を行うことが期待される
	9）公正競争確保	✓AIを活用した新たなビジネス・サービスが創出され、持続的な経済成長の維持と社会課題の解決策の提示がなされるよう、AIをめぐる公正な競争環境の維持に努めることが期待される
	10）イノベーション	✓国際化・多様化や産学官連携、オープンイノベーションを推進する ✓自らのAIシステム・サービスと他のAIシステム・サービスとの相互接続性と相互運用性を確保する ✓標準仕様がある場合には、それに準拠する

（出典）　総務省・経済産業省「AI事業者ガイドライン（第1.0版）」（2024）12頁からの内容をまとめたもの

図表2-9 「共通の指針」に加えて主体ごとに重要となる事項

	第2部. C. 共通の指針	「共通の指針」に加えて 主体毎に重要となる事項		
		第3部. AI開発者（D）	第4部. AI提供者（P）	第5部. AI利用者（U）
1） 人間中心	①人間の尊厳及び個人の自律 ②AIによる意思決定・感情の操作等への留意 ③偽情報等への対策 ④多様性・包摂性の確保 ⑤利用者支援 ⑥持続可能性の確保			
2） 安全性	①人間の生命・身体・財産、精神及び環境への配慮 ②適正利用 ③適正学習	ⅰ．適切なデータの学習 ⅱ．人間の生命・身体・財産、精神及び環境に配慮した開発 ⅲ．適正利用に資する開発	ⅰ．人間の生命・身体・財産、精神及び環境に配慮したリスク対策 ⅱ．適正利用に資する提供	ⅰ．安全を考慮した適正利用
3） 公平性	①AIモデルの各構成技術に含まれるバイアスへの配慮 ②人間の判断の介在	ⅰ．データに含まれるバイアスへの配慮 ⅱ．AIモデルのアルゴリズム等に含まれるバイアスへの配慮	ⅰ．AIシステム・サービスの構成及びデータに含まれるバイアスへの配慮	ⅰ．入力データ又はプロンプトに含まれるバイアスへの配慮
4） プライバシー保護	①AIシステム・サービス全般におけるプライバシーの保護	ⅰ．適切なデータの学習（D-2） ⅰ．再掲）	ⅰ．プライバシー保護のための仕組み及び対策の導入 ⅱ．プライバシー侵害への対策	ⅰ．個人情報の不適切入力及びプライバシー侵害への対策
5） セキュリティ確保	①AIシステム・サービスに影響するセキュリティ対策 ②最新動向への留意	ⅰ．セキュリティ対策のための仕組みの導入 ⅱ．最新動向への留意	ⅰ．セキュリティ対策のための仕組みの導入 ⅱ．脆弱性への対応	ⅰ．セキュリティ対策の実施

6） 透明性	①検証可能性の確保 ②関連するステークホルダーへの情報提供 ③合理的かつ誠実な対応 ④関連するステークホルダーへの説明可能性・解釈可能性の向上	ⅰ．検証可能性の確保 ⅱ．関連するステークホルダーへの情報提供	ⅰ．システムアーキテクチャ等の文書化 ⅱ．関連するステークホルダーへの情報提供	ⅰ．関連するステークホルダーへの情報提供
7） アカウンタビリティ	①トレーサビリティの向上 ②「共通の指針」の対応状況の説明 ③責任者の明示 ④関係者間の責任の分配 ⑤ステークホルダーへの具体的な対応 ⑥文書化	ⅰ．AI提供者への「共通の指針」の対応状況の説明 ⅱ．開発関連情報の文書化	ⅰ．AI利用者への「共通の指針」の対応状況の説明 ⅱ．サービス規約等の文書化	ⅰ．関連するステークホルダーへの説明 ⅱ．提供された文書の活用及び規約の遵守
8） 教育・リテラシー	①AIリテラシーの確保 ②教育・リスキリング ③ステークホルダーへのフォローアップ	—	—	—
9） 公正競争確保	—	—	—	—
10） イノベーション	①オープンイノベーション等の推進 ②相互接続性・相互運用性への留意 ③適切な情報提供	ⅰ．イノベーションの機会創造への貢献	—	—

（出典）　総務省・経済産業省「AI事業者ガイドライン（第1.0版）」（2024）21頁から抜粋

はじめとする関連法令、AIに係る個別分野の既存法令等を遵守すべきであり、国際的な指針等の検討状況についても留意することが重要とされている。

　そして、各主体が連携して、バリューチェーン全体で取り組むべきものとして、指針が示されているが、以下のものが重要である。

Ⅲ　AI利用に当たっての留意点

　AI事業者ガイドラインの上記共通指針等から、債権回収においてAIを利用した際の具体的な仕様や運用方法がみえるものではないし、具体的に各指針に対しどのように向き合うべきかについては、利用するAIシステムの種類や内容、利用の仕方、利用者に関係するステークホルダーの属性等により異なるものといえるが、特に共通指針について若干の考察を加えたい。
　ここでは、債権管理におけるAIの活用イメージと留意点につき検討する。

1　AIの活用イメージ

次のような活用方法が考えられる。

①　過去の交渉記録等の情報から回収の難易度を見極め、分類する。

②　上記の分類に従い請求書の発送頻度・回数、架電頻度・回数を自動調整し、AIの判断でアプローチを掛ける。

③　債務者対応は、AIが対応し、交渉内容も自動記録され、期日管理も徹底される。債務者から問合せを受けた場合には、AIが回答を行う。

2　AI事業者ガイドラインの「共通の指針」と債権回収

　上記1のAIの活用イメージを前提に、関係性があると思われる「共通の指針」について、検討を行う。

(1)　人間中心

　各主体は、AIシステム・サービスの開発・提供・利用において、少なく

とも憲法が保障する又は国際的に認められた人権を侵すことがないようにすべきであり、AIが人々の能力を拡張し、多様な人々の多様な幸せ（well-being）の追求が可能となるように行動することが重要とされている。そして、AIが活用される際の社会的文脈を踏まえ、人間の尊厳及び個人の自立を尊重する必要があるとされている。

　債権回収において債権者側は、督促行為を行うことについて法的に認められており、それは権利でもあるが、社会通念上許容されない度を超えた行為は、権利の濫用であり許されないといえる。AIがそのような度を超えた行為をしないよう留意する必要がある。このような観点から、AIが作成した文案を担当者のチェックなく、そのまま利用することには（当面の間は）慎重になるべきといえよう。

　また、AI学習等に用いるデータの質への留意と不正確又は不適切なデータの学習等によるAIのセキュリティ脆弱性への留意が必要といわれている。

　チャットGPTは、「過去にヒトラー礼賛を教え込んだユーザーがいることなどへの反省から、現在はユーザーの発話は取り込まないことになっている」とのことであり、債権管理に利用するAIを学習等させる際にも同様の配慮が必要といえる。

　AIによる債務者との対話型チャットボットやAIオペレーターを開発・利用する場合には、学習素材を自社の交渉記録に限定し、その中で相手方を罵倒するようなカスタマーハラスメントの交渉ケースを除外すれば、人権問題を生じさせるような発言をするリスクはないと思われるが、外部の事業者のサービスを利用する場合には、この点の確認・検証をするのが必要といえる。

　今後、汎用AIが実現し、AIの判断により請求行為が行われるようになった場合、AIの目的が「回収の実現」にあるとすると、苛烈な督促が行われる危険性がある。その場合には、人間の尊厳と個人の自律という問題が特に意識されるようになると思われる。

(2) 安 全 性

　各主体は、AIシステム・サービスの開発・提供・利用を通じ、ステーク

ホルダーの生命・身体・財産に危害を及ぼすことがないようにすべきとされている。AIの活用又は意図しないAIの動作によって生じ得る権利侵害の重大性、侵害発生の可能性等、当該AIの性質・用途等に照らし、必要に応じて客観的なモニタリング及び対処を含めて人間がコントロールできる制御可能性を確保すること等が求められている。

債権回収の現場において、架電データの生成に当たり情報が混在したり、特定の債務者に短期間に大量の架電を繰り返したりといった権利侵害を惹起し得ることがないよう留意する必要がある。

債権回収業務の事務的行為である債務者情報の登録・変更の場面において、AI-OCRによる読み取りやインターネット上の情報から債務者（顧客）属性情報の取得をする場合、これらの情報は、その後の債権回収のベースとなる情報であることから、情報の誤取得は大きな問題になるため、人間による登録チェックを徹底するなどの必要性がある。具体的には、債務者の氏名、ふりがな、住所等が正しく読み取りをされているか、公開情報からの情報取得においては、取得した情報が本人の意思等に基づく情報であるのか、債権管理に当たり必要な情報であるのかなどの判断を人間が行う必要がある。その判断に当たっては、AIがどこから、どのようにして情報を取得したのかという取得の経緯も確認をする必要があるといえる。

債権回収業務の督促行為の場面において、「債務者の支払をしない理由」はさまざまであり、その事情に応じ、督促を一時止めたり、住所を変更したり、管理を中止したりと柔軟な対応が必要となる場面があり、人間の判断の介在の重要性がいっそう高いといえる。特に注意を要するケースとして、例えば、債務者が、重度の精神病に罹患し請求書をみるだけで精神に異常をきたすと主張する場合、DVの被害に遭いシェルターに入っている場合、主張内容に一定の合理性が認められる（抗弁事由となっている）と思われる場合、被災している場合（被災していると思われる場合も含む）などがあげられる。

たとえ、請求権が存在していたとしても、裁判手続ではなく、任意の支払を求める場合には、請求の方法や態様によっては、法令に違反したり、請求

行為自体が不法行為に問われたり、弁護士の場合には品位を害したとして懲戒事由に該当したりする場合もあり得る。

　AIの判断において債務者と交渉し、請求書の送付や電話・SMSの発信をする場合には、これらの状況に対処できる体制を整える必要性がある。

　AIの行為の結果の責任は、全てその利用者が負うことになるということを考えると、現時点での技術水準に照らすと、AIの活用は、人間の業務を補完する事務に限られ、最終判断は人間が行うとの立場で考える必要があるといえる。チャットGPTによる論文作成について、多くの学会では、これを禁止している。理由は、論文内容が研究者のものか否かの判断ができないからであるが、利用した研究者においても、チャットGPTによる成果物の出典が検証することができず明らかでないといえる。AIを債権回収に利用する場合も同じようなことがいえ、AIによる行為の内容について人間（AI利用事業者）が把握していないという事態は許されないのであって、AIがもつアルゴリズムを相当程度理解し、全ての行為の内容を把握できるような仕組みを整えた上での利用が求められるといえる。

⑶　公　平　性

　各主体は、AIシステム・サービスの開発・提供・利用において、特定の個人ないし集団への人種、性別、国籍、年齢、政治的信念、宗教等の多様な背景を理由とした不当で有害な偏見及び差別をなくすよう努めることが重要

図表2－10　公平性に係る留意事項

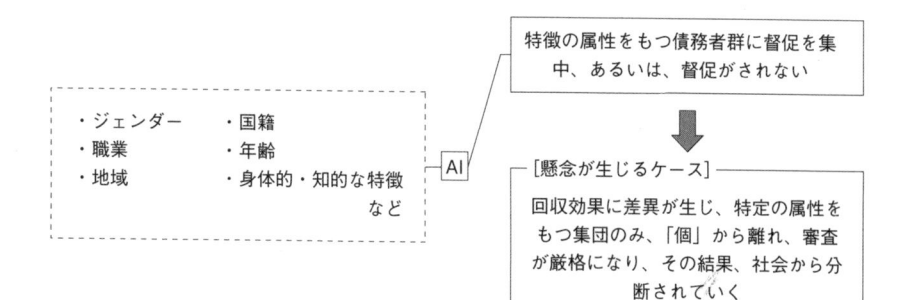

・ジェンダー　　・国籍
・職業　　　　　・年齢
・地域　　　　　・身体的・知的な特徴
　　　　　　　　　　　　　　　　　など

AI

特徴の属性をもつ債務者群に督促を集中、あるいは、督促がされない

［懸念が生じるケース］
回収効果に差異が生じ、特定の属性をもつ集団のみ、「個」から離れ、審査が厳格になり、その結果、社会から分断されていく

（出典）　筆者作成

であるとされる。

　例えば、回収効率の向上を最優先事項とした場合、スコアリングデータから特定の債務者群に督促が集中すること、又は、特定の債務者群には督促がされないことが生じたことにより、債務者群ごとの回収率に違いが生じ、これにより得られたデータを与信データとして利用した結果、特定の属性をもつ人々（地域、性差、国籍など）のみ取扱いが異なるということになれば、問題性が生じるように思われる。

(4)　**プライバシー**

　各主体は、AIシステム・サービスの開発・提供・利用において、その重要性に応じ、プライバシーを尊重し、保護することが重要であるとされている。

　債権回収においては、債務者情報を不用意に収集・保持したり、債務者ではない者が債務者本人になりすまし、自動応答の督促ツールから、容易に債務者の情報を取得したりできるようにすることは問題があるといえる。

　特に、督促の場面や債務者情報の取得場面において、プライバシー侵害への留意が必要となる。債務者や債権管理回収に当たり必要性のない情報を誤って取得した場合における当該情報の消去やAIのアルゴリズムの更新等の措置をとることが必要となる。

　AIサービスの利用において、個人情報保護法の遵守が前提であるが、SNS等の公開情報から情報を取得することは、本人の意思に基づく公開や国等の機関による公開である場合には、同違反の問題は生じない。

　例えば、債権回収事業者が、債権回収に用いることを前提に、債務者情報を取得するため、過度に感情移入しやすい、恋愛アプリ、支払相談アプリ等を提供し、これらのアプリを通じて、債務者から提供され取得した情報を債権回収に用いた場合、「不正の手段」による取得と評価され、個人情報保護法に抵触する可能性がある。

(5)　**セキュリティ確保**

　各主体は、AIシステム・サービスの開発・提供・利用において、不正操作によってAIの振る舞いに意図せぬ変更又は停止が生じることのないよう

に、セキュリティを確保することが重要とされている。

　債権回収においては、膨大な債務者データの上に督促が行われているため、AIへの不正操作により、これらのデータが流出したり、データの改ざんにより不当な督促が行われたりすることがあれば社会に混乱をもたらすだけではなく、当該データの保有者である債務者に損害が生じることにもなるため、時代に即した技術水準に照らして合理的な対策を講じる必要があるといえる。

⑹　透　明　性

　各主体は、AIシステム・サービスの開発・提供・利用において、AIシステム・サービスを活用する際の社会的文脈を踏まえ、AIシステム・サービスの検証可能性を確保しながら、必要かつ技術的に可能な範囲で、ステークホルダーに対し合理的な範囲で情報を提供することが重要であるとされている。

　AIがどの範囲からどのようなロジックで債務者情報を収集し、同じく、どのようなロジックで督促行為をしているのかということは、AIを債権回収に用いる事業者としては、把握しておく必要があるといえる。

　次のアカウンタビリティにも関係することであるが、公開情報からの情報取得の場合、相手方からプライバシー侵害を理由として損害賠償請求を受けた場合等、情報の取得の経緯等について争点となることが考えられる。そのような場合でも、いつでも説明ができるよう、利用しているAIの特性を把握し、更にAIの入出力等の検証可能性を確保するための措置をとっておく必要がある。

　特定タスクを行う特化型AIを前提に人間の補完業務をAIが代替した場合であっても、主体が人間である以上、AI行為の責任の全ては人間にあるとの立場に基づく。

⑺　アカウンタビリティ

　各主体は、AIシステム・サービスの開発・提供・利用において、トレーサビリティの確保、「共通の指針」の対応状況について、ステークホルダーに対して、各主体の役割及び開発・提供・利用するAIシステム・サービス

のもたらすリスクの程度を踏まえ、合理的な範囲でアカウンタビリティを果たすことが重要であるとされている。

　債権回収においてAIを利用する事業者においても重要な事項といえるが、債権回収の受託事業者においては、委託元へのアカウンタビリティも意識する必要があるといえる。

(8)　教育・リテラシー

　各主体は主体内のAIにかかわる者が、AIの正しい理解及び社会的に正しい利用ができる知識・リテラシー・倫理感をもつために、必要な教育を行うことが期待されている。

　債権回収において外部の事業者が開発したAI搭載の督促ツールを利用する場合においても、利用事業者自身として、AIについての理解や当該ツールの機能についての理解等を深める必要があるといえる。

(9)　公正競争確保

　各主体は、AIを活用した新たなビジネス・サービスが創出され、持続的な経済成長の維持及び社会過大の解決策の提示がなされるよう、AIをめぐる公正な競争環境の維持に努めることが期待されている。

(10)　イノベーション

　各主体は、社会全体のイノベーションの促進に貢献するよう努めることが期待されている。

Ⅳ　AIガバナンス

　AI開発・提供・利用の各主体間で連携しバリューチェーン全体で上記の「共通の指針」を実践し、AIを安全安心に活用していくためには、AIに関するリスクをステークホルダーにとって受容可能な水準で管理しつつ、そこからもたらされる便益を最大化するための、AIガバナンスの構築が求められている。

　具体的な検討に当たっては開発・提供・利用予定のAIのもたらすリスクの程度及び蓋然性、並びに各主体の資源制約に配慮することが重要とされ

図表2−11　AIガバナンスの構築

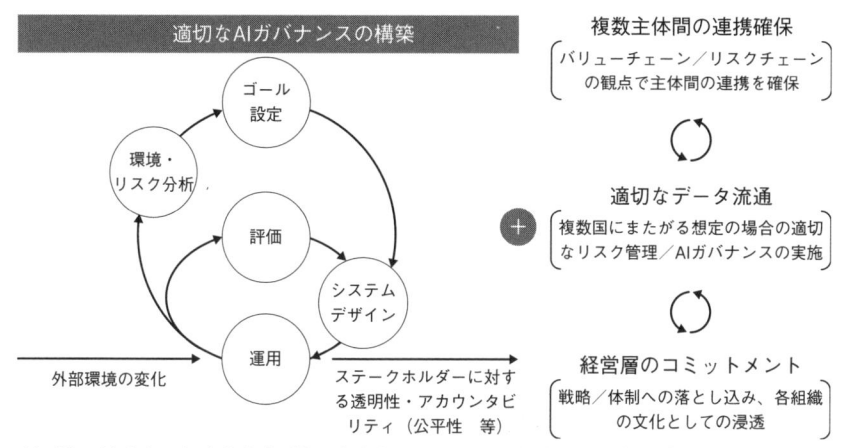

（出典）　総務省・経済産業省「「AI事業者ガイドライン」案概要」（2024）16頁

る。

　AIガバナンスでは、次のような事項を内容とする。個別具体的なルールが存在しない中で、遵守すべき規範分野も多いため、従来のようなPDCAサイクルを前提としたコンプライアンス体制では不十分であるとも思われる。債権回収事業者においても参考にすべき内容が多いといえよう。

① 　AIシステム・サービスがもたらし得る便益／リスクや開発・運用に関する社会的受容、「外部環境の変化」やAI習熟度等を踏まえ、「環境・リスク分析」を実施する。

② 　AIシステム・サービスを利用するか否かを判断し、利用する場合には、AIガバナンスに関するポリシーの策定等を通じて「AIガバナンス・ゴールの設定」を検討する。

③ 　AIガバナンス・ゴールを達成するための「AIマネジメントシステムの設計」を行った上で、これを「運用」する。外部の「ステークホルダーに対する透明性、アカウンタビリティ（公平性等）」を果たすようにする。

④ 　AIマネジメントシステムが有効に機能しているかを継続的にモニタリングし、「評価」及び継続的改善を実施する。

⑤　規制等の社会的制度の変更等の「外部環境の変化」を踏まえ、再び「環境・リスク分析」を実施し、必要に応じてゴールを見直す。

V　展望のまとめ

　現時点の技術水準を前提に、AIによる業務代替可能性を検討することは非常に有益であると考える。ただ、債権回収業務においてAIを利用するに当たっては、もともと紛争性が高いことと債権者側に高い廉潔性を求められる領域であることから、些細な見落としからさまざまな問題が生じる場合もあり得る。AIを債権回収業務に組み込む場合には、AIガバナンスを構築した上で、AI事業者ガイドラインが定める基本理念、原則、共通指針等の事項を参照し、具合的な課題の整理をしていくことが必要となる。

3 AIを利用した場合の責任の所在

Q

1 AIを利用したところ、法令違反や第三者に損害が生じた場合、だれが責任を負うことになるか。

2 AIを利用して債権回収をしていたところ、法令違反や第三者に損害が生じたというケースにおいて、どのような責任が生じるか。

A

1 AIシステムの利用事業者が責任を負うことになると考えられる。

2 債権回収の現場においてAIを利用したことにより、債務者や債務者以外の請求対象者に損害を与えた場合には、①取締法規上の責任、及び②民事上の損害賠償責任が問題となり得る。なお、②の民事上の損害賠償責任については、AI利用事業者若しくはAIシステム提供事業者のいずれか又は双方に責任がある場合には、第三者との関係では、AI利用事業者が第一次的な責任主体となることが多いと思われるものの、両者間の最終的な権利関係は、不法行為法（民法709条）や債務不履行法理により調整が図られることになる。

I はじめに

AIを利用して債権回収をしていたところ、法令違反や第三者に損害が生じたというケースにおいて、考えられる責任主体として、当該AIを利用していた利用事業者、又は、当該AI（システム）を提供している提供事業者の二者が考えられる。なお、債権回収がサービサーや弁護士（弁護士法人を

含む。以下同じ）に委託していた場合には、利用事業者は、委託者又は受託者が想定される。

　ここではAIの法的位置づけを確認した上で、まず、AIを利用したことによる責任主体はだれか、次に、当該責任主体にはどのような責任が生じるのか、という問題について検討を加える。

Ⅱ　AIの法的位置づけ

　AIの法的位置づけに関するとり得る考え方として、①代理人としてとらえる考え方（代理人構成）、②法人格を付与し権利義務の帰属主体ととらえる考え方（法人構成）、③人の道具としてとらえる考え方（道具構成）の三つがあげられる〔脚注1〕。①と②の考え方は、AIに一定の人格を認めることに等しいものといえる。

　①の構成によれば、現行民法上、代理人のした行為の結果は原則的に全て本人に帰属することになる（民法99条1項）が、代理人がした代理権の濫用、表見代理、無権代理等の諸問題については、民法の定め（民法第一編第五章第三節：99条から118条）に従い処理し、取引相手方との権利調整を図ることになる。AIを代理人（代理人AI）とした場合、原則的にAIがした行為の結果が本人に帰属することになるため、この点だけみれば受け入れやすい見解であるといえる。ただ、本人に帰責性が認められない場合や取引相手方に一定の帰責性がある場合等において、代理人AIがした行為の効果は、そのAI自らに生じることになるが、代理人AI自体に人格がなく、資産を保有しない場合には、結局は、取引相手方が責任を負担することになるといえる。このような場合においては、民法の特例として、AI利用の場合には、全ての効果が本人に帰属するものと擬制するか、②の構成をとり、代理人AIが責任主体となれるよう法人格を付与するかといった手当が必要になる

1　弥永真生・宍戸常寿編『ロボット・AIと法』（有斐閣、2018）〔木村真生子〕155〜160頁において、コンピュータの代理人性をめぐるアメリカとドイツの議論を踏まえた上で、AIを介した契約の帰趨について言及されており、参考になる。

と思われる。

　②の構成によれば、会社をはじめとした各種法人と同じように、AIに法人格が与えられるため、権利義務の帰属主体となり、全ての行為の結果も自らに効果帰属させることができる。この見解に対しては、資産を有しないAIに民事上の賠償責任を問えるのか、という疑問が予想されるが、法人となれば権利義務の帰属主体となるのであるから資産を有することは可能であるし、法人格を与える要件の中に保有資産要件を加えれば解決する問題であるといえる。ただ、AIに法人格を与えることで、人間を中心とする事業主体の責任回避のためにAIが利用され、社会の混乱を招く危険を有しているといえる。AIに法人格を与えなければならない必要性が問われることになると思われる。

　③の構成は、AIを、AI機能を有しない他のシステムツールと同様に位置づける見解である。現在も、そしてこれからも中心的な考え方であるといえる（後述するように、自動運転システムを利用した場合の責任主体の議論において、レベル３以上のレベルにおいては、運転者の責任が減免されるという整理がされているが、責任主体がだれとするかという点は、AIを搭載した車両自体ではなく、車両を製造したメーカーとしているため、③の見解を超えた議論ではない）。

　現時点において、AIは、あくまでも人の道具として利用される他律的な機械（プログラム）であり、独立した主体と考えることはできない。

　①や②の構成によりAIをとらえる場合とは、「人の権利擁護のため」に必要がある場合に限られ、政策的要素を含むものといえる。

　以上をまとめると、AIそれ自体に責任を負わせることができないのはもちろん、現在の法制度上、AIを責任主体とするスキーム組成や当事者間での約定により、利活用事業者等が自らの責任を回避しようとしたとしても、その効力は認められないと考える。

Ⅲ　法令違反が生じた場合における責任の所在

　AIを利用した債権回収において法令違反が生じた場合、一つの行為から二つの責任が問題となり得る。二つの責任とは、①取締法規違反により生じる責任、②第三者に対する民事上の損害賠償責任である。以下、順に説明する。

1　取締法規違反により生じる責任

(1)　留意が必要な法律等

　債権回収をするに当たり留意が必要な法律の代表的なものとして次のものがあげられる。これらは、事業者の事業活動を取り締まる性質を有する規定が含まれるため、当該規定部分については取締法規であるといえる。

　　○　弁護士法、債権管理回収業に関する特別措置法（サービサー法）、貸金業法、割賦販売法、消費者契約法、利息制限法、出資法〔**脚注2**〕、個人情報保護法

　上記の法律及びそれに基づく施行令や施行規則のほか、事業者に遵守が要求されるものとして、当該事業者の事業に応じ、次のようなものがある。

　　○　弁護士・弁護士法人：弁護士職務基本規程（日本弁護士連合会）

　　○　サービサー：債権管理回収業の業務運営に関する自主規制規則（全国サービサー協会）

　　○　貸金事業者：貸金業の業務運営に関する自主規制基本規則（日本貸金業協会）

　　○　クレジット事業者：日本クレジット協会自主規制規則（日本クレジット協会）

　　○　個人情報取扱事業者：各種ガイドライン（個人情報保護委員会）

　取締法規に違反した場合には、当該法規の定めに従い、行政法上の不利益処分、刑事罰、行政罰が課せられることがある。

2　正式名称：出資の受入れ、預り金及び金利等の取締りに関する法律

例えば、ある貸金業者が、貸金業法21条に定める取立行為規制に違反した督促行為をした場合には、次のような行政法上の責任が生じることになる。

○　行政法上の不利益処分：業務改善命令（同24条の6の3）、監督上の処分（同24条の6の4）、報告徴収及び立入検査（同24条の6の10）

○　刑事罰：貸金業法21条1項の取立行為規制違反行為に対する刑罰（同47条の3第1項3号、2年以下の懲役若しくは300万円以下の罰金又は併科）

○　行政罰：監督上の処分（業務停止命令）に違反する行為に対する刑罰（同47条の2、5年以下の懲役若しくは1,000万円以下の罰金又は併科）、業務改善命令違反に対する刑罰（同48条1項8の2号、1年以下の懲役若しくは300万円以下の罰金又は併科）、報告徴収命令違反に対する刑罰（同48条1項8の4号、1年以下の懲役若しくは300万円以下の罰金又は併科）等

(2)　AIの法的位置づけの議論と責任の主体性

前述したAIの法的位置づけの議論において、AIを③人の道具と構成する考え方や①代理人と構成し、AIによる行為の効果が本人に帰属するという考え方に立てば、AIを利用した債権回収において取締法規に違反する行為があった場合には、その取締法規上の責任は、基本的にAI利用事業者のみが負うことになり、AI自体のここでの責任は問題とならない。

今後、AI自体に法人格が与えられるに至った場合（②AIを法人ととらえる構成）には、AI自体を責任主体として考える必要性が生じるといえる。

(3)　AI開発・提供事業者の取締法規上の責任

債権回収にAIを搭載した督促ツールを使用した結果、取締法規に違反した場合において、AI利用事業者ではなく、AI開発・提供事業者が責任を負うことはあるだろうか。

この点、AIにより契約の作成を支援するサービスを提供する事業者が行ったグレーゾーン解消制度での照会に対し、法務省は、サービスの内容によっては、弁護士法72条が禁止する「鑑定……その他の法律事務」に当たり非弁行為に該当し得るとの見解を示した。

図表 3 － 1　AI等を用いた契約書等関連業務支援サービスの提供と弁護士法72条との関係について（2023.8）の概要

・**「報酬を得る目的」について**

　金銭支払等の利益供与とサービス提供との間に実質的に対価関係が認められれば、「報酬を得る目的」に該当し得る。

・**「事件性」必要説**

　弁護士法72条の法律事件に該当するためには「事件性」が必要である。

　紛争当事者間で紛争を解決して和解契約等を締結する場合には、事件性が認められる。他方で、グループ間など特段の紛争なく、契約関係を明らかにするために契約書等を作成する場合には、事件性が認められない。

　「事件性」の有無は、諸般の事情を考慮して判断されるべき。

・**「鑑定……その他の法律事務」**

⇒契約作成を支援するサービス

①個別の事案の経緯や背景事情、契約しようとする内容を法的に処理して、当該処理に応じた具体的な契約条項が示される場合や②利用者があらかじめ設定した項目の入力内容に応じて、①と同様の対応をする場合には「鑑定……その他の法律事務」に該当し得る。

⇒契約審査を支援するサービス

①個別の事案に応じた法的リスクの有無やその程度が表示される場合や②個別の事案における契約に至る経緯や背景事情、契約しようとする内容を法的に処理して、当該処理に応じた具体的な修正案が示される場合には「鑑定……その他の法律事務」に該当し得る。

⇒契約書等の管理業務を支援するサービスについて

管理対象となる契約書等の記載内容について、随時自動的に、個別の事案に応じた法的リスクの有無やその程度が表示される場合や②それを踏まえた個別の法的対応の必要性が表示される場合には、「鑑定……その他の法律事務」に該当し得る。

・**そ　の　他**

　上記のいずれを充足する場合であっても、弁護士又は弁護士法人にサービスを提供する場合や、社内弁護士にサービスを提供する場合であって、審査対象となる契約書等を自ら精査し、必要に応じて修正等を行う方法で利用する場合には非該当。

（出典）　法務省大臣官房司法法制部「AI等を用いた契約書等関連業務支援サービスの提供と弁護士法第72条との関係について」（2023）

弁護士法、貸金業法、サービサー法等の許認可事業においては、当該AI開発・提供事業者がこれらの法律に基づく許認可等を受けていない場合には、AI開発・提供事業者においても取締法規上の責任（多くは刑事責任であると思われる）を負うこともあり得るといえる。

(4)　債権回収の委託がされている場合の取締法規上の責任

債権回収業務をサービサーや弁護士（弁護士法人を含む。以下同じ）に委託していた場合において、委託先であるサービサーや弁護士にて、例えば貸金業法21条に定める取立行為規制に違反した場合は、取締法規上の責任の主体は、だれになるだろうか。

当該取締法規の規定内容によることもあるが、基本的には、「行為者」（つまり委託に基づき債権回収を実施する委託先）が責任主体になると思われる。例で取り上げた貸金業法21条に定める取立行為規制に違反した取立てを行った場合には、行為者は委託先であるサービサーや弁護士ということになるため、これらの者が違反者としての責任を負うことになる。もっとも、多くの場合、行為者＝委託先であったとしても、責任の範囲は委託先のみに生じるとはいえず、委託元としての監督責任を問われるものといえる。

上記の例の場合においても、委託元として委託先への監督のあり方について監督官庁による調査対象となり、場合によっては、業務改善命令等行政処分の対象になると思われる。

したがって、債権回収の委託先がAI利用事業者であり、委託業務の遂行に当たりAIを利用していた場合には、委託元として、当該AIの利用も含めたAIガバナンスを構築・運用をする必要があるといえる。

2　民事上の損害賠償責任

(1)　損害賠償責任の発生要件

AIを搭載した督促ツールを利用して債権回収を行い、その結果、第三者に損害が生じた場合において、AI利用事業者が第三者に対し損害賠償責任を負う場合には、加害者であるAI利用事業者に帰責性が認められる必要がある。ここでは、当該AIを搭載した督促ツールを利用することによる危険

性についてどこまでの注意義務があったのかという点が問題になるといえる。なお、損害賠償責任の発生根拠となる法規としては、民法709条が想定される。

本書2にて指摘したとおり、AI利用事業者が留意すべき規範としてAI事業者ガイドラインがあり、そこでは、AIがもつ便益やリスク分析を実施することなどを含むAIガバナンスの構築が求められている。

AIガバナンスを構築していることを理由に責任自体が否定されるという関係にはないが、AIガバナンスを徹底していたとしても予見できなかった損害について、帰責性が否定されたり、その度合いが減少したりすることは考えられるところである。他方で、AIガバナンス構築が求められていたにもかかわらずなんらの対応もしていなかった場合には、それ自体によって、AI利用事業者としての帰責性を肯定する結論に導かれる可能性もあるといえる。

AIを搭載した督促ツールを利用して債権回収を行う場合には、将来的な損害賠償リスクを減らすためにも、AI事業者ガイドラインを参照し、AIガバナンスの構築が効果的であるといえる。

⑵　自動運転における議論

債権回収にAIが搭載されて督促ツールを利用したところ、第三者に損害が生じた場合における当該第三者に対する損害賠償責任について、自動運転における損害賠償責任に関する議論を参考に考えてみたい。

ⓐ　自動運転における損害賠償責任に関する研究

自動運転システム（図表3－2で示すレベル3及び4の自動運転を想定）利用中の事故が生じた場合の責任問題について、国土交通省自動車局「自動運転における損害賠償責任に関する研究会報告書」（2018年3月）（以下「自動運転報告書」という）では、次のように整理されている。

⒤　ハッキングにより引き起こされた事故の損害について、どのように考えるか（自動運転報告書：論点②（15頁））

自動運転車に対してハッキングが行われ、保有者とは全く無関係な第三者が保有者に無断で自動車を操縦する等の事態が発生した場合、原則として、

図表3－2　自動運転のレベル分け

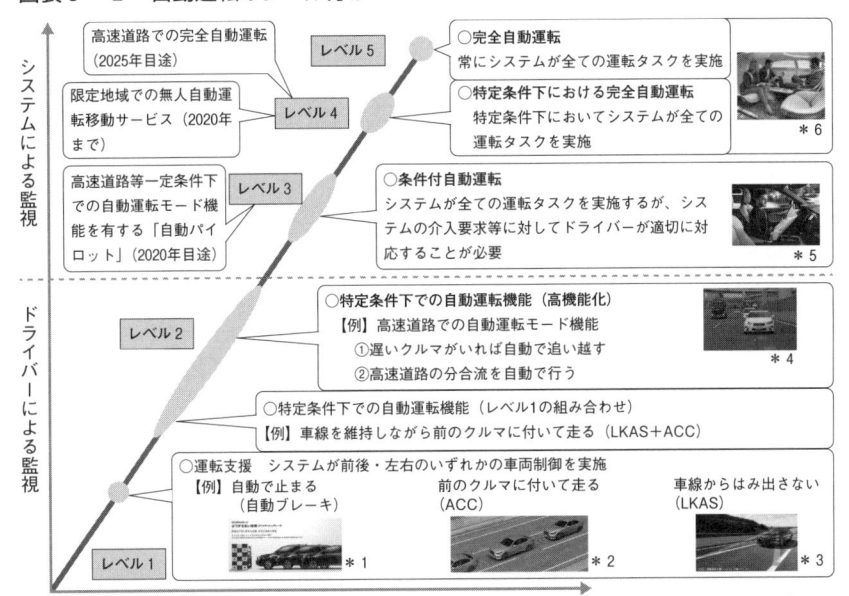

ACC：Adaptive Cruise Control、LKAS：Lane Keep Assist System

＊1　（株）SUBARUホームページ　＊2　日産自動車（株）ホームページ　＊3　本田技研工業（株）ホームページ
＊4　トヨタ自動車（株）ホームページ　＊5　Volvo Car Corp.ホームページ　＊6　CNET JAPANホームページ
（出典）「国土交通省自動運転戦略本部第4回会合（2018年3月22日）」配布資料・参考資料8頁

保有者の運転支配及び運行利益が失われる。

　自動車の保有者等が必要なセキュリティ上の対策を講じておらず、保守点検義務違反が認められる場合には、保有者の運行供用者責任が認められることになる可能性がある。

(ii)　**自動運転システム利用中の自損事故について、運転者を「他人」ととらえることができるか（自動運転報告書：論点③（17頁））**

　自賠責法上の「他人」とは、運行供用者及び運転者以外の者と解されており、自損事故の場合、運転者を「他人」と解することはできない。運転者は、製造物責任法による自動車メーカー等の製造物責任等及び販売者の「契約の内容に適合しない」目的物を給付したことによる民法上の債務不履行責任等の追及により対応するのが適当である。

(ⅲ) 自動車の運行に関し注意を怠らなかったことについてどのように考えるか（自動運転報告書：論点④（21頁））

　運行供用者等は、自動運転システムに運行タスクを委ねることが可能となるため、自動車の運転に関しては、現在と同等の注意義務は負わなくなると考えるが、自動車の点検整備に関する注意義務（例えば、ソフトウェアやデータ等をアップデートすることや、自動運転システムの要求に応じて自動車を修理すること等が含まれる）は引き続き負うと考えられる。

(ⅳ) 地図情報やインフラ情報等の外部データに誤謬、通信遮断等により事故が発生した場合、「構造上の欠陥又は機能の障害」〔脚注3〕があるといえるか（自動運転報告書：論点⑤（22頁））

　外部データの誤謬や通信遮断等の事態をあらかじめ想定した上で、仮に、これらの事態が発生したとしても自動車が安全に運行できるように自動運転システムは構築されるべきであると考えられることから、かかる安全性を確保できていない自動運転システムを搭載した自動運転車については、「構造上の欠陥又は機能の障害」があるとされる可能性があると考える。

(b) 自動運転の議論を踏まえた検討

　自動車事故における損害賠償責任法理は、被害者保護の強い要請から、帰責性がない限り責任を負わなくてもよいとする過失責任主義（民法709条）とは異なり、原則的に無過失責任主義で成り立っている特殊な法領域であるといえる。そのため、ここでの議論をそのまま転用をすることはできないが、自動運転報告書で示された問題意識やそれに対する見解については、債権回収においてAIを利用した場合における責任論においても参考になると思われる。

　まず、自動運転報告書論点②で示されたハッキングによってAIシステム

3　自動車損害賠償保障法3条本文により、自動車による人身事故の場合には、運転者（正確には、自己のために自動車を運行の用に供する者）が責任を負うと定められている（本来であれば、被害者が運転者の故意や過失の存在を立証しなければならない）。しかし、同条ただし書により、運転者において、注意を怠らなかったこと、被害者又は運転者以外の第三者に故意又は過失があったこと並びに自動車に構造上の欠陥又は機能の障害がなかったことの3条件を全て証明したときは、賠償責任が免れることになる。

が乗っ取られた場合、AI利用事業者に責任があるといえるであろうか。例えば、ハッキングにより、貸金業法や自主規制が禁止する行為（1日に4回以上電話をしたり、深夜早朝の時間帯に電話したりした場合）が行われ第三者に損害が生じた場合を想定してみる。自動運転報告書論点②で見解が示されているように、必要なセキュリティ上の対策を講じていた分、保守点検義務を尽くしていたかという点が争点になると考えられる。当時のセキュリティ技術や一般的な対策の水準を基準として、AI利用事業者がハッキングにより乗っ取られたことがやむを得ない事態であったかが問題になろう。仮に、当時の一般的水準から乖離した低いセキュリティ対策であったり、そもそもハッキングのリスクを考慮していなかったといった事情があったりする場合には、これらの事情は、AI利用事業者に注意義務違反が肯定される方向に働くといえる〔脚注4〕。

　第二に、自動運転報告書論点③について〔脚注5〕、AIシステムにより、AI利用事業者の意図しないところで、先に示した貸金業法や自主規制が禁止する行為が行われた場合、AI利用事業者ではなく、AIシステム提供事業者に責任が生じる場合は想定できるであろうか。ここでいうAI利用事業者が、AIサービス提供事業者が開発したシステムの提供を受け、自己のシステムとして当該AIシステムを利用していた場合には、論点③がいうところの「他人」とはなり得ないと考える。他方で、AI利用事業者が、AIサービス提供事業者が提供するサービスを単に利用する立場であった場合には、「他人」と整理する余地はあるといえる。仮に「他人」との整理が可能な場合には、AI利用事業者は、原則的に責任主体とならないということになる。もっとも、この場合には、サービスの内容はパッケージされ、仕様も決められているものと想定され、当該AIシステムの仕様の確認を怠ったとい

4　刑事処分について、貸金業法47条の3は、故意犯であることが前提であるため、このケースでは、処罰の対象とはならない（刑法38条1項本文）。

5　論点③は自動車の自損事故において、運転者を「他人」ととらえることで自賠責保険の保険対象に含めることができるのかという趣旨の議論であり、ここでの検討にそのまま当てはまるものではないが、利用者（＝運転者）の他人性についての整理の必要性は共通するため、取り上げるものである。

える場合がほとんどであるから、その場合には、当然に、AI利用事業者の責任問題として考えることになると思われる。

　第三に、自動運転報告書論点④について、AI利用事業者の意図に反し、AIシステムにより先に示した貸金業法や自主規制が禁止する行為が行われた場合において、AI利用事業者の過失を評価する際の注意義務の内容については、AIシステムの内容を把握し、リスク分析がなされ、適宜にアップデートもしていたかが問われるものと思われる。そのため、ハッキング等の当該インシデントに対し、認識可能性が全くなかった場合には、「過失あり」とはならないといえる。

　最後に、自動運転報告書論点⑤について、例えば、AIシステムにより架電中に、停電になり、その後、復旧した場合で、本来であれば、架電上限が定められていたものの、途中で停電になることが想定されておらず、復旧後、ゼロからのカウントとなり、結果、自主規制を超える回収の架電が行われ、第三者に損害が生じた場合、AI利用事業者に責任があるといえるだろうか。ここでの問題は、AI利用事業者として、生じ得る結果との関係においてどこまでのインシデントに対し予見可能性があるといえるかという点である。仮に、特殊の環境下にない限り、停電リスクは一般的にはきわめて低いといえると考えた場合で、しかも今回の想定リスクが顕在化したとしても、架電対象者に与える不利益の程度も必ずしも高くないといえる場合には、AI利用事業者に注意義務違反を認め、責任を問うのはむずかしいといえる。債権回収においてAIを利用した際のインシデントについては、リスク分析は必要であるが、あらゆるケースも想定し、安全策を講じなければならないというものではなく、現実的に起こり得るインシデントであって、あるインシデントが発生した場合、それにより引き起こされる被害の程度に応じて、対策を講じてあることが重要と考える。仮に、AI利用事業者として注意義務違反が認められない場合には、AIシステム提供事業者に対する製造物責任の問題やシステムに不具合を生じさせた主体の責任問題が生じるものといえる。

IV まとめ

近年、労働人口が減少し、採用難であるといわれている。これに伴い、生産性の向上も事業者の喫緊の課題となっている。債権回収の現場においては、回収効果を上げるというほか、人手不足を補う意味も含め、AIを含めたシステム化の動きが広がっている。今回のテーマからいえば、債権回収にAIを用いる場合には、AIの性能・機能をよく理解することが必要であるといえる。そして、AIガバナンスを構築し、リスク分析を行うことはもちろんであるが、何より、人間の認識を超えたAIの利用はすべきではないということが重要であろう。インシデントが発生した事実の把握、AIの活動が停止した場合の代替措置の実施、迅速な損害拡大防止措置の実施など、人間が担う役割の重要性もAIの利用拡大に伴い増大しているといえる。これらの対策がしっかりととられていれば、AI利用のリスクとなる「責任」の程度についても相当程度軽減するのではないかと思われる。

4 　個人情報保護法と債権管理

Q

① 令和 2 年個人情報保護法改正により、債権管理において留意すべき点はあるか。

② その他、債権管理回収との関係で、どのような場合に個人情報保護法が問題となるか。

A

① 同意条項・公表事項の改訂、開示請求等への対応の検討、越境移転の規制強化への対応等が求められる。

② 債権譲渡に伴う債務者情報の移転や、委託先から提供された情報の管理、クラウドサービスや生成AIサービス利用の場合等に問題となる。

I　令和 2 年個人情報保護法改正により留意すべき点

1　令和 2 年個人情報保護法改正

「個人情報の保護に関する法律等の一部を改正する法律」（令和 2 年 6 月12日公布）が令和 4 年 4 月より施行され、個人情報保護法（以下「個情法」と略記することがある）の改正が行われた。法改正に合わせて「個人情報保護委員会ガイドライン」にも変更が加えられており、この個人情報保護法並びに個人情報保護委員会ガイドラインの改正概要及び債権管理における留意点につき、情報取得、情報利用、情報移転、情報保有及び管理、情報開示のそれぞれの観点から解説する。

2 情報取得

(1) 情報取得の準備段階

　個人情報の利用目的の特定（個情法17条）につき、個人情報保護委員会ガイドライン（通則編）において、「「利用目的の特定」の趣旨は、個人情報を取り扱う者が、個人情報がどのような事業の用に供され、どのような目的で利用されるかについて明確な認識をもち、できるだけ具体的に明確にすることにより、個人情報が取り扱われる範囲を確定するとともに、本人の予測を可能とすることである」とされ、個人情報の取扱いにつき合理的に予測・想定できないような場合は、できる限り利用目的を特定したことにはならない旨の内容が追加された。

　当該内容の追加により、債権管理回収において既存の利用目的と実際の取扱態様とに乖離がないか、あらためて確認する必要がある。例えば、以下の点等につき検討の余地があると考えられる。

- ○　「閲覧履歴」「行動履歴」等の情報項目を債権管理回収に用いる場合、利用目的の取得する情報項目の中にこれらが含まれているか。
- ○　取得した情報を分析し、それにより算出したスコアを債権管理回収に用いる場合、このような利用が本人にとって合理的に予測できる内容となっているか。例えば、サイトの利用実績から、本人の一日の行動パターンを分析し、その結果をもとに回収アプローチをかける場合、現行の利用目的で、このような利用も読み取れるか。

(2) 情報取得（個人関連情報）

　令和2年改正により、「個人関連情報」の制度が新たに創設された。「個人関連情報」とは、生存する個人に関する情報であって、個人情報、仮名加工情報、匿名加工情報のいずれにも該当しないものをいい（個情法2条7項）、個人関連情報の提供先が個人関連情報を個人データとして取得することが想定される場合には、個人関連事業者は、提供先が本人の同意を得ているか確認する義務を負う（個情法31条）。

　個人関連情報の提供を受けている場合として想定されるケースとしては、①電話番号の使用履歴データを金融機関に提供するサービス、②携帯電話や

パソコン等の端末情報等（IPアドレス等）を金融機関に提供するサービス、③ウェブブラウザに保存されたCookie等の端末識別子、収集されたウェブサイトの閲覧履歴の分析サービス等が考えられる。そして、債権管理回収において上記のようなサービスを利用する場合には、①本人からの同意取得（個情法31条1項）、②個人データを受領することと同様の受領時の確認義務・記録義務（個情法31条3項）が必要となる。個人データで第三者提供に当たらないとされる「委託」「事業承継」「共同利用」を理由とする情報移転においても、「第三者提供」に該当し、ここでの規律は免れない点に注意を要する。

3　情報利用

⑴　仮名加工情報の新設

「仮名加工情報」とは、個人情報に一定の措置を講じて、他の情報と照合しない限り、特定の個人を識別することができないように加工して得られる個人に関する情報である（個情法2条5項）。

他の情報と容易に照合することができ、個人を識別することが可能な仮名加工情報は個人情報に該当すると考えられ、当該仮名加工情報は目的外利用の禁止や利用目的の公表等、通常の個人情報・個人データと同様の規制を受けるが、利用目的の変更制限、漏えい時の報告・本人通知義務、公表・開示・利用停止請求等への対応については規制の適用除外となる。第三者提供は原則として禁止され、既存の同意条項を利用できないため、現時点では活用のメリットはあまりないように思われる。

⑵　不適正利用の禁止

不適正な方法（違法又は不当な行為を助長し、又は誘発するおそれがある方法）により個人情報を利用してはならない旨の規定が新設された（個情法19条）。

本規定はさまざまな取扱行為が含まれ得る抽象的な規定になっているため、新たな態様で個人情報の取扱いを行おうとする場合には個別具体的に検討する必要があるが、本人からみて予測可能性があるか、社会的コンセンサ

スが得られているか等の観点から検討する必要がある。特に、後述のブログやSNS等から債務者情報を取得する場合等に問題となり得る。

4　情報移転

(1)　オプトアウト規制の強化

オプトアウトによる第三者への個人データの提供につき規制〔脚注1〕が強化され、①要配慮個人情報、②個情法20条1項に反して不正の手段により取得した情報、③オプトアウトにより取得した情報、についてはオプトアウトによる第三者への提供が禁止されることとなった（個情法27条2項但書）。また、事前に通知の公表及び届出が必要となる事項につき提供者の氏名（名称）・住所・代表者名のほか、提供される個人データの取得方法等が追加された。債権管理回収においては同意取得や共同利用による提供が通例であり、オプトアウトの利用実例は少ないため、影響は少ないものと思われる。

(2)　共同利用の公表事項追加

共同利用の際の公表事項の一部が追加され、従来の「個人データの管理について責任を有する者の氏名又は名称」に加えて、「住所、代表者（法人の場合）の氏名」の記載も必要となった（個情法27条5項3号）。これにより、自社ホームページの改修、同意条項の改訂等の対応が必要となる。

(3)　越境移転の規制強化

外国にある第三者への個人データの提供につき、必要となる措置の強化と、本人に対する情報提供の充実化について新たに規定された。外国にある第三者が相当な措置を整備している場合には本人の同意なくして個人データを提供できるが、法改正により、当該相当措置の継続的な実施を確保するための措置をとることが必要となった（個情法28条3項）。また、当該相当な措置を整備している外国の第三者に個人データを提供した場合には本人の求めに応じて必要な方法を本人に提供する義務（個情法28条3項）、同意を得

1　オプトアウトは例外的に本人の同意を得ずに個人データの提供を行う方式であり、法の定める必要事項の通知・公表と個人情報委員会への届出及び本人から請求があった場合に第三者への提供を停止することが要件となる（個情法27条1項）。

て外国にある第三者に個人データを提供する場合には同意を得る際に本人に参考となるべき情報を提供する義務が定められた（個情法28条2項）。

これにより、外資系の事業者においては相当の影響が生じると思われるほか、外国に出国した債務者の調査を出国先の調査会社に依頼し、個人データを提供する場合や外国法人に債権を譲渡した場合等にも対応が必要となる。

5 情報保有及び管理

⑴ 短期保存データの保有個人データ化

令和2年改正前は「保有個人データ」の定義から6か月以内に消去するデータは除かれていたが、このような短期保存データについても保有個人データとして扱われることとなった（個情法16条4項）。金融機関の場合には、短期保存データの利用場面はそれほど多くないと思われるため、債権管理回収への影響はあまりない。

⑵ 漏えい時の報告及び通知の義務化

個人情報取扱事業者による重大な漏えいが発生した場合に、個人情報保護委員会への報告及び本人への通知が義務づけられることとなった（個情法26条）。委託先が存在する場合には委託先も報告義務を負うが、委託先が委託元に通知をした場合には、委託先は報告義務を免除される（個情法26条2項）。金融機関の場合には、金融庁ガイドラインに沿った金融庁への報告をすれば足り、個人情報保護委員会へ報告を行う場面は生じないが、金融事業以外の兼業業務において漏えい事故が生じた場合には個人情報保護委員会への報告が必要となるため注意を要する。

また、令和5年9月、個人情報委員会より個人情報保護法施行規則及び個人情報保護委員会ガイドライン（通則編）の改正案が公表されたため（令和6年4月より施行予定）、その内容にも注意する必要がある。

⒜ 漏えい等の報告（個情法26条）の対象拡大

漏えい等が発生した場合の報告の対象につき、個人データが漏えい等した場合に限らず、「個人情報取扱事業者が取得し、又は取得しようとしている個人情報であって、個人データとして取り扱われることが予定されているも

の」が含まれることが明記されることとなった。

これに伴い、ガイドラインにおいても解釈の明確化や事例の追加等が行われることとなる。

(b) 安全管理措置義務（個情法23条）の対象拡大

上記の改正に伴い、個情法23条の安全管理措置義務の対象も拡大され、個人情報取扱事業者が取得し、又は取得しようとしている個人情報であって、「当該個人情報取扱事業者が個人データとして取り扱うことを予定しているもの」の漏えい等を防止するために必要かつ適切な措置についてもこれに含まれることがガイドラインに明記されることとなった。

(3) 利用停止・削除の範囲の拡大

保有個人データの利用停止・消去請求及び第三者提供の停止請求ができる場合として、不適正利用の禁止（個情法19条）に違反している場合、利用する必要がなくなった場合、漏えい等が生じた場合、その他本人の権利又は正当な利益を害するおそれがある場合、が追加された（個情法35条）。請求に理由がある場合には、遅滞なく、必要な限度で応じる必要がある。

これにより、契約が終了した顧客から保有個人データを利用する必要がなくなったとして利用請求等が行われることが考えられるが、保有する合理的な理由がある場合、すなわち、問合せに適切に対応する必要がある場合や将来の与信取引に係る審査に利用する必要がある場合等には請求に応じる必要がないため、保有個人データの保有について対外的に説明できる合理的な理由を準備しておく必要がある。十分な説明ができない場合であっても、請求に対応を行うことが「困難である場合」には、「代替措置」〔脚注2〕を講じることで対応できることもある。

2　例えば、当該顧客の保有個人データを削除等はしないものの、「①通常の業務では利用しない取扱いとし（一部、利用停止）、②当該顧客からの新たな契約申込や、問合せなどが生じない限り、利用しないとする措置」などが考えられる。

6 情報開示

(1) 保有個人データの公表事項追加

保有個人データについての公表事項が追加され、従来の「個人情報取扱事業者の氏名又は名称」に加えて、「住所及び法人の場合には代表者氏名」の記載も必要となり、また、「保有個人データの安全管理のために講じた措置〔脚注3〕」の記載も必要となる（個情法32条1項）。

これにより、自社ホームページの改修が必要となり、特に、保有個人データの安全管理のために講じた措置については、どの程度の記載とするのかあらかじめ検討しておく必要がある。

(2) 保有個人データの開示方法

改正前は書面の交付による開示が原則であったが、電磁的記録の提供の方法による開示を請求することができることとなった（個情法33条1項）。

本人から電磁的な方法による開示請求がなされた場合には、対応する必要があるため、開示態勢等を準備しておく必要がある。なお、具体的なファイル形式や記録媒体などは個人情報取扱事業者が決定できるため、実務対応が可能な範囲で自ら決定をし、その内容を公表等しておくべきである。

(3) 第三者提供記録の開示

令和2年改正前は、開示の対象は保有個人データのみであったが、第三者提供記録についても開示の対象となった（個情法33条5項）。開示を求められた場合には、粛々と対応するほかないため、対応態勢の準備が必要である。

なお、金融分野においては、指定信用情報機関による記録の作成代行の場合や、記録義務が適用されない場合等、第三者提供記録が保存されていない場合も多いため、このような場合の本人向けの説明も準備しておく必要がある。

3　個人情報保護委員会ガイドライン（通則編）においては、基本方針の策定、個人データの取扱いに係る規律の整備、組織的安全管理措置、人的安全管理措置、物理的安全管理措置、技術的安全管理措置、外的環境の把握が例としてあげられている。

II 債権管理回収において個人情報保護法が問題となる場合

次に、債権管理回収の場面において、個人情報保護法が問題となる具体的なケースにつき、解説する。

1 債権譲渡に伴う債務者情報の移転

債権譲渡は不良債権の最終処理や資産の流動化を目的として広く活用されている。債権譲渡においては、契約上、譲渡人は譲受人より債務者情報の提供を求められることとなるが、債務者情報を本人の同意なしで提供することができるかが問題となる。

個情法27条は、個人情報取扱事業者が個人データを第三者に提供する場合にはあらかじめ本人の同意を得ることを原則としているが、債権譲渡においては、債務者情報の提供について債務者本人の同意を得る必要はないと解されており、その根拠としては次のような見解が提唱されてきた。

① 民法では債権の自由譲渡性を保障しており、当該債権の管理に必要な範囲において債務者に関する個人データが提供される場合には、債務者本人の同意を推定できる。

② 債権譲渡に伴う債務者の個人データの提供は、「財産の保護のために必要がある場合であって、本人の同意を得ることが困難であるとき」に当たり（個情法27条1項2号）、例外的に同意なく提供できる。

③ 債権譲渡は法制度として認められている取引であり、これに必然的に付随する個人データの第三者提供は業務上正当な行為に当たり、個人情報保護法の例外として同意が不要である。

民法上債権の自由譲渡性が保障されており、債権譲渡が債権回収の手段として広く活用されていることに鑑みると、譲渡禁止特約のない貸付債権の譲渡の場合、債権譲渡に必然的に付随する個人データの提供に関しては本人の同意は不要と考えられる。基本的には①の見解に従い、債務者本人の同意を推定できるが、本人の同意が推定できないような場合には、②の見解におけ

る個情法27条１項の例外に該当し、同意なく個人データを提供できると解することが可能である。また、サービサー業界においては、原債権者が有する同意を得た地位が、債権譲渡に伴い引き継がれるという考え方もとられている。

2 委託先から提供された情報の管理

債権管理回収においては、債権回収会社等は金融機関等の委託先から債務者の個人データを提供されることになる。委託先である債権回収会社等において、当該委託を受けた業務を遂行する中で、必然的又は派生的に取得することになる個人データ（例えば、当該個人本人が申告した改姓に伴う新氏名、新住所、新たな勤務先、現在の収入状況等）を委託元と共有し、更に委託終了の際には委託元から当初提供された個人データに更新情報を追加して委託元に返却する必要性が生じることになるが、個人情報保護法との関係をどのように考えるべきか問題となる。

この点につき、法改正に合わせて改訂された「個人情報委員会ガイドラインに関するQ&A」（QA 7 -42。以下「本件QA」という）においては、一般論として、個人データの取扱いの委託（個情法27条５項１号）について、「委託先は、委託に伴って委託元から提供された個人データを、独自に取得した個人データ又は個人関連情報と本人ごとに突合することはできず、委託先で新たな項目を付加して又は内容を修正して委託元に戻すこともでき」ないとされており、原則として本人の同意が必要であることが示されている。

しかし、金融機関等から委託を受けて行う債権管理回収業務において、提供された個人データに更新情報を追加して委託元に返却する場合、債務者本人は委託先である債権回収会社等の存在と、当該債権回収会社に提供又は同社が取得した個人情報が委託先としての報告義務（民法645条）を通じて委託元に提供されることは当然に予想できるものであり、本人の知らないところで権利利益の侵害が行われるものではないため、本件QAが規定しているケースと異なるものであると考えられる。

そのため、本件QAにおける「委託先が独自に取得した個人データ又は個

人関連情報」とは、委託先自らが独立して行っている事業を通して、委託元とは独立した立場で取得したものを指すものであって、上記のような住所の更新情報等は債務者本人が委託先を介して委託元に対して申告したものであることから、本件QAにおける「委託先が独自に取得した個人データ又は個人関連情報」には該当しないというべきである。

　結論として、この問題についてまとめると次のように考えられる。

① 本件QAの趣旨は、本来であれば、委託先は委託元にかわって個人データを取り扱うのみであり、委託元と離れて委託先が独自に収集した情報の処理はもはや委託ではなく、委託先から委託元に対する個人データの第三者提供に該当することになるという点に着目し、規制をかけるものである。

② 本件QAの対象となるのは、委託先が独自に取得した個人データ、個人関連情報である。「委託先が独自に収集した」と評価される情報は、個人データの取扱いの委託と無関係に（委託先が）取得した情報がこれに該当する（例えば、委託業務の前から独自に保有していた情報や、委託業務から離れて取集した情報など）。

　逆にいえば、委託業務に基づき取得したデータや、委託元から指示を受けて取得したデータは対象ではない。

③ すなわち、委託業務の過程の中で委託元にかわって取得した情報であれば、今回のQAの対象外と解される（なお、当該情報については、本来的には、委託業務が終われば削除することになると思われ、委託業務の目的の範囲内でのみ利用できることとなるのが前提である）。

　以上の整理は、委託元に対して守秘義務を負うような情報に限定されるということではなく、委託業務の過程の中で委託元にかわって取得した情報といえれば、QAの対象外と考えられる。

④ 債権管理回収の委託業務を遂行する中で新たに取得した個人データを委託元と共有もしくは追加して委託元に返却することについては、個人情報保護法上特に問題ない。

したがって、債権管理回収を委託する金融機関等においても、約款等の変更は特に必要ない。

3　クラウドサービスの利用と個人情報保護

　さまざまなクラウドサービスが増え、金融機関が顧客情報等の管理のために利用するケースも増えてくると思われる。クラウドサービス利用の際の個人情報保護法上の留意点につき検討する。

⑴　クラウドへのアップロードが第三者提供に当たるか

　クラウドサービス提供事業者が当該個人データを取り扱わないこととなっている場合には個人データの「提供」に該当しない（本件QA 7 -53。「クラウド例外」）。どのような場合が「取り扱わないこととなっている」に該当するかについては、上記QAによれば、「契約条項によって当該外部事業者がサーバに保存された個人データを取り扱わない旨が定められており、適切にアクセス制御を行っている場合」がこれに該当する。後述のとおり、個人情報取扱事業者は契約上の定め及びアクセス制御のための措置につき確認すべきである。

⑵　「委託」に伴う提供に当たる場合

　クラウドへのアップロードが提供に当たる場合でも、金融機関がクラウドサービス事業者に一定の業務を委託している場合には本人の同意が不要となり得る。その場合、クラウドサービス事業者が委託された業務以外に当該個人データを取り扱うことができないことが必要である。

⑶　提供が外国にある第三者への提供となる場合

　「委託」に該当する場合であっても、外国にある第三者への提供となる場合には原則として本人の同意が必要となり、本人の同意なしに提供するためには法28条の要件を満たす必要がある。

⑷　金融機関がとるべき対応

⒜　契約条項や利用規約等の確認

　クラウド事業者がユーザー事業者の個人データにアクセスしない旨が契約上定められていれば問題ない。例外が定められていたとしても、非常時や緊

急時等に限られている場合には、個人データへのアクセスは「法令に基づく場合」（個情法27条1項1号）や「生命、身体又は財産の保護」のため必要な場合（同項2号）に当たるとして適法と考えることができる。

　クラウドサービスの中にはユーザー事業者の指示に従って個人データを処理する旨の条項が置かれている場合もあるが、このような場合、ユーザー事業者の指示がない限り独自の判断で個人データにアクセスすることがないということまで定められていれば、クラウド例外の要件を満たすと考えられる。

⒝　アクセス制御のための暗号化等の措置

　クラウドサービスにおいては、一般的にデータを暗号化するための機能が提供されていることが多く、ユーザー事業者はこれを確認し、暗号化措置を講ずる必要がある。

⒞　その他求められる対応

　クラウド例外が適用される場合、個情法25条に基づく委託先の監督義務は課されないが、ユーザー事業者は自ら果たすべき安全管理措置の一環として、適切な安全管理措置を講じる必要がある（本件QA7-54）。これは外国にある事業者のクラウドサービスを利用する場合も同様であり、当該外国の名称を明らかにし、当該外国の制度等を把握した上で、講じた措置の内容を本人の知り得る状態に置く必要がある（本件QA10-25）。

　また、報告対象となる個人データの漏えい等が発生したときには、ユーザー事業者が個情法26条1項の報告義務を負うこととなる（本件QA6-19）。

4　生成AIサービスの利用と個人情報保護

　上記クラウド例外との関係で、チャットGPT等の生成AIサービスに個人データを含むプロンプトを入力することが第三者提供に該当するかについても問題となる。

　この点につき、令和5年6月2日に個人情報保護委員会より公表された「生成AIサービスの利用に関する注意喚起等について」においては、「個人情報取扱事業者が、あらかじめ本人の同意を得ることなく生成AIサービス

に個人データを含むプロンプトを入力し、当該個人データが当該プロンプトに対する応答結果の出力以外の目的で取り扱われる場合、当該個人情報取扱事業者は個人情報保護法の規定に違反することとなる可能性がある。そのため、このようなプロンプトの入力を行う場合には、当該生成AIサービスを提供する事業者が、当該個人データを機械学習に利用しないこと等を十分に確認すること」とされている。

　このような解釈は、グーグル等の一般的な検索エンジンに個人データを入力する場合等とは異なり、生成AIにおいては、その後に生成AIサービス事業者独自の利用が予定されている点をとらえたものであるため、今後、さまざまな生成AIサービス又はこれに類似するサービスが登場した場合には、留意が必要である。

5 債権回収の委託業務により生じた 回収データの法的帰属

Q 　債権回収業務をサービサー又は弁護士若しくは弁護士法人（以下「サービサー等」という）に委託した場合において、その委託先で生じた回収データは、委託元又は委託先サービサー等のいずれに帰属するか。

A 　一般的に、委託元から提供データ（元データ）においては、委託元に帰属し、派生データについては、契約によりあるいは当該データが発生した関与度合い等を考慮して判断される帰属主体に帰属することになるといえる。

I　債権管理回収行為により生じる回収データとは

　サービサー等は、委託元から委託を受けた債権の回収を行うに当たり、委託元での管理期間や方法、相手方となる債務者の属性、債権内容、あるいは請求額等の諸事情を考慮し、複数の督促オプションの中から適当と思われる督促方法を選択し、回収行為を実行している。その結果、サービサー等は、当該委託元の債権の特徴、回収額の推移、弁済者の属性（地域、年齢、性別）、債務者の生活状況、債務者の主張内容、債権の根拠となる契約根拠の問題点等の情報やデータを取得することになる。これらの情報やデータは、広く回収に関するデータという意味で「回収データ」ということができるが、本稿で検討するに当たり、更に、次のような用語の整理をしたい。

　「提供データ（元データ）」：委託元が保有し、委託先に提供されるデータ

　「派生データ」：委託先により提供データ（元データ）を加工・分析・編集・統合等をすることにより新たな知見・価値を伴うこととなるデータ

Ⅱ　一般的な「データ」の財産性について

　データに「物」と同様の財産性が認められる場合には、所有権や占有権が観念できるから、その帰属については、委託元とサービサー等との委託契約において明確に定めることができるはずである。しかし、次に述べるようにデータ自体に「物」と同様の財産性は認められていない。まずは、データがもつ財産性について、現在の議論を概観する。

1　民法からみた財産性

　民法において「物」とは、有体物をいうと定められている（民法85条）。そして、所有権及び占有権は、「物」を対象としている（民法206条、180条）。「有体物」の定義については一定の幅があり、空間の一部を占める液体・気体・固体のいずれかに属するものと解する見解から五感に触れることができるもので法律上の排他的支配が可能なものは全て「有体物」であるというように拡張をして解する見解などがあるが、いずれにせよ物理的に存在するものである必要がある〔脚注1〕。

　データは、事実や科学的数値を意味するほか、日常用語では、例えば特定のファイル形式により保存されている情報もこれに含まれている。

　これらは、物理的に存在するものとはいえないため、「有体物」であるとはいえない。

　そうすると、データは、民法上の「物」ではなく、所有権、占有権やその他の物権の対象とはなり得ないということになる。

2　知的財産法からみた情報の財産性

　知的財産法は「ある種の財産的情報に対して権利を付与しあるいは法的に保護される利益と認めて、当該財産的情報を保護する法制を中心に、その周辺領域を含んだもの」〔脚注2〕といわれている。そして、ここにいう財産

1　「有体物」性の議論の状況については、『我妻・有泉コンメンタール民法〔第8版〕──総則・物権・債権』（日本評論社、2022）171頁以下を参照。

的情報について、知的財産基本法は、「「知的財産」とは、発明、考案、植物の新品種、意匠、著作物その他の人間の創造的活動により生み出されるもの（発見又は解明がされた自然の法則又は現象であって、産業上の利用可能性があるものを含む）、商標、商号その他事業活動に用いられる商品又は役務を表示するもの及び営業秘密その他の事業活動に有用な技術上又は営業上の情報をいう」と定めている（2条1項）。

このように、知的財産法において、知的財産に関する「情報」が法的保護の対象とされている。

3　不正競争防止法からみた情報の財産性

不正競争防止法は、「知的財産法の一環をなすものである」〔脚注3〕とされ「商標」（同法2条2項）、「標章」（同法2条3項）、「営業秘密」（同法2条6項）、「限定提供データ」（同法2条7項）などが保護の対象となっている。本テーマとの関係では、後二者の該当性が問題となる。

(1)　「営業秘密」

「営業秘密」とは、「秘密として管理されている生産方法、販売方法その他の事業活動に有益な技術上又は営業上の情報であって、公然と知られていないもの」（同法2条6項）をいう。次の3つの要件がある。

①　秘密として管理されていること（秘密管理性）

②　事業活動に有用な技術上又は営業上の情報であること（有用性）

③　公然と知られていないこと（非公知性）

(2)　「限定提供データ」

「限定提供データ」とは「業として特定の者に提供する情報として電磁的方法……により相当量蓄積され、及び管理されている技術上又は営業上の情報（営業秘密を除く）」のことをいう。ビッグデータ等を念頭に、商品として広く提供されるデータや、コンソーシアム内で共有されるデータなど、事

2　中山信弘『特許法〔第4版〕』（弘文堂、2019）6頁
3　経済産業省知的財産政策室編『逐条解説不正競争防止法〔第2版〕』（商事法務、2019）23頁

図表5-1　情報の権利性

権利の種別	権利の性格	データの保護についての利用の可否
著作権	思想または感情を創作的に表現したものであって、文芸、学術または音楽の範囲に属するものであることが必要（著作権法2条1項1号）。	機械的に創出されるデータに創作性が認められる場合は限定的。
特許権	自然法則を利用した技術的思想の創作のうち高度のもので、産業上利用ができるものについて、特許権の設定登録がされることで発生する。新規性および進歩性が認められないものについては特許査定を受けることができない（特許法2条1項、29条1項、66条1項）。	データの加工・分析方法は別として、データ自体が自然法則を利用した技術的思想の創作のうち高度のものであると認められる場合は限定的。
営業秘密	①秘密管理性、②有用性、③非公知性の要件を満たすものを営業秘密といい、不正の手段により営業秘密を取得する行為等の法定の類型の行為（不正競争）がなされた場合に、差止請求および損害賠償請求または刑事罰が認められる（改正不正競争防止法2条6項、同条1項4号ないし10号、3条、4条、21条、22条）。	左記①から③の要件を満たす場合には、法的保護が認められる。

（出典）　経済産業省「AI・データの利用に関する契約ガイドライン（データ編）」(2018)
　　14頁

業者が取引等を通じて第三者に提供する情報を想定している。

4　回収データの財産性

(1)　データの性質

　データは、無体物であり、民法上、所有権や占有権、用益物権、担保物権の対象とはならないため、これらの概念に基づいてデータに係る権利の有無を定めることはできない。

⑵　知的財産権としての保護

　では、知的財産権として保護の対象となるか。

　著作権の保護の対象となる著作物は、思想又は感情を創作的に表現したものとされており（著作権法2条1項1号）、データの集合に創作性を認めるのは困難な場合が多い。

　また、データベースであってその情報の選択又は体系的な構成によって創作性を有するものは、データベースの著作物となるとされているものの（同法12条の2第1項）、データに対してクレンジングや加工・分析といった処理を施すことによって、データベースの著作物であると認められる場合は必ずしも多くはないと考えられる。

　次に、特許権の保護の対象となる発明は、自然法則を利用した技術的思想の創作のうち高度のものであり、データが特許権の保護の対象となる場合も限定的であるといえる。

　そうすると、回収データを知的財産権として保護することは一般的には困難ということになる。

⑶　不正競争防止法による保護

　では、最後に、不正競争防止法により保護の対象となるか。

　「営業秘密」の三つの要件は、前述したとおりである。

　①の秘密管理性について、「秘密として管理されている」という要件の趣旨は、「事業者が秘密として管理しようとする対象（情報の範囲）が従業員や取引先（従業員等）に対して明確化されていることによって、従業員等の予見可能性、ひいては、経済活動の安定性を確保することにある」〔脚注4〕とされている。回収データのうち提供データ（元データ）に含まれるデータは個人情報保護法により各種安全管理措置が実施され保有・管理されているものといえ、ほとんどの事業者において秘密管理性の要件は満たすと考えられる。このことは、委託先が保有することとなった「派生データ」についても同様であるといえる。

4　前掲注3・41頁

②の有用性とは、「生産方法、販売方法その他の事業活動に有用な技術上又は営業上の情報であること」である。そして、「有用な」とは、「財やサービスの生産、販売、研究開発に役立つなど事業活動にとって有用であることを意味する」〔脚注5〕ものである。提供データ（元データ）であれ、派生データであれ、回収データは、事業活動にとって有用であるものと考える。

　③の非公知性とは、「一般的に知られておらず、又は容易に知ることができないことが必要」とされ、この状態について、具体的には、「当該情報が不合理的な努力の範囲内で入手可能な刊行物に記載されていない等、営業秘密保有者の管理下以外では一般的に入手することができない状態」〔脚注6〕を意味するとされている。提供データ（元データ）であれ、派生データであれ、回収データは、一般的に入手することができない状態に置かれているものといえるから、非公知性の要件も肯定されると考える。

　そうすると、秘密管理性については、個別の事業者ごとの判断とはなるが、一般的な個人情報取扱事業者を念頭に置くと、回収データのうち提供データ（元データ）については、委託元にとっての「営業秘密」となり、派生データについては、後述する「派生データ」の帰属主体にとっての「営業秘密」となる場合が多いと考える。

　他方、回収データの「限定提供データ」の該当性については、「営業秘密」に当たらないと考える。なぜなら、回収データは、通常は「業として特定の者に提供する情報」ではなく、要件を満たさないと考えるからである。

　ただし、派生データについては、例えば、債権回収手法とその効果について分析した結果を他の金融機関に対して提供するビジネスを実施している場合など「業として特定の者に提供する情報」としての性格を有するときには、これに当たり得る。

5　前掲注3・43頁
6　前掲注3・44頁

Ⅲ　契約とデータの保護

1　一般的なデータ保護条項の内容

　債権回収業務委託契約において、一般的には、守秘義務条項と個人情報保護条項が入っていると思われる。これは、あくまでもサービサー等の受託者が回収業務の遂行上に知り得た情報や委託対象の個人情報を第三者に漏えいすることも防止するための規定であり、今回問題となっている回収データの帰属性自体を規律するものではない。

　ところで、債権回収業務委託契約は、民法上の典型契約である委任契約（民法643条）であるため、受託者（受任者）は、委託者（委任者）の請求があるときは、いつでも委任事務の処理の状況を報告し、委任が終了した後は、遅滞なくその経過及び結果を報告しなければならないとの報告義務を負っている（民法645条）。ここで報告義務の対象となるのは「委任事務の処理の状況」と「その経過及び結果」である。

　そうすると、提供データ（元データ）及びこのデータをもとに委託業務を行い、その過程で付加・訂正等をしたデータについては、報告対象になると考えられる。他方で、派生データについては、基本的には、「委任事務の処理の状況」や「その経過及び結果」には含まれないため、報告対象にはならないと考えられる。

2　「データ・オーナーシップ」という考え方

　明確な定義はないが、一般に、データに適法にアクセスし、その利用をコントロールできる事実上の地位又は契約によってデータの利用権限を取り決めた場合にはそのような債権的な地位を意味する考え方として用いられているようである〔脚注7〕。

　この考え方は、前述のとおり、現行法上、データに所有権その他の物権的な権利を観念することができないことを前提にしているが、これによって

7　経済産業省「AI・データの利用に関する契約ガイドライン（データ編）」（2018）14頁

も、データ自体の帰属を決することは法理論上むずかしく、あくまで当該契約当事者が他方当事者に対して、データの利用権限を主張することができる債権的な地位を有していることを意味するものであるといえる。

この考え方を具体的に応用し、例えば、データ創出の寄与度により、一方当事者が他方当事者に対して、創出されたデータに対する利用権限を主張できるという債権的な地位を契約で定めることには合理性が認められるとされている。もっとも、「当事者がデータ創出に果たした寄与度やデータと当事者の事業との関連性を評価する方法は、産業分野やデータの種類等により大きく異なり得るものであり、現時点において、どちらの当事者がデータに関する債権的地位（データ・オーナーシップ）をもつべきであるという一律の基準を見出すことは困難である」といわれている〔脚注8〕。

3　AI・データの利用に関する契約ガイドライン（データ編）による整理

2018年6月、経済産業省が策定・公表した「AI・データの利用に関する契約ガイドライン（データ編）」（以下「契約ガイドライン」という）では、次のように二つの契約類型に整理がされている。

当該ガイドラインは、必ずしも債権管理回収業務委託契約を念頭に置いたものではないが、同契約には膨大なデータの取扱いが当然の前提となっていることから参考になるものと考え、同ガイドラインの分類に即して検討を加える。

(1)　三つの契約類型

契約ガイドラインでは、データ契約を①「データ提供型」契約、②「データ創出型」契約、③「データ共用型（プラットフォーム型）」契約の三つに分類している。

「データ提供型」契約とは、取引の対象となるデータを一方当事者（データ提供者）のみが保持しているという事実状態について契約当事者間で争い

8　前掲注3・15頁

図表5−2 「データ提供型」契約の種類

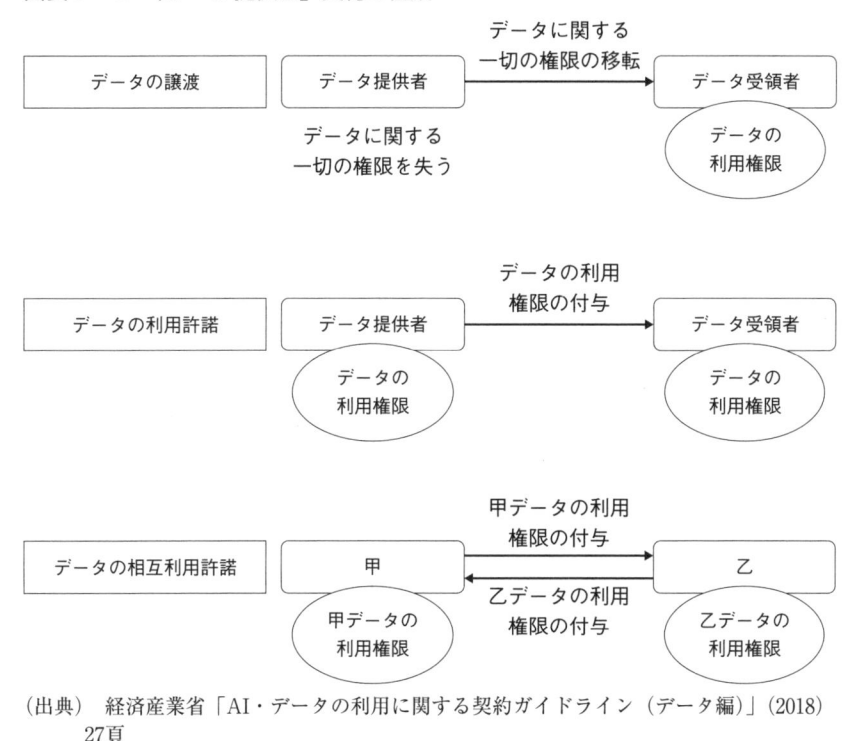

（出典） 経済産業省「AI・データの利用に関する契約ガイドライン（データ編）」(2018)
27頁

がない場合において、データ提供者から他方当事者に対して当該データを提供する際に、当該データに関する他方当事者の利用権限その他データ提供条件等を取り決めるための契約類型である〔**脚注9**〕。ここでいうデータの「利用権限」とは、データの利用権、保有・管理に係る権利、複製を求める権利、販売・権利付与に対する対価請求権、消去・開示・訂正等・利用停止の請求権等の契約に基づいて発生する権利を自由に行使できる権限のことを意味する。「データ提供型」契約は、更に、次の三つの類型に分類ができる。①譲渡型、②ライセンス（利用許諾）型、③共同利用型である。

　「データ創出型」契約とは、複数当事者が関与することにより、従前存在

9　前掲注3・24頁

しなかったデータが新たに創出されるという場面において、データの創出に関与した当事者間で、データの利用権限について合意する場合を対象とする契約類型である。この類型の対象には、例えば、新たに創出された「生データ」のほか、そのようなデータを加工、分析、編集、統合等することによって得られる派生データも含まれるとされている〔**脚注10**〕。

「データ共用型（プラットフォーム型）」契約とは、複数当事者がデータをプラットフォームに提供し、プラットフォームが当該データを集約・保管、加工又は分析し、複数の事業者がプラットフォームを通じて当該データを共用するための契約である〔**脚注11**〕。

ここでは、現状の債権回収の場面を想定するため、前二者（データ提供型とデータ創出型）についてのみ触れることとし、データ共用型（プラットフォーム型）については別の機会に譲ることとする。

(2) 「**データ提供型**」契約の留意点

債権回収業務委託契約において、委託元から委託先であるサービサー等に提供される債務者データは、委託元のデータであり、この点について争いはない。そうすると、債権回収業務委託契約は、「データ提供型」契約であるといえる。

では、上記①〜③の類型ではどれに該当するといえるだろうか。

債権回収業務委託契約においては、委託元から委託先であるサービサー等に債務者及びこれに関連するデータの提供がされ、これを受け取ったサービサー等においては、自己の債権管理システムに登録を行い、債権回収業務を実行するのが一般的といえる。

債権管理システム登録後は、同システムから一定のデータを抽出し、架電システムに載せたり、電話等で債務者と交渉をした場合には、その交渉記録を同システム上に登録をしたり、更には新たな住所が判明した場合には新住所のデータに書き換えたりするなどして、利用・追記・訂正等を行っている。他方、委託元においても委託対象となった債務者データに触れることは

10　前掲注3・10頁、49頁
11　前掲注3・10頁

制限を受けていない。

　そうすると、委託元が保有していた債務者及びそれに関連するデータの提供を受けるに当たり、債権回収業務委託契約により利用権限が付与されていると考えられ、②の利用許諾型ととらえるのが自然であるといえる。

　では、回収データ委託先であるサービサー等が取得した債務者との交渉記録、新住所データ、回収傾向、回収方針を定めるに当たり行った分析の結果等のデータはどのように扱われるべきであろうか。

　債権回収業務委託に基づく委託業務遂行上に取得した情報は、基本的には委託元に帰属する情報であるといえる。つまり、提供データ（元データ）そのものやそれに業務遂行上に取得した情報をもとに付加・訂正等をした情報も含め、委託元に帰属する情報として取り扱うのが適当といえる。

　次に、委託先が委託業務遂行上に取得したデータではあるが、独自に分析等を行い生じた派生データについては、まず、派生データの創出、帰属又は取扱いに関し、委託元と委託先との間で合意が成立していれば、当該合意の内容に従うことになる。では、そのような合意がない場合にはどうであろうか。

　この点、本ガイドラインでは、一般論として「派生データの利用権限に関する明確な合意がなければ、提供データ（元データ）の性質、提供データ（元データ）を取得・収集する際の出費・労力、営業秘密性、提供データ（元データ）の加工・分析・編集・統合等の程度・費用、提供データ（元データ）の全部又は一部が復元可能なものとして派生データに含まれているか等を考慮して、派生データの利用権限がデータ受領者のみにあるのか、それとも、派生データの利用権限がデータ提供者にもあるのかを合理的に解釈していくことになると思われる」と述べられている〔**脚注12**〕。

　例えば、派生データの作成についても委託業務の中に含まれており、それに対する対価も発生し、委託元として当該派生データの利用権限が認められる場合には、当該派生データは、委託元に帰属するものといえそうである。

12　前掲注3・28頁

そうではなく、委託先として、当該委託元からの提供データ（元データ）のうち債務者住所、年齢、性別、延滞月のみの情報を利用し、更に、既に保有していた情報を併せ、委託先の費用と責任において、独自の見解に従って生成された派生データの場合には、委託先に帰属するとの判断が妥当であるといえる。

　もっとも、委託元としては、委託先がどのようなかたちであれ自己が提供するデータが委託先の分析等の用に供されるのを是としない場合もあり得る。この場合においても、委託先において他の事業を遂行する上で、分析等を行うことが有益であるのであれば、派生データの帰属性について、丁寧な説明により委託元からの理解を得ておくのが適当といえる。

(3)　「データ創出型」契約の留意点

　複数の事業者が関与し、債権回収に関するデータを新たに創出する場合には、データの創出に関与した当事者間で、データの利用権限について合意する必要があり、ここでの合意をデータ創出型契約という。

　例えば、金融機関やサービサー等が他の事業者とともに、データを集約し、統合的なデータベースを作成したり、スコアリングモデルを開発し、債権の不良債権化を数値化したり、あるいは決済手法と不良債権との関連性に関するデータを創造したりといった場合が想定される。

　データ創出型契約には、一般的に、①データ創出に複数の当事者が関与するが、利用権限の調整ルールが明確ではないこと、②データの創出がなされる場合でも、その利用方法が必ずしも明確ではない場合が多いこと、③個人情報及びプライバシー権に対する配慮が必要であることが課題であるとされている〔**脚注13**〕。

　このことも踏まえ、図表5－3について留意が必要とされている。

13　前掲注3・51〜52頁

図表5－3　当事者間で合意しておくことが望ましい利用条件

項目	定めるべき事項
対象データの範囲	・取引に関連して創出されるデータ（対象データ）の一覧表を作成する等して、対象データの範囲の明確化を図ること。 ・前記の一覧表から漏れたデータ等、明確に利用権限が合意されなかったデータについて、当該データの利用権限の定め方を規定しておくこと。 ・必要に応じて、営業秘密やノウハウを除去または希薄化できる程度にデータの粒度を粗くし、取得するデータの範囲・内容を限定すること。
利用目的	・利用目的を定めることにより、対象データの利用権限の範囲を明確にすること（たとえば、特定の事業領域での利用に限定する、当事者において既に決まっている研究開発契約での利用に限定する等）。
加工等の可否と派生データに対する利用権限	・対象となるデータの加工等の可否およびその方法を定めること。 ・加工等により創出される派生データに対する利用権限について定めること。
データ内容および継続的創出の保証／非保証	・データの内容の正確性等（前記第4－2－(2)参照）について保証することまたは保証しないことについて合意をすること。 ・データに個人情報が含まれる場合には、個人情報保護法を遵守し必要とされる手続が履践されていることを保証すること（利用目的、第三者提供の同意（または、業務委託・共同利用）の内容、確認記録義務の内容等）。 ・データが継続的に創出され、データの量が確保されることについて、保証をすることまたはしないことについて合意をすること。
第三者提供の制限	・第三者に対するデータの提供の可否。 ・第三者へのデータの提供ができる場合には、その際に第三者に課される条件。
収益および費用の分配	・対象データを第三者提供すること等により収益を得る場合、収益および費用の分配を定めること。

管理方法・セキュリティ	・データの性質やリスクに即して、具体的なデータの保存先や管理方法等を定めること。
利用期間	・利用できる期間を定めること。
利用地域	・データを利用できる国・地域を定めること。
契約終了時のデータの取扱い	・利用期間が終了した後に、派生データを含めて、削除または返還を要するかを規定すること。
準拠法・裁判管轄	・契約に適用される法律および裁判管轄を合意すること。

（出典）　経済産業省「AI・データの利用に関する契約ガイドライン（データ編）」(2018) 52～53頁

IV　ま と め

　データの法的位置づけについて、不正競争防止法上の営業秘密として保護の対象になり得るものの、民法やその他の法令においても、当該データの帰属性を決することができないことを確認した。

　そのため、データを取り扱う当事者間における契約において、当該データの利用、変更、帰属等に関して合意を形成する必要があり、その際には、契約ガイドラインの分類に従った整理が参考になることを確認した。

　債権回収の場面では、膨大なデータを取り扱い、そこにはパーソナルデータも多く含まれる。不良債権及びそれに関連するデータを利活用することにより、不良債権の発生を抑え、回収効果を上げることが期待できるほか、新たなビジネスの創造にも期待できる。他方で、個人情報保護やプライバシーの保護にも留意が必要であり、慎重な検討が必要になるといえる。

6 AI等の利活用と弁護士法72条の関係

Q 債権回収の業務において、AI等を活用して、契約書の作成等の機能を有するサービス（以下「リーガルテックサービス」という）を、有償で利用しようと考えている。利用の前提として、このようなリーガルテックサービスは適法なものであるか。具体的には、債務者との間で行われたこれまでの交渉経緯や、当該債務者の職業・収入・資産状況などを入力することによって、当該債務者にとって最適な支払期間や支払回数、各回の支払金額等を定めた示談契約が作成される機能を備えたAI等を活用した、有償のリーガルテックサービスとは、弁護士法72条に違反するか。

A 債務の存在や内容、範囲について争いがなく、債務者の支払意思も明確な場合に、裁判外において締結される示談契約に関して当該サービスを提供することは、必ずしも弁護士法72条に違反するものではない。債権回収の業務においても、前述のような場面での示談契約について、リーガルテックサービスの利用を行うことができる。

I 契約書関連業務と弁護士法72条

　報酬を得る目的で、業として、一般の法律事件に関する法律事務を取り扱い又は一般の法律事件に関する法律事務の取扱いを周旋することは、弁護士又は弁護士法人の独占業務であるとされている（弁護士法72条）。

　これまでは、契約書の作成や法的なリスクを指摘する契約書レビュー等の業務は、弁護士が担う業務のうちでも（とりわけ、企業法務の分野を取り扱

う弁護士においては特に）重要な部分を占めると解されてきた。

　そのため、AI等を用いて契約書等（契約書、覚書、約款その他名称を問わず、契約等の法律行為等の内容が記載された文書又はそれらの内容が記録された電磁的記録をいう。以下同じ）の作成・審査・管理業務を一部自動化することにより支援するリーガルテックサービスを、有償で、弁護士や弁護士法人でない事業者が提供する行為が、弁護士法72条に違反するものではないのかという点が問題となり得る。

Ⅱ　法務省による回答・ガイドライン公表

1　従前の議論の状況

　前述の弁護士法72条の問題点については、令和4年6月6日と令和4年10月14日に産業競争力強化法7条2項に基づく新事業活動等に関する確認の求めに対する法務省からの回答が示されている〔脚注1〕。

　もっとも、いずれの確認の求めにおいても、説明されている「新事業活動に係る事業の概要」がAI等のシステムに取り込んだ契約書に対して表示されるリスク分析の審査結果や説明文の具体的内容に主眼を置いた内容であったため、契約の目的、リーガルテックサービスを利用する者（ユーザー）と相手方との関係、契約に至る経緯やその背景事情等の事情が明らかではなく、その結果、「個別具体的事情によっては、本件新規事業活動が同条（筆者注：弁護士法72条のこと）に規定する「その他一般の法律事件」に関するものを取り扱うものと評価される可能性がないとはいえない」といった消極的な回答となっていた。

　また、弁護士法72条のほかの要件である「鑑定……その他の法律事務」に

1　・「新事業活動に関する確認の求めに対する回答の内容の公表」（令和4年6月6日付け）https://www.moj.go.jp/content/001374148.pdf
　・「新事業活動に関する確認の求めに対する回答の内容の公表」(1)（令和4年10月14日付け）https://www.moj.go.jp/content/001382083.pdf
　・「新事業活動に関する確認の求めに対する回答の内容の公表」(2)（令和4年10月14日付け）https://www.moj.go.jp/content/001382086.pdf

ついても、回答の求めがあった新事業活動が「鑑定」に当たると評価される可能性があることは回答により明らかとなっていたものの、逆にどのようなサービス内容であれば、当該要件に該当しないのかについては、これらの回答からは明らかでなかった。

2 本ガイドラインの公表によって明らかとなった事項

以上のような状況のもとで、令和5年8月1日付けで法務省より「AI等を用いた契約書等関連業務支援サービスの提供と弁護士法第72条との関係について」(以下「本ガイドライン」という)が公表された。

本ガイドラインは従前の法令照会に対する回答と比べ、以下の点で特徴があるといえる。

(1) 弁護士法72条の各要件に関して明確に判断し得る具体例の提示

本ガイドラインでは、弁護士法72条が定める①「報酬を得る目的」、②「訴訟事件……その他一般の法律事件」及び③「鑑定……その他の法律事務」の各要件について、一つずつ指針となる一般的な解釈を示した上で、各要件を充足すると明確に判断し得るリーガルテックサービスの具体例と各要件を充足しないと明確に判断し得るリーガルテックサービスの具体例をそれぞれ記載している。

特に各要件を充足しないと考えられる具体例が明示されたことは、前述1では明らかでなかった事項に関するものであるため、リーガルテックサービスの展開を企図している事業者や利用を検討している事業者にとっては参考にすべきものである。

例えば、契約書等の作成業務を支援するサービスを提供するために構築されたシステムにおいて、「その利用者があらかじめ設定された項目について定型的な内容を入力し又は選択肢から希望する項目を選択することにより、その結果に従って、同サービスの提供者又は利用者があらかじめ同システムに登録した複数の契約書等のひな形から特定のひな形が選別されてそのまま表示されるか、複数のひな形の中から特定のひな形が選別された上で、利用者が入力した内容や選択した選択肢の内容が当該選別されたひな形に反映さ

れることで、当該選別されたひな形の内容が変更されて表示されるにとどまる場合」には、当該サービスの提供は、③「鑑定……その他の法律事務」の要件に該当しないことが示されている。

⑵　弁護士法72条が定める三つの要件を全て充足しない場合は同条違反とならないことの明記

　また、刑法上当然のことではあるが、本ガイドラインの冒頭部分において、リーガルテックサービスが前述①、②又は③の各要件の全てを充足しない場合には、弁護士法72条に違反しないことも明記されており、この点も、事業者が展開するリーガルテックサービスの内容の拡大を促す上で一定の意義があるものと思われる。

　例えば、本稿の冒頭で記載したサービスについていえば、前述のとおり③「鑑定……その他の法律事務」に該当する可能性があり、有償で当該サービスを提供する以上①「報酬を得る目的」も肯定される可能性が高いが、当該サービスを提供する範囲や場面を適切に限定することで、②「訴訟事件……その他一般の法律事件」の要件には該当しないとの評価を得ることで、弁護士法72条に違反することなく当該サービスを提供することができると整理することが可能である。

Ⅲ　本ガイドラインの分析

1　本ガイドラインを踏まえた各要件の検討

　以上のとおり、本ガイドラインの公表によって、弁護士法72条に違反せずに展開することができるビジネスの範囲が明確になったと考えられる。

　しかしながら、本ガイドラインでは、あくまでも弁護士法72条の各要件を充足しないと「明確に判断し得る例」が参考として示されているにすぎないため、事業者が展開するサービスの内容が本ガイドラインにおいて示されている適法事例のいずれにも該当しない場合であっても、そのようなサービスの全てが弁護士法72条に違反すると判断されるものではない点には注意を要する。

したがって、本ガイドラインの冒頭部分で記載されているとおり、「弁護士法第72条で禁止される行為に該当するか否かについては、それが罰則の構成要件を定めたものである以上、最終的には裁判所の判断に委ねられるものである」ため、本ガイドラインで公表された内容を吟味するだけでは、弁護士法72条の各要件に該当するか明らかでない解釈に係る部分については、引き続き過去の裁判例を踏まえて、その内容を吟味する必要がある。

2　各要件との関係で問題となる事項

(1)　①「報酬を得る目的」

　この点、①「報酬を得る目的」という要件については、「諸般の事情を考慮し、金銭支払等の利益供与とリーガルテックサービスの提供との間に実質的に対価関係が認められるときには、「報酬を得る目的」に該当し得ると考えられる」という内容であり、基準としての明確さに欠けるものの、リーガルテックサービスを事業として提供しようとしている者であって、当該要件の該当性を回避しようとする者は、多くないと思われる。

(2)　③「鑑定……その他の法律事務」

　また、③「鑑定……その他の法律事務」という要件に関して、本ガイドラインは、「「その他の法律事務」とは、……法律上の効果を発生変更する事項の処理を指すものと解すべきである」という東京高判昭和39・9・29高刑集17巻6号597頁において示された解釈と基本的には同一の基準に従って、当該要件に該当しないと明確に判断し得る具体例を、比較的実践的な観点から幅広く列挙して公表している。例えば、当該要件に該当しない例として、契約書等の審査業務を支援するサービス（いわゆる契約書の自動レビュー）について、システム上で事前に登録されたひな形又はチェックリストと紐づけられた一般的な契約書等の条項例又は一般的な解説が、審査対象となる契約書等の記載内容の言語的な意味内容のみに着目して修正されて表示されるにとどまるサービスなどがあげられている。

　この点に関して、現時点での各リーガルテックサービスの機能に照らせば、これらの具体例の提示の範囲内にとどまるレベルのものが多いと解さ

れ、当該要件に抵触するおそれのあるサービスは、それほど多くはないと思われる。

　他方で、冒頭の設例で記載したようなレベルのサービスについて検討してみると、債務者との従前の交渉経緯や職業・収入・資産状況に関して、利用者が定型的な内容を選択できる仕様になっていたとしても、そこで選択された選択肢の内容がそのまま反映されるわけではなく、当該債務者の弁済可能性等も考慮した上で、最適な支払期間や支払回数、各回の支払金額等が提示され、契約書が作成されることになるため、③「鑑定……その他の法律事務」の要件に該当すると評価される可能性があると解される。

(3)　②「訴訟事件……その他一般の法律事件」の要件

　前述二つの要件と比べ、②「訴訟事件……その他一般の法律事件」の要件に関しては、「親子会社やグループ会社間において従前から慣行として行われている物品や資金等のフローを明確化する場合や、継続的取引の基本となる契約を締結している会社間において特段の紛争なく当該基本契約に基づき従前同様の物品を調達する契約を締結する場合」という非常に限定された場合のみを、当該要件に該当しないことを明確に判断し得る具体例としてあげている。そのため、リーガルテックサービスに係る同要件の該当性については、個別の検討を必要とする余地が多く残されている。

　なお、同要件に該当すると「明確に判断し得る具体例」として「取引当事者間で紛争が生じた後に、当該紛争当事者間において、裁判外で紛争を解決して和解契約等を締結する場合」があげられているため、履行遅滞に陥っている債務者に対して、債権者が期限の利益を再付与するという実務上債権回収の場面で広く行われている和解交渉については、同要件を満たす場合が多いと考える。

　なお、同要件に係る「事件性」の要件については、以下のⅣにおいて詳述する。

Ⅳ　②「訴訟事件……その他一般の法律事件」の要件に含まれる「事件性」について

1　「事件性」の要否

　「訴訟事件……その他一般の法律事件」の要件をめぐっては、「その他の法律事務」の例示として「訴訟事件」「非訟事件」等をあげているから、「その他一般の法律事件」というのも、実定法上「事件」と呼ばれている案件及びこれと同視し得る程度に法律関係に争いがあって「事件」と表現され得る案件でなければならないとする見解（事件性必要説）と、「事件」という言葉は、広義で使う場合は、紛争になっているとか、その可能性があるものといった意味はもたないため、「事件性」を要求する根拠はないとする見解（事件性不要説）が対立してきた。

　本ガイドラインは、「弁護士法第72条の「訴訟事件……その他一般の法律事件」に関し、一般に、「法律事件」とは、法律上の権利義務に関し争いや疑義があり、又は新たな権利義務関係の発生する案件をいうとされるところ、同条の「その他一般の法律事件」に該当するというためには、同条本文に列挙されている「訴訟事件、非訟事件及び……行政庁に対する不服申立事件」に準ずる程度に法律上の権利義務に関し争いがあり、あるいは疑義を有するものであるという、いわゆる「事件性」が必要である」として、事件性必要説を採用することを明らかにしている。

2　「事件性」の内容

(1)　本ガイドラインが示す「事件性」の定義

　本ガイドラインは、前述のとおり、事件性必要説に立つところ、どのような場合に「事件性」が認められるのかが問題となる。

(2)　裁判例の考察

　この点、本ガイドラインが参考にしたと思われる(a)東京高判昭和39・9・29高刑集17巻6号597頁では、「いわゆる「その他一般の法律事件」とは、同条例示の事件以外の、権利義務に関し争があり若しくは権利義務に関し疑義

があり又は新たな権利義務関係を発生する案件」を指すと判示している。

　また、非公開株式の売買の委任に関して、「「法律事件」とは、法律上の権利義務に関し争いや疑義があり又は新たな権利義務関係の発生する案件をいう」という一般論を示した後で、「非公開株式の売買にあって、売却先の選定や売却価格、売却の手続を巡って争いや疑義が生じ得ることは見易い道理であり、売買条件交渉を非専門家が受任すれば委任者又は相手方が不正確な価格による取引を強いられるおそれが類型的に存在する。したがって、本件各契約は一般の法律事件に関するものに該当するというべきである」と判断した(b)広島地判平成18・6・1判時1938号165頁がある。

　さらには、最高裁の裁判例としては、賃貸借契約の合意解除を内容とする契約交渉などを委託した事案に関して、「立ち退き合意の成否、立ち退きの時期、立ち退き料の額をめぐって交渉において解決しなければならない法的紛議が生ずることがほぼ不可避である案件に係るものであったことは明らかであり、弁護士法72条にいう「その他一般の法律事件」に関するものであったというべきである」との判断を示した(c)最判平成22・7・20刑集64巻5号793頁がある。

⑶　小　　括

　これら(a)〜(c)の裁判例をみると、結論の根拠として示されている「争いや疑義が生じ得ることは見易い道理」であるといった判示（上記の(b)）や「解決しなければならない法的紛議が生ずることがほぼ不可避である」といった判示（上記の(c)）は、いずれも「法的紛議が生じることがほぼ不可避であるような基礎事情が存在すること」を示すものであり、このような基礎事情が認められるようなケースでは、「事件性」が認められ、「その他一般の法律事件」に該当すると解するのが相当であろう。

V 本稿におけるリーガルテックサービスについての検討

1 「和解」と「示談」の意義

　本ガイドラインでは、前述のとおり、「取引当事者間で紛争が生じた後に、当該紛争当事者間において、裁判外で紛争を解決して和解契約等を締結する場合」は「事件性」要件を充足するとされている。また、弁護士法72条では「和解その他の法律事務を取扱い……」と規定されていることからも、和解契約の作成支援に関するリーガルテックサービスは、「事件性」要件を充足すると考えられる。

　もっとも、和解とは「当事者が互いに譲歩をしてその間に存する争いをやめることを約することによって、その効力を生ずる」契約であると定められているため（民法695条）、上記の本ガイドラインや弁護士法72条にいう「和解」は、「争い」が存在していること（言い換えれば、事件性が充足されること）を前提にした概念である。

　これに対して、実務上は、厳密に和解の概念に当たるものと、そうでないものを併せ「示談」と呼ぶことがあるが、これらの「示談」の中には、「事件性」を充足しない案件に係るものも含まれ得るため、上記の本ガイドラインや弁護士法72条にいう「和解」と結論を異にする場合もあると解される。

2 期限の利益を再付与する合意と「事件性」の該当性

　そして、債務者が債務の存在や内容、範囲について債権者の主張を全面的に認めている場合には、事件性の要件を充足するために必要となる「法的紛議が生じることがほぼ不可避であるような基礎事情」は、認められないと解される。

　ただし、裁判外の和解では現実の執行に不安が残るため、起訴前の和解を行うという場合や、訴訟提起後の調書和解を行うような場合等では、権利実現の不確実性が認められ、「法的紛議が生じることがほぼ不可避であるような基礎事情」すなわち「事件性」が認められる余地もあると思われる。

したがって、債務の存在や内容、範囲について争いがなく、債務者の支払意思も明確な場合に、裁判外において締結される示談契約に関して当該サービスを提供する場合については、冒頭の設例に記載したようなサービスについても、「事件性」が欠けると評価でき、必ずしも弁護士法72条に違反するものではない。

　よって、債権回収の業務においても、このような場面での示談契約については、リーガルテックサービスを利用することができると解される。

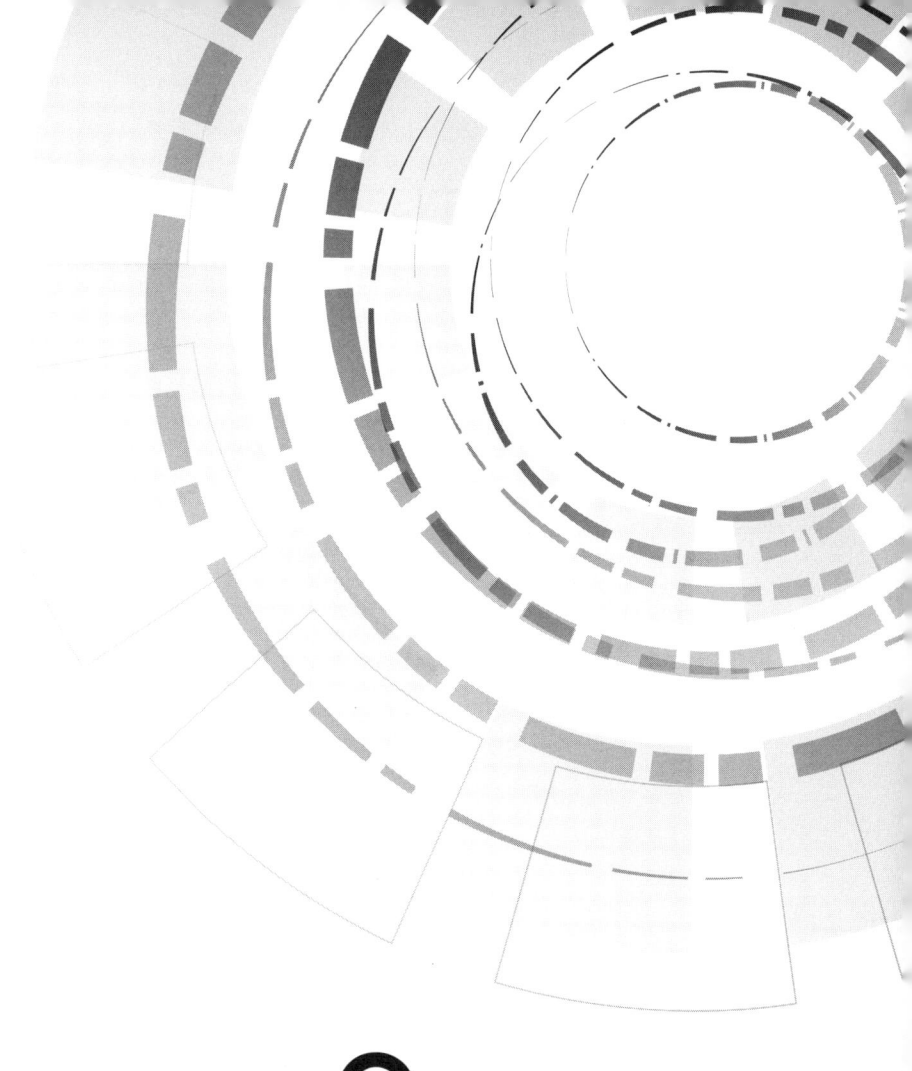

第2章

各 論 ①
——債権管理

7 ブログ、SNS等を利活用した債務者動向の把握と債権回収行為

Q
1. ブログ、SNS等からはどのような情報が取得でき、どのような利用が考えられるか。
2. 債権管理回収において、ブログ、SNS等から情報を取得・利用することに関し、どのような点に留意すべきか。

A
1. 個人の特定情報、属性情報、事業者情報等を取得できる可能性があり、債務者への連絡や所在の確認、取引先金融機関や信用状況の把握等の利用が考えられる。
2. ブログ、SNS等から得た情報を債権管理回収に利活用することが個人情報保護法やSNS等の利用規約に違反しないか留意する必要がある。

I ブログ・SNS等から得られる情報の種類と利用イメージ

債務者の中には、ホームページ、ブログやフェイスブック、インスタグラム、X（旧ツイッター）等のSNSにおいて、自らの情報を公開している人も多い。また、そのほかにも、おまとめサイトや掲示板サイト、データベース等により、インターネット上で個人情報を取得できる場合がある。このような情報を債権管理回収において利活用することにつき、検討する。

1 ブログ、SNS等から取得できる情報の種類

取得できる情報としては、例えば次のようなものがあげられる。

図表7−1　インターネットを通じた情報の収集

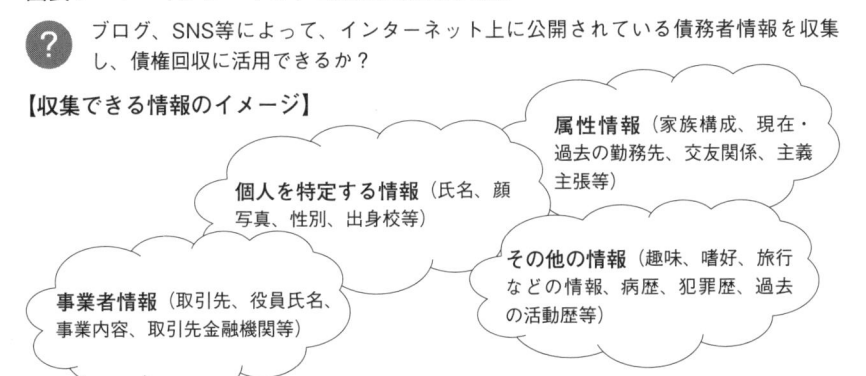

?　ブログ、SNS等によって、インターネット上に公開されている債務者情報を収集し、債権回収に活用できるか？

【収集できる情報のイメージ】

属性情報（家族構成、現在・過去の勤務先、交友関係、主義主張等）

個人を特定する情報（氏名、顔写真、性別、出身校等）

その他の情報（趣味、嗜好、旅行などの情報、病歴、犯罪歴、過去の活動歴等）

事業者情報（取引先、役員氏名、事業内容、取引先金融機関等）

【情報収集のチャネル】

検索エンジンによる検索結果、公開されているブログ、SNS等々

（出典）　筆者作成

① 個人の特定情報

　　○ 氏名、顔写真、生年月日

　　○ 性別

　　○ 出身地、出身校

　　○ 友人の個人情報

② 属性情報

　　○ パートナーの有無

　　○ 家族構成

　　○ 仕事の内容、勤務先

　　○ 交友関係、主義主張

③ 取引情報（主に事業を営んでいる場合）

　　○ 取引先、法人情報、役員氏名

　　○ 事業内容

　　○ 取引先金融機関

④ その他の情報

　　○ 趣味、嗜好、旅行状況

- ○ 住居に関する情報
- ○ 病歴、犯罪歴
- ○ 過去の活動歴

2　情報取得経路

上記の情報にたどり着くには、グーグルやヤフー等の検索エンジンからの検索が一般的と考えられるが、フェイスブックやインスタグラム等の一部のSNSや有料ブログ、会員限定サイト等においては、会員登録や会費の支払をしなければ閲覧することができないものも存在する。

3　利活用イメージ

ブログやSNSで取得した情報の利活用方法として、次のような場面が想定される。

case 1　債務者のホームページから、取引先金融機関（銀行支店名）の情報を入手し、債務者の当該金融機関に対する預金債権を差し押さえる。

case 2　制作者が不明（特定をするのが著しく困難で容易に把握できない場合も含む）の「破産データベース」というウェブサイトから債務者の破産情報を取得し、官報で改めて確認をする。

case 3　制作者が不明（特定をするのが著しく困難で容易に把握できない場合も含む）の「おまとめサイト」というウェブサイトから債務者の顔写真を取得する。

case 4　制作者が不明（特定をするのが著しく困難で容易に把握できない場合も含む）の「犯罪データベース」というウェブサイトから、債務者の犯罪歴を取得する。

case 5　SNSの債務者本人ページから勤務先情報を取得し、当該勤務先に対し督促行為をする。

case 6　債務者への通知や架電による督促ができない場合にSNS上のメッセージで督促する。

case 7　債務者の所在を把握するため、当人とつながりのある友人等に対し、SNS上のダイレクトメッセージで、本人の所在について問合せをする。

case 8　今後の交渉や権利実行に備えて、SNSの書き込み内容から相手方の家族構成、趣味、自動車の種類、本人・家族の顔写真等あらゆる情報を取得し、本人属性情報として登録する。

　上記のうち、case 1 及びcase 2 のように、債務者本人により提供された情報の利用や、官報に掲載された情報等、不特定多数の者が取得できる公開情報の利用については問題を生じることはないが、case 3 ないしcase 8 のような利活用を行った場合、個人情報の保護に関する法律や貸金業法に配慮が必要な場合があるとともに、SNS利用規約上の問題が生じる可能性もある。Ⅱにて詳述する。

Ⅱ　ブログ、SNS等から情報を取得・利用することに関する留意点

1　個人情報保護法上の問題

(1)　利用目的の通知、公表

　個人情報取扱事業者は、個人情報を取り扱うに当たっては、その利用の目的（利用目的）をできる限り特定しなければならず（個人情報保護法17条1項）、かつ個人情報の取得の際には、あらかじめその利用目的を公表するか、取得後すみやかにその利用目的を本人に通知することが求められている（同法21条1項）。

　利用目的の特定は、「いかなる目的で個人情報を利用するかを個人情報取扱事業者に具体的かつ明確に認識させ、利用目的の達成のために必要最小限の範囲で個人情報を取り扱わせ個人情報を本人の同意なしに目的外利用することを原則として禁止するための基礎となる」〔脚注1〕ものであり、利用目

1　宇賀克也『新・個人情報保護法の逐条解説』（有斐閣、2021）197頁

的の公表も個人の権利利益の保護の観点から要求されている。利用目的は、個人情報の個別の処理ごとではなく、「究極的な利用目的を意味する」〔脚注2〕とされている。上記趣旨から、利用目的の特定はできる限り具体的になされる必要があるが、取得の方法・経路、つまりどのような手段で個人情報を取得するに至ったのかという点については法の要求事項ではない。

　もっとも、令和2年改正（令和2年法律第44号）（以下「令和2年改正」という）の際に、個人情報保護委員会ガイドライン（通則編）に図表7－2の記述が追加されたこともあり、SNS等により行動履歴等を取得して、一定の分析を行った上で債権回収を行うのであれば、ここでのガイドラインに沿った内容とするのが望ましいといえる。

図表7－2　追記された内容

> （※1）「利用目的の特定」の趣旨は、個人情報を取り扱う者が、個人情報がどのような事業の用に供され、どのような目的で利用されるかについて明確な認識を持ち、できるだけ具体的に明確にすることにより、個人情報が取り扱われる範囲を確定するとともに、本人の予測を可能とすることである。
>
> 　本人が、自らの個人情報がどのように取り扱われることとなるか、利用目的から合理的に予測・想定できないような場合は、この趣旨に沿ってできる限り利用目的を特定したことにはならない。
>
> 　例えば、本人から得た情報から、本人に関する行動・関心等の情報を分析する場合、個人情報取扱事業者は、どのような取扱いが行われているかを本人が予測・想定できる程度に利用目的を特定しなければならない。
>
> 【本人から得た情報から、行動・関心等の情報を分析する場合に具体的に利用目的を特定している事例】
>
> 事例1）「取得した閲覧履歴や購買履歴等の情報を分析して、趣味・嗜好に応じた新商品・サービスに関する広告のために利用いたします。」
>
> 事例2）「取得した行動履歴等の情報を分析し、信用スコアを算出した上で、当該スコアを第三者へ提供いたします。」

（出典）　個人情報保護委員会「個人情報の保護に関する法律についてのガイドライン（通則編）」（2023）32頁

2　前掲注1・197頁

(2) 適正な取得の義務及び不適正利用の禁止

　個人情報保護法（以下「個情法」と略記することがある）においては、不正の手段による個人情報の取得が義務づけられているほか（個情法20条）、令和2年改正により、不適正な方法（違法又は不当な行為を助長し、又は誘発するおそれがある方法）により個人情報を利用してはならない旨の規定が新設された（不適正利用の禁止、同法19条）。

　不適正利用の禁止とは、文言上「違法又は不当な行為を助長し、又は誘発するおそれがある方法」とあるが、さまざまな取扱行為が含まれ得る抽象的な規定となっている。上記ガイドラインの具体例などを踏まえ、個別具体的に検討する必要があるといえるが、本人からみて予測可能性があるか、社会的コンセンサスが得られているか、という観点から検討することが非常に重要であると考える。

　単に公表されている個人情報を閲覧するにとどまる場合には個人情報の「取得」には該当しないが、自社システムに入力登録することは「取得」に当たる。同法20条にいう「偽りその他不正の手段」に当たる場合としては、①子供や障害者等の十分な判断能力を有しない者から家族の個人情報を取得する場合、②個人情報の取得主体を偽ったり、本来の利用目的を伏せて虚偽の利用目的を告げたりすることにより個人情報を取得する場合、③不正の手段で個人情報が取得されたことを知り、又は容易に知ることができるにもかかわらず、当該個人情報を取得する場合、④私的な行為の写真を隠し撮りする場合、などが含まれる。また、後述のとおり、会員登録が必要なSNSから

図表7−3　【参考】法務省サービサーガイドライン上の事例

・債務者等の所在等を調査するため、債権回収目的で収集した個人情報を違法な行為を営むことが予見される探偵業者に提供する場合 ・債権回収を第三者に委託し、または債権を第三者に譲渡するに当たり、当該第三者が違法・不当な回収行為を行うことが予見されるにもかかわらず、当該債権に係る個人情報を当該第三者に提供する場合

（出典）　個人情報保護委員会・法務省「債権管理回収業分野における個人情報保護に関するガイドライン」（2024）

個人情報を「取得」する場合には、当該SNSの利用規約に反しないよう留意が必要といえる（商業的な利用やプライバシー侵害になり得る利用として禁止されないかどうか）。

(3) 要配慮個人情報の取得の規律

要配慮個人情報の取得に際しては、原則として、あらかじめ本人の同意が必要となる（個情法20条2項）。「本人による提供」に該当する場合には、ここでの本人の同意は不要である。

SNSの書き込みにおいては、当該書き込みをした者を本人とする個人情報については、「本人による提供」であり、ここでの同意は不要であるといえる。

他方で、本人以外の書き込みに係る本人の要配慮個人情報の場合には、あらかじめ本人の同意がない限り、取得はできない。この場合においては、本人との間の原契約上の同意条項により同意取得がされているといえるのかが問題となり、要配慮個人情報の取得合意まで読み込めない場合には、「財産保護のために必要がある場合」といった同意不要とする例外（個人情報保護法20条2項各号）に該当するかが問題となる。

(4) 第三者提供を受ける場合の確認・記録義務

第三者から個人データを取得する場合には、所定事項〔脚注3〕について、確認・記録が必要である（個情法30条1項）。ただし、「本人による提供」に該当すれば、これらは不要である。

SNSの書き込みにおいては、当該書き込みをした者を本人とする個人情報については、「本人による提供」に該当すると考えることになる。他方で、家族等の本人以外の個人情報に係る部分は、「本人による提供」とはいえず、確認・記録の対象になる。

(5) caseにおける個人情報保護法上の留意点

本人が自らホームページ上に公表した情報であれば、本人が提供する公開情報として、取得利用が可能であり、たとえ要配慮個人情報であったとして

3　個人情報保護法30条1項各号、同法施行規則20条

も、あらためて本人の同意を得る必要はない。case 1 では、債務者本人の
ホームページに取引先金融機関口座の記載があったということであるから、
債権者が当該情報を取得し、利用する行為に個人情報保護法上の問題は生じ
ない。

　また、本人ではなく、第三者が公開された情報を寄せ集めたサイトをつく
り、そこから情報を取得利用することを想定したcase 2 においても、官報の
ように不特定多数の者が取得できる公開情報は、本来であれば受領者も自ら
取得できる情報であり、受領者による取得行為を提供者が代行していると考
えられることから、case 1 と同様、個人情報保護法上の問題は生じない。

　他方、制作者が不明の「おまとめサイト」というウェブサイトから債務者
の顔写真を取得するというcase 3 の場合には、当該顔写真が当該ウェブサイ
ト上で掲載されるに至った経緯が不明であるという点に留意が必要である。
つまり、本人が自己のSNS等で公開している顔写真であれば、case 1 と同様
に考えることができるが、当該顔写真が本人の同意なく撮影されたもので
あって不正の手段により取得された可能性が高い場合や、サイトの管理者が
当該顔写真を不適切に利用している可能性が高い場合には、「適正な取得」
の義務に抵触する可能性がある。そのため、そのような場合には写真を保存
せずURLのみを記録する対応とすべきである。

　制作者が不明の「犯罪データベース」というウェブサイトから、債務者の
犯罪歴を取得するというcase 4 の場合には、case 3 と同様の問題のほか、犯
罪歴自体が要配慮個人情報であり原則として本人の同意を要するという点に
留意をすべきである。もっとも、一般的に犯罪は警察発表によるマスコミ報
道で公になっているケースがほとんどであり、出典に直接当たることでこれ
らの問題を回避できるといえる。

　SNSの債務者本人ページから勤務先情報を取得するというcase 5 について
は、公開範囲が「友達」のみであったが管理担当者が友人であるかのように
承認リクエストを送り、承認を受けて情報を取得したような場合には、適正
な取得とはいえず違法となる可能性があるため、過度な取得行為がされない
よう留意が必要である。

ところで、個人情報保護法においては、個人情報取扱事業者は利用目的の達成に必要な範囲内において個人データを正確かつ最新の内容に保つとともに、利用する必要がなくなったときは当該個人データを遅滞なく消去するよう努めなければならない旨定められている（同法22条、不必要情報削除の努力義務）。

今後の交渉や権利実行に備えて、SNSの書き込み内容から債務者の家族構成、趣味、自動車の種類、本人・家族の顔写真等あらゆる情報を取得し、本人属性情報として登録するというcase 8について、債務者の保有財産や家計に関する情報は債権管理回収業務に有益であるため取得に問題はないが、家族写真等の家族に関する個人情報の取得については、利用目的の範囲内であるか確認が必要である。また、個人情報取扱事業者が第三者との間で個人データの授受をした際には、一定の事項の確認と記録の作成義務が生じる（同法29条、30条）。したがって、case 8において、債務者の家族に関する個人情報が含まれていた場合には、当該家族本人による公開といえる場合でない限り、上記確認及び記録の作成義務が生じることになるため留意が必要となる。

2 貸金業法上の問題

債権が貸金債権であった場合、貸金業法上の取立行為の規制を受ける（貸金業法21条）。そのため、債務者への通知や架電による督促ができない場合にSNS上のメッセージで督促するというcase 6のようにSNSで督促を行う場合、同法21条2項に掲げられた事項（貸金業者の商号、住所、契約の内容等）を記載する必要があるほか、「人の私生活若しくは業務の平穏を害するような言動」（同法21条1項）に該当しないよう留意する必要がある。

この点、債務者の所在を把握するため、当人とつながりのある友人等に対し、SNS上のダイレクトメッセージで、本人の所在について問合せをするというcase 7のように、SNSのダイレクトメッセージ等で友人等に連絡をとる場合、借入れの事実が友人等に明らかになってしまうと「債務者の借入れに関する事実その他債務者等の私生活に関する事実を債務者等以外の者に明ら

かにすること」（同法21条1項5号）に該当するため、十分な注意が必要である。

3　SNS等の利用規約に関する問題

　以上、関係法令に抵触する可能性及び注意点について述べてきたが、SNS等を債権回収目的で組織的に利用することにつき、各SNS等の規約上問題が生じないかについても検討する必要がある。

　各SNSの利用規約につき、問題となりそうな条項として次のようなものがある。

SNS	利用規約の条項（抜粋）
フェイスブック	1.　Facebookを利用できる方 　利用者の責任ある発言や言動が、より安全で責任あるコミュニティづくりにつながります。そのため、利用者は以下の事項を守る必要があります。 ・利用者が日常的に使用する名前をアカウントに使用すること。 ・ご自身に関する正確な情報を提供すること。 ・ご自身のアカウントを1つだけ作成すること。また私的利用を目的としてタイムラインを利用すること。 ・自分のパスワードを共有したり、自分のFacebookアカウントに他人をアクセスさせたり、または自分のアカウントを（弊社の許可なく）他人に譲渡しないこと。
インスタグラム	・他人へのなりすましや不正確な情報の提供は禁止されています。

	Instagramでは、利用者ご自身の身元を開示していただく必要はありませんが、弊社に対しては、正確かつ最新の情報（登録情報を含む）を提供していただく必要があります。これは個人データの提供を含むことがあります。また、他者へのなりすましは禁止されており、本人から明示的な許可を得ない限り、他者のアカウントを作成することはできません。 ・不正な、誤解を招く、または詐欺的な行為や、違法または不正な目的の行為は禁止されています。 ・不正な方法を用いて、アカウントの作成、情報へのアクセス、または情報の取得を試みることは禁止されています。 これには、弊社から明示的な許可を得ることなく、自動化された手段を用いてアカウントを作成したり、情報を取得したりする行為が含まれます。
X	攻撃的な行為／嫌がらせ：攻撃的なコンテンツを共有したり、特定の人物を標的とした嫌がらせに関与したり、他人にそうするように扇動したりすることは禁止されています。 違法または特定の規制対象商品：非合法的な目的で、または違法な活動を推進させるためにXのサービスを利用することを禁じます。 誤解を招くアイデンティティや虚偽のアイデンティティ：他のX利用者の快適性を損なうようなかたちで、個人、グループ、組織になりすましたり、捏造されたアイデンティティを使用したりする行為は禁止されています。

FC2ブログ	4．禁止事項 FC2は本サービスの利用について以下の行為に該当し、または該当するおそれがあるとFC2が判断する行為を禁止します。禁止行為を行った場合は予告なく利用を停止、または法的に可能なあらゆる措置または手続きを行うとともに、禁止行為に基づきFC2または第三者が損害を被った場合は、当該ユーザー及び利用者はこれを賠償するものとします。 9．事実がないにも関わらず個人や企業、組織を騙ったり、他の人物や会社、組織と業務提携や協力関係があると偽ったり、それ相応の行為 16．本サービスを媒体として法令に抵触するような行為や商業活動を行う行為 21．本サービス内のコンテンツやデータをみだりに取得、録画、複製、改竄、配布、公開する行為。また、それらを助長し得るツールや手段を利用、紹介、教唆する行為 22．複数のアカウントの不適切な登録または利用によって本サービスの安定的な運営を妨げる行為

　会員登録なしでだれでも閲覧可能なSNSの場合、単なる閲覧により取得した情報を債権管理回収に用いることについては、規約上の問題は生じない。一方、フェイスブックのように会員限定のSNSである場合、利用規約において「私的利用」を目的とした利用に限定している場合もあり、債権回収管理の情報収集のために利用することや、偽名を用いるなどして債権管理用のアカウントを作成することは、規約違反となる可能性がある。また、複数アカウントの作成が禁止されているSNSや、アカウントを他人と共有することを禁止しているSNSもあり、このような場合、債権管理のために複数のアカウ

ントを作成したり、社内で同一アカウントを共有したりすることも規約に抵触することになる。

　ただし、利用規約の条項に抵触したとしても、明確な禁止事項について重大な違反がなければ、アカウント停止等の処分といった内部的なペナルティ以外に、債務者やSNS管理者に対する損害賠償リスクを負うことはほとんどないと考えられる。

　このように、SNS等の利活用に当たっては利用規約上の問題も整理した上で、社内ルールを策定するのが望ましい。

4　結　　論

　以上により、債権管理回収におけるSNS等の利活用において留意すべき事項についてまとめると次のとおりとなる。

　　○　当該SNS上の情報が不正な方法により取得された情報ではないか。

　　○　当該SNS上の情報が不適切に利用されていないか。

　　○　本人の意思に反すると思われる情報（要配慮個人情報等）の取得に当たらないか。当たる場合、本人同意の原則を回避できないか。

　　○　SNSから情報取得する場合のアカウントの整理と社内ルールの確認。

　　○　SNS上のメッセージ送信ツールを利用する場合に、貸金業法の取立行為の規制に抵触しないか。

　　○　本人以外の者による公開情報と記録確認義務。

　　○　本人以外の有益情報の取得と利用目的及び記録確認義務の整理。

8 スコアリング情報を利活用した債権回収における法的課題

Q
1. スコアリングモデル及びスコアリング情報とは何か。
2. スコアリング情報の法的位置づけはどのようになっているか。
3. 債権回収の場面でのスコアリング情報の利活用の可能性はあるか。

A
1. スコアリングモデルとは、将来の結果を予測するために、統計的手法、確率的手法等の一定のロジックを用いることにより、特定の情報に点数（スコア）を付与する仕組みのことである。スコアリング情報とは、スコアリングモデルにより得られた融資先である法人又は個人の信用力に係る点数（スコア）情報である。
2. 個人情報保護法上、スコアリング情報は、保有・管理のあり方や利用方法等によって、いかなる情報に当たるのかが左右されるため、個別具体的に検討して法的位置づけを判別する必要がある。スコアリング情報単体でみた場合には、統計情報に該当する。
3. スコアリング情報は、統計情報として用いる場合には特段制限なく取扱可能であり、債権回収の場面で個人情報として用いる場合にも、基本的に信用情報の目的外使用禁止の対象とはならず、本人に示した個人情報の利用目的の範囲内で取り扱うことが可能である。

I スコアリングモデル及びスコアリング情報

1 金融機関等におけるスコアリングモデルの利用

日本では、1980年代頃より、金融機関等において、融資の審査及び融資実行後のローン債権の管理並びに回収等の場面で、融資実行の可否や、融資先への今後のアクションを判断するための一つのツールとして、スコアリングモデルが用いられてきた。

近年では、AI化やフィンテックの進展に伴い、上記のスコアリングモデルをより発展させ、可能な限り自動化することが模索されている。

具体的には、申込みから融資実行までオンラインで完結させる商品であるオンライン融資や、住宅ローン等の審査等において、AIを用いて構築したスコアリングモデルに基づくAI審査の手法が拡大しており、一から人の手で審査を行う場合に比して、審査時間の短縮やコスト削減等を図りつつ、審査や信用リスク管理の正確性及び効率性を向上させることができる取組みとして注目されている。

2 スコアリングモデル及びスコアリング情報の定義

スコアリングモデルは、法的に確立された定義があるわけではないものの、一般に、将来の結果を予測するために、統計的手法、確率的手法等の一定のロジックを用いることにより、特定の情報に点数（スコア）を付与する仕組みをいう。

金融機関等においては、融資先である法人又は個人の資力その他の属性情報及び債務の負担状況等の情報から信用力を点数（スコア）化して評価するためにスコアリングモデルが用いられている。そして、かかる点数（スコア）は、それ単体では、単なる数値であるが、他の情報と紐づいて当該法人又は個人の信用力を示す情報としての意味を有している。

そこで、以下では、スコアリングモデルにより得られた融資先である法人又は個人の信用力に係る点数（スコア）情報のことを、スコアリング情報と呼ぶこととする。

3　スコアリングモデルの実態

　スコアリングモデルにはいくつかの種類があるが、実務において最も用いられているのは、ロジットモデル（ロジスティック回帰モデル）と呼ばれる統計モデルである（スコアリングモデルの分類については、図表8－1〔脚注1〕を参照）。

　ロジットモデルは、統計学上の回帰分析の理論によって得られる回帰方程式（回帰式）であり、目的変数（従属変数や被説明変数などとも呼ばれる）について、説明変数（独立変数などとも呼ばれる）を用いてどのように説明されるのか、両者の関係を明らかにするものである。例えば、デフォルト確率を予測したい場合には、デフォルト確率が目的変数となり、説明変数としては、負債比率のほか、個人であれば、資力、年齢、職業その他の信用情報に含まれる項目、法人であれば、自己資本比率、流動資産率、経常損益比率等さまざまな数値が想定される。

図表8－1　スコアリングモデルの分類

```
●統計モデル：ロジットモデル、判別モデル、ハザードモデル
　　　　　　　⇒統計学の理論に基づき過去の実績データからデフォルトの
　　　　　　　　有無・確率、格付順序等を推定する。
●確率モデル（オプションアプローチ）：構造型モデル、誘導型モデル
　　　　　　　⇒株価や社債金利等の市場データを用いてデフォルト確率を
　　　　　　　　推定する。
●AIなど：ニューラルネットワークなど
　　　　　　　⇒機械学習の手法を用いてロジットモデルを発展させたもの。
```

（出典）　尾木研三『スコアリングモデルの基礎知識』（金融財政事情研究会、2017）38～40頁をもとに筆者作成

1　尾木研三『スコアリングモデルの基礎知識』（金融財政事情研究会、2017）38～40頁、山下智志＝川口昇＝敦賀智裕『信用リスクモデルの評価方法に関する考察と比較』（金融庁金融研究研修センター、2003）4頁

4 債権回収の場面におけるスコアリングモデル及びスコアリング情報の利活用

以上のようなスコアリングモデル及びスコアリング情報は、特に債権回収の場面においては、例えば、①回収の優先順位づけ、②回収業務の担当者の時間の割り振り、③債務者との和解契約時の条件決定、④債権譲渡時に参考情報として付加するなどの利活用が考えられる。

かかる利活用を行うに当たっては、スコアリング情報ひいてはスコアリングモデルが法的にどのように位置づけられ、どのような規制の対象となるのかを把握しておくことが重要となる。

Ⅱ スコアリング情報の法的位置づけ

1 総 論

スコアリング情報と関係する規制としては、主に、①個人情報保護法上の規制と、②銀行法、貸金業法及び割賦販売法上の規制が想定される。

以下では、それぞれの規制法上の概念との関係でスコアリング情報がどのように位置づけられるのか検討する。

2 個人情報保護法上の位置づけ

⑴ 前 提

個人情報保護法上の規制との関係では、①個人情報（保有の仕方や、当該情報に対する権限によっては、個人データや保有個人データに当たり得る）、②仮名加工情報、③匿名加工情報、④個人関連情報、⑤統計情報のいずれに当たるかによって、規制の有無や規制内容が変わってくる。

結論としては、スコアリング情報は単なる数値情報であるため、上記のどの情報とも紐づき得るものであり、上記のいずれの情報にも該当し得る。

この点、特に債権回収の場面においてスコアリング情報を利活用する場合には、基本的に個人情報の一部として用いることになるため、個人情報に関する規制に服することとなる。

図表 8 - 2　概念のイメージ

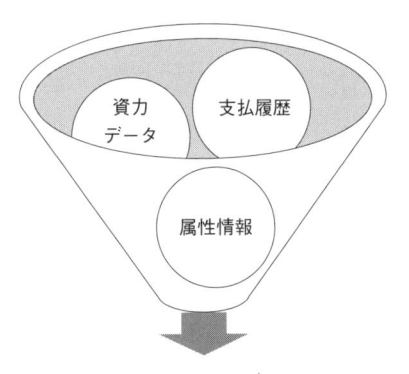

スコアリングモデル

個人情報
・氏名、ID　　・住所
・電話番号　　・年収
・スコアリング情報

匿名加工情報
・ハッシュ化等したID
・市町村　　　・年収帯
・スコアリング情報

仮名加工情報
・仮ID　　　・市町村
・年収帯
・スコアリング情報

資力
データ

支払履歴

属性情報

数値＝スコアリング情報　➡　いずれの情報にもなり得る

（出典）　筆者作成

　以上の点を前提としつつも、以下では、スコアリング情報それ単体（すなわち、単なる数値としての情報のみ）でみた場合の個人情報保護法上の位置づけについて検討する。

(2)　個人情報該当性

　個人情報とは、「生存する個人に関する情報であって」、①「当該情報に含まれる氏名、生年月日その他の記述等により特定の個人を識別することができるもの（他の情報と容易に照合することができるものを含む）」又は②「個人識別符号が含まれるもの」をいう（個情法 2 条 1 項）。

　スコアリング情報は、それ単体では単なる数値であり、特定の個人を識別することはできない。また、個人識別符号は、個人情報保護法施行令 1 条及び同法施行規則 2 条から 4 条までに定められた符号であるところ、スコアリング情報は、これらのいずれにも該当しない。

　そのため、スコアリング情報は、それ単体では個人情報には該当しない。

(3)　仮名加工情報該当性

　仮名加工情報とは、個人情報を上記(2)①又は②の区分に応じて定められた

措置を講じて「他の情報と照合しない限り特定の個人を識別することができないように個人情報を加工して得られる個人に関する情報」をいう（個情法2条5項）。

スコアリング情報は、もともと個人情報であった個人の資力その他の属性情報及び債務の負担状況等の情報を、スコアリングモデルを用いて数値に置き換えた情報であり、それ単体では特定の個人を識別することができないように、当該個人情報に含まれる記述等の一部を削除して加工された情報として、仮名加工情報作成の意図をもって作成した場合には〔**脚注2**〕、仮名加工情報に該当し得るようにも思える。

しかし、仮名加工情報といえるためには「個人に関する情報」であることを要するところ、「個人に関する情報」とは、「ある個人の身体、財産、職種、肩書等の属性に関して、事実、判断、評価を表す全ての情報」をいい〔**脚注3**〕、少なくとも個人であるだれかの情報といえる必要がある。

スコアリング情報は、それ単体では、単なる数値であり、個人であるだれかの情報かは明らかでない（法人や物などの個人以外に関する情報である可能性もある）。

そのため、スコアリング情報は、それ単体では「個人に関する情報」とはいえず、仮名加工情報に該当しない。

(4)　匿名加工情報該当性

匿名加工情報とは、個人情報を上記(1)①又は②の区分に応じて定められた措置を講じて「特定の個人を識別することができないように個人情報を加工して得られる個人に関する情報であって、当該個人情報を復元することができないようにしたもの」をいう（個情法2条6項）。

スコアリング情報は、スコアリングモデルを用いて個人情報に含まれる記述等の一部を削除することにより、特定の個人を識別することができないよ

2　仮名加工情報を作成するためには、客観的に法定の加工基準に沿った加工がなされているだけでは足りず、仮名加工情報作成の意図が必要とされる（「個人情報の保護に関する法律についてのガイドライン」に関するQ&A14-4参照）。
3　個人情報の保護に関する法律についてのガイドライン（通則編）2-1

うに個人情報を加工した情報であり、それ単体では元の個人情報を復元することはできないことから、これを匿名加工情報作成の意図をもって作成した場合には〔脚注4〕、匿名加工情報に該当し得るようにも思えるが、上記(3)のとおり、「個人に関する情報」とはいえない。

そのため、スコアリング情報は、それ単体では「個人に関する情報」とはいえず、匿名加工情報にも該当しない。

(5)　個人関連情報該当性

個人関連情報とは、「生存する個人に関する情報であって、個人情報、仮名加工情報及び匿名加工情報のいずれにも該当しないもの」をいう（個情法2条7項）。

上記(2)～(4)のとおり、スコアリング情報それ単体では、個人情報、仮名加工情報、匿名加工情報ではないが、「個人に関する情報」でもないため、個人関連情報にも該当しない。

(6)　統計情報該当性

統計情報は、法令上明確な定義はないものの、一般に「複数人の情報から共通要素に係る項目を抽出して同じ分類ごとに集計して得られるデータであり、集団の傾向又は性質などを数量的に把握するもの」をいうとされている〔脚注5〕。

スコアリング情報は、スコアリングモデルから得られる数値情報であるところ、スコアリングモデルは、まさに複数人の属性情報や債務の負担状況等の情報から、デフォルトの有無、資力の程度、地域属性等の共通要素に係る項目を抽出し、分析等して数値化するための道具であり、そのような道具を使って得られるスコアリング情報は、一定の集団の傾向を数量的に把握しようとするものといえる。

したがって、スコアリング情報は、それ単体では、統計情報に該当すると

4　匿名加工情報を作成するためには、客観的に法定の加工基準に沿った加工がなされているだけでは足りず、匿名加工情報作成の意図が必要とされる（「個人情報の保護に関する法律についてのガイドライン」に関するQ&A15-6参照）。
5　個人情報に関する法律についてのガイドライン（仮名加工情報・匿名加工情報編）3-1-1

考えられる。

(7)　統計情報に対する個人情報保護法の規制

　スコアリング情報のような統計情報については、特定の個人との対応関係が排斥されている限り、個人情報保護法上の規制の対象外となる。

　なお、金融機関等は、本人から直接書面に記載された当該本人の個人情報を取得する場合（個情法21条2項）のみならず、与信事業に際して個人情報を取得する場合には、利用目的について本人の同意を得ることとされている（金融分野における個人情報保護に関するガイドライン2条3項）。また、与信事業以外の場面でも、基本的に個人情報を取得するに当たっては、あらかじめ利用目的を公表しておくか、すみやかに利用目的を本人に通知又は公表しなければならない（個情法21条1項）。かかる規制との関係で、個人情報を統計情報に加工することについても、利用目的として定めておく必要があるかが問題となり得るが、この点については、個人情報に該当しない統計情報への加工を行うこと自体については利用目的とする必要はないとされている〔脚注6〕。

(8)　スコアリングモデルの個人情報保護法上の位置づけ

　スコアリング情報については、それ単体では、上記のとおり統計情報に当たると考えられるところ、その元となるスコアリングモデルは、個人情報保護法上どのように位置づけられるか。

　スコアリングモデルは、前述したロジットモデルを前提とすると、それ自体は数式であり、それのみでは特定の個人を識別することはできず、また、そもそも特定の個人との対応関係も排斥されていることから、個人情報や「個人に関する情報」に当たらないと考えられる。

　そして、スコアリングモデルは、複数人の情報から共通要素に係る項目を抽出して同じ分類ごとに集計して得られるデータを変数等の数値として数式化したものといえることからすれば、基本的には、それ単体であれば、スコアリング情報と同様に統計情報に該当すると考えられる（ただし、スコアリ

6　「個人情報の保護に関する法律についてのガイドライン」に関するQ&A2-5参照

ングモデルに数値を入力していく過程で、特定の個人との対応関係を有する情報が付加されることで、上記(5)の個人関連情報に該当し得る場面もあるであろう)。

そのため、ロジットモデルのスコアリング情報については、全体としてみた場合には、統計情報又は個人関連情報の集合体としての性質を有すると考えられる。

(9) スコアリングモデル作成時の留意点

スコアリングモデルの作成は、自社で作成する以外にも、自社にはないノウハウや情報の蓄積から、より精緻なスコアリングモデルを作成可能であることに着目して、他社に作成を委託する場合がある。

当該委託に際しては、自社の顧客情報を当該委託先に提供することが多いところ、かかる顧客情報の提供については、委託に伴う個人データの提供（個人情報保護法27条5項1号）と整理して、顧客本人の同意なしに行うことがある。

この場合、当該委託先においては、他社からも同様に委託に伴う個人データの提供として顧客情報の提供を受けており、自社の顧客情報のみならず当該他社の顧客情報も基礎として、スコアリングモデルが作成されることが想定されるが、作成されるスコアリングモデルが統計情報であるとしても、いわゆる「混ぜるな危険」〔脚注7〕として、そもそも委託先への顧客情報の提供が、委託に伴う個人データの提供として整理し得るのかについては、別途検討を要する。

この点については、個別具体的に検討する必要があるが、ポイントとなるのは、①当該委託先において情報の分別管理が徹底されているか〔脚注8〕、②当該委託先においてスコアリングモデルを作成する際に、自社の顧客情報

7　一般に、委託先が、委託元から提供を受けた個人データと、委託先自身が保有する個人データ等や他の委託元からの提供を受けた個人データ等とを分別管理せずに混ぜて取り扱うことは、委託された業務の範囲内でのみ、本人との関係において提供主体である委託元と委託先を一体のものとして取り扱うことが合理的であるとする個人情報保護法の趣旨に悖るものであり、委託業務の範囲外の行為として許されないという考え方をいう。

8　「個人情報の保護に関する法律についてのガイドライン」に関するQ&A 7 -37参照

図表8-3　スコアリングモデルの作成委託における留意点

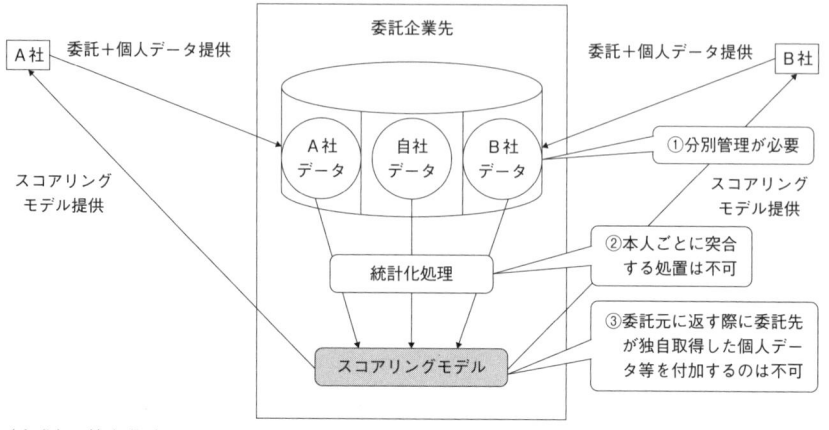

（出典）　筆者作成

　と他社の顧客情報とが、本人ごとに突合され、本人ごとに個人データの項目を増やす等の処理はされておらず、あくまでも本人ごとに突合することなく、サンプルとなるデータ数を増やすかたちで使われているか〔脚注9〕、③当該委託元からスコアリングモデルの提供を受ける際に、当該委託元が独自取得した個人データ等が付加等されていないか〔脚注10〕などである。

　仮に、上記の点のいずれかに問題がある場合には、委託元である金融機関等は、顧客情報の委託先への提供について、委託に伴う個人データの提供として整理することはできず、原則どおり、顧客本人の同意を得て行わなければならないこととなる（個情法27条1項）ため、注意する必要がある。

　このような場合において、顧客本人の同意を得ることもむずかしい場合には、秘密計算等のプライバシー保護技術を用いて、顧客情報を不可逆的に暗号文に変換する等して、容易照合性を失わせ、個人情報に当たらないデータとした上で、スコアリングモデルの作成を委託することも選択肢となり得る。

9　「個人情報の保護に関する法律についてのガイドライン」に関するQ&A 7-43参照
10　「個人情報の保護に関する法律についてのガイドライン」に関するQ&A 7-41及び
　　7-42参照

3 銀行法、貸金業法及び割賦販売法上の位置づけ

(1) 関連する規制の概要

　銀行は、返済能力情報（信用情報機関から提供を受けた個人である資金需要者の借入金返済能力に関する情報）を資金需要者の返済能力の調査以外の目的のために利用しないことを確保するための措置を講じなければならないとされている（銀行法13条の3の2第1項、同法施行規則13条の6の6）。

　また、貸金業者又はクレジットカード会社等は、一定の場合に、個人信用情報又は基礎特定信用情報を信用情報機関に提供しなければならず（貸金業法41条の35、割賦販売法35条の3の56）、信用情報機関から提供を受けた信用情報又は特定信用情報を返済能力等調査（返済能力又は支払能力の調査）以外の目的に使用してはならないとされている（貸金業法41条の38、割賦販売法35条の3の59）。

　スコアリング情報は、上記のとおり、法人又は個人の法人又は個人の信用力に係る点数（スコア）情報であるところ、これらの情報に該当するものとして、規制を受けないかが問題となり得る。

(2) 各情報への該当性

　銀行法上の返済能力情報、貸金業法上の信用情報（同法2条13項）及び割賦販売法上の特定信用情報（同法30条の2第3項）は、資金需要者又は債務者の返済能力又は支払能力に関する情報であり、いずれも特定の顧客に関する情報であることを前提としていると考えられる。

　また、貸金業法上の個人信用情報（同法2条14項、41条の35第1項各号、同法施行規則30条の13）及び割賦販売法上の基礎特定信用情報（同法35条の3の43第1項6号、35条の3の56第1項各号、同法施行規則118条）は、信用情報又は特定信用情報のうち、個人顧客との契約に係る法定所定の事項（氏名、住所、生年月日、契約年月日、貸付金額等）をいう。

　スコアリング情報は、前述のとおり、それ単体では、単なる数値情報であり、特定の顧客との対応関係は排斥された情報であるため、返済能力情報、信用情報及び特定信用情報に該当せず、そのため、個人信用情報及び基礎特定信用情報にも該当しないと考えられる。

Ⅲ　債権回収の場面でのスコアリング情報の利活用の可能性

1　信用情報の目的外利用禁止規制との関係

⑴　問題の所在

　前述のとおり、信用情報機関から提供を受けた信用情報については、銀行法、貸金業法及び割賦販売法の各法令において、返済能力等調査以外の目的で利用することが禁止されている（銀行法施行規則13条の6の6、貸金業法41条の38第1項、割賦販売法35条の3の59第1項）。特に貸金業者については、監督指針で「例えば、途上与信を行うために取得した信用情報を勧誘に二次利用した場合や信用情報を内部データベースに取り込み当該内部データベースを勧誘に利用した場合等（債権の保全を目的とした利用を含む。）であっても、返済能力の調査以外の目的による使用に該当する」〔脚注11〕とされている。

　金融機関においては、返済能力等調査の目的で信用情報機関に照会して提供を受けた信用情報をスコアリングモデルに当てはめる等してスコアリング情報を取得することが想定されるところ、かかる信用情報の目的外利用禁止規制との関係で、そのようなスコアリング情報を債権回収のために利用することができるのかが問題となる。

⑵　信用情報機関から提供を受けた信用情報との同一性

　この問題については、事業者内のいかなる範囲の情報が信用情報機関から提供を受けた信用情報となるのかを検討することが重要となる。

　上記の監督指針からすれば、信用情報を二次利用する場合だけでなく内部データベースに取り込んで用いた場合にも目的外利用に当たり得るが、これらの場合は、いずれも信用情報機関から提供を受けた信用情報自体の情報内容を変えることなくそのまま利用していることから、目的外利用禁止規制が適用されると考えられる。

11　貸金業者向けの総合的な監督指針Ⅱ-2-14(1)③ハb（注）

これに対し、信用情報機関から提供を受けた信用情報と同一性のない情報については、もはや目的外利用禁止規制の対象ではないといえる。情報の同一性の判断基準については、確立した見解はないものの、信用情報の目的外利用禁止が当該信用情報の主体である本人の個人情報を保護する趣旨の規制であることからすれば〔脚注12〕、個人情報保護法上の個人情報と匿名加工情報の区別の基準を踏まえ、変更後の情報内容に、元の情報内容が識別できるかたちで残されているか否かが指標となるのではないかと考えられる。

　具体的には図表8－4のように考えられる。

　このように信用情報に該当しないスコアリング情報は、目的外利用禁止規制の対象にはならないため、返済能力等調査に限らず、債権回収や勧誘のために用いることが可能である。

　この点、そもそも、債権回収や勧誘に用いる目的で信用情報をスコアリングモデルに当てはめる等してスコアリング情報とすること自体が目的外利用禁止規制に違反するのではないかとの疑問も生じるところである。

　しかし、前述のとおり、個人情報保護法上では、「利用目的」とは、個人情報取扱事業者が一連の個人情報の取扱いによって最終的に達成しようとする目的であると解されており、統計情報への加工を行うこと自体を利用目的とする必要はないとされている。また、個人情報を加工して匿名加工情報を作成する場合も同様に、匿名加工情報への加工を行うこと自体を利用目的とする必要はないとされている〔脚注13〕。そのため、目的外利用の問題も生じない。

　信用情報に係る目的外利用禁止規制の趣旨が、本人の個人情報保護にあることに照らしても、これらの個人情報保護法上の考え方と同様に、信用情報とは異なるスコアリング情報に加工することについては、目的外利用禁止規制に抵触しないと考えることも可能であろう〔脚注14〕。

12　上柳敏郎＝大森泰人編著『逐条解説　貸金業法』（商事法務、2008）381〜382頁参照
13　「個人情報の保護に関する法律についてのガイドライン」に関するQ&A15-7
14　なお、当該スコアリング情報は、個人の属性情報と結びつけられた「個人情報」ではあるため、個人情報保護法には留意する必要があり、個人情報を取得する際に、本人に示した個人情報の利用目的の範囲内で利用する必要がある点に留意すべきである。

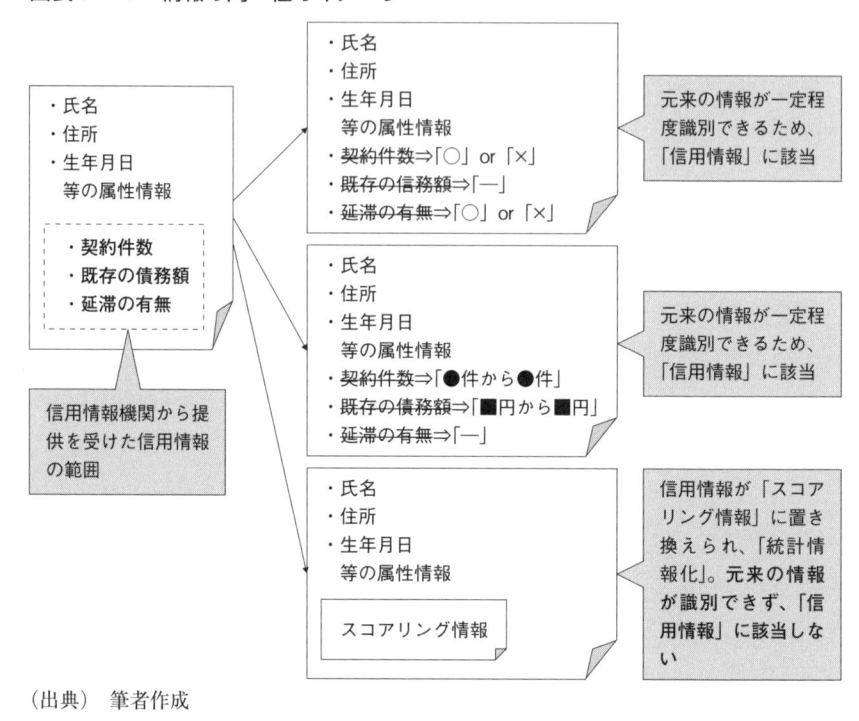

（出典）　筆者作成

⑶　債権回収の場面での信用情報の照会の可否

　上記⑵の点に関連して、そもそも、債権回収の場面において、上記目的外利用禁止規制との関係で、信用情報の照会は可能であろうか。

　この点については、既に貸付等の与信行為は終わっている以上、債権回収の場面では返済能力等調査はあり得ず、目的外利用として禁止されるとの考え方もある。

　しかし、債権回収の場面においても、債務者との間で債務額の一部免除を内容に含む和解契約を締結等して対応するか否か、また、当該対応を行う場合に、債務免除額はどのくらいとするかを判断する際には、債務者の返済能力等を踏まえた与信判断を行うことが必要となるのであるから、信用情報の照会は可能であると解される。

2　具体的な利活用の方法

(1)　各規制を踏まえた上でのスコアリング情報の利活用の可能性

　以上を踏まえると、スコアリング情報は、そのまま統計情報として用いる場合には、特段法令上の規制を受けることなく自由に取り扱うことが可能である。

　また、債権回収の場面で、個人情報として用いる場合にあっても、信用情報の目的外利用禁止規制の適用を受けることなく、個人情報保護法上の規制に基づき、本人に示した個人情報の利用目的の範囲内で取り扱うことが可能である。

　以下では、債権回収の場面での具体的なスコアリング情報の利活用との関係で、どのような利用目的を本人に示していればよいのかを検討する。なお、個人情報の利用目的は、最終的にどのような事業の用に供され、どのような目的で個人情報が利用されるのかが、本人にとって一般的かつ合理的に想定できる程度に具体的に特定されていれば足りる〔脚注15〕。

(2)　債権回収の優先順位づけや担当者の時間の割振りに用いる場合

　債権回収の優先順位づけや担当者の時間の割振りにおいて、債務者の信用力を基準とするべく、スコアリング情報を含む個人情報を利用することがあり得る。

　この場合、いずれの業務も、債権回収に係る業務の効率化や、与信後の債権管理業務の一環として行われるものである。そのため、「業務効率化のため」「与信後の管理のため」といった利用目的を示していれば、当該利用目的から一般的かつ合理的に想定できるものとして、いずれの業務のためにも、スコアリング情報を含む個人情報を利用することが可能と考える。

(3)　和解契約締結時の条件決定や支払に向けて残債免除等を行う場合

　債務者との和解契約締結時の条件決定や、債務者に債務の一部でも支払ってもらえるよう残債の一部を免除したりするような場面において、債務者の信用力を考慮して具体的な条件を決定するために、スコアリング情報を含む

15　個人情報の保護に関する法律についてのガイドライン（通則編）3-1-1

個人情報を利用することがあり得る。

　かかる和解契約締結や残債免除は、与信後の債権管理の一環として行われるものであるため、「与信後の管理のため」といった利用目的を示していれば、当該利用目的から一般的かつ合理的に想定できるものとして、スコアリング情報を含む個人情報を利用することが可能と考える。

⑷　債権譲渡時に参考情報として付加する場合

　債権回収のためサービサー等に債権譲渡をする場合において、その後の債権回収に当たっての参考情報として、スコアリング情報を付加して渡すことも考えられる。

　この場合、かかる債権譲渡も与信後の債権管理の一環として行われるものであることから、「与信後の管理のため」といった利用目的を示していれば、当該利用目的から一般的かつ合理的に想定できるものとして、債権譲渡の際に参考情報として付加し得ると考える。

　なお、この場合には、別途個人データの第三者提供に該当し、債務者本人の同意が必要とならないかが問題となり得るが（個情法27条１項）、債権譲渡に付随して譲渡人から譲受人に対して当該債権の管理（譲渡及び回収）に必要な範囲において債務者等に関する個人データが提供される場合には、当該本人の同意は基本的に事実上推定されると解されている〔脚注16〕ため、この点は、あらためて明示的に債務者本人から同意を得ることなく整理することが可能である。

16　金融機関における個人情報保護に関するQ＆ＡⅥ-４。なお、債権譲渡の前提となるデューデリジェンスや譲受人の選定等、債権譲渡のために当然必要な準備行為についても、債権の管理に必要な範囲に含まれるものとして、同意の事実上の推定が及ぶとされている。

9 電磁的方法を用いた債権管理回収

Q

1 通常、債権管理回収はどのように行われるか。

2 債権管理回収について、電磁的方法をどのように用いることができるか。

3 債権管理回収に電磁的方法を用いることによって、どのようなメリットがあるか。

A

1 契約書等を作成することによって債権の内容を明らかにするとともに、消滅時効に留意しながら債権管理がされる。債権回収においては、電話や書面による督促を行って法的手続によらない債務の履行を求めるほか、必要に応じて訴訟等の法的手続の利用や債権譲渡も検討する。

2 電子署名を用いる等して電磁的記録をもって契約を成立させることができる。督促や債権譲渡通知等において、SMSやIVRを利活用することも考えられる。また、弁済者の請求があれば、受取証書の交付にかえて、その内容を記録した電磁的記録の提供も可能である。

3 契約や督促等の手続について、書面の準備等が不要になることにより、手続の迅速化、効率化が期待できる。

I 通常の債権管理回収

1 各フェーズにみる債権管理回収

通常の方法による債権管理回収は、おおむね次のように行われている。

(1) 契約の成立

契約には、要式契約（一定の方法で行わなければ効力を発しない契約をいう。書面での契約を必要とした保証契約（民法446条2項）がその最たる例である）であるものを除いて、単なる口約束でも成立する。しかし、通常は、契約が成立したことや契約内容の明確化のため、あるいは債権管理回収の便宜のために、契約書等の書面に契約当事者が署名又は記名し、押印する方法が採用される。そして、このようにして作成された契約書等の書面に基づき、契約内容の履行に向けた審査が行われることとなる。

契約書の作成に当たり、特に押印については、文書上の印影と印章の同一性から本人の意思に基づいて押印したと事実上推定され、そのことを前提として、民事訴訟法228条4項より本人の意思に基づく文書の成立が推定されるという、いわゆる二段の推定〔**脚注1**〕が及ぶ。そのため、契約書等の私文書上に債務者本人の印影があれば、債務者はその意思に基づいて押印したと推定され、その結果として、当該私文書は債務者本人が作成したものと推定される。契約において、ことさら押印が重要と考えられてきた理由は、このような点にある。

(2) 債権の管理

成立した契約に基づき、所定の期限までに債務の本旨に従った履行が行われない場合には、債権者から督促を行うことになる。この督促は、書面によるほか、電話あるいは債務者を直接訪問するかたちにより行われることもある。

督促によっても債務者が債務の本旨に従った履行を行わない場合には、法的手続の利用を検討することになる。裁判所に訴訟を提起したり、支払督促を申し立てたりすることが考えられる。また、場合によっては仮処分を行い、債権の保全を行う場合もある。

(3) 時効の管理

債権は、権利を行使することができることを知った時から5年、又は権利

1　最判昭和39・5・12民集18巻4号597頁。伊藤眞『民事訴訟法〔第8版〕』（有斐閣、2023）418頁

を行使することができる時から10年のいずれか早いほうの経過によって消滅する（民法166条1項）。そのため、時効の管理はきわめて重要であり、債権者は、債権が時効により消滅しないよう、厳格に年月を管理し、必要に応じて時効の完成を防止する措置を講じる必要がある。

　例えば、消滅時効期間満了前に債務者から債務承認書を取得することにより、消滅時効は更新され、時効期間はリセットされる。また、消滅時効期間満了前に訴えを提起して裁判上の請求を行えば、訴訟係属中に時効期間が満了してもその裁判の確定まで時効の完成は猶予される。債権者は、必要に応じてこのような時効の更新及び完成猶予の制度を利用して債権管理を行う。

⑷　債権譲渡

　債権の現実的回収を図るために債権譲渡がなされる例も少なくない。債権が譲渡された際には、債務者対抗要件を具備するために譲渡人が債務者に対して譲渡通知を郵便で発する等の方法がある。また、第三者対抗要件を具備するためには、同様に内容証明郵便で通知を発する方法や、債務者から得た承諾書に対して公証役場で確定日付を取得する方法等がとられている。

　債権譲渡に当たっては、債権の発生原因を示す契約書や督促状等の債権管理資料を譲受人に引き渡すことになろう。

⑸　弁　　済

　債務者が債務の本旨に従った履行をしたときは、債権は消滅する。弁済は債務者だけではなく第三者も行うことができる。弁済者が、弁済と引き換えに受取証書の交付を請求する場合には、債権者はこれを発行する必要がある（民法486条1項）。

　また、債権全部の弁済がなされた場合に、弁済者が請求をしたときは、債権証書を返還しなければならない（民法487条）。

2　小　　括

　このように、通常は、契約書等の書面を作成することにより、債権額や債権の発生原因、履行期限等を明らかにするとともに、消滅時効により債権が消滅しないよう、時効の更新・完成猶予を行うことも念頭に置きながら債権

の管理を行うこととなる。

　所定の期限までに弁済がなされない場合には、電話や書面による督促を行い、これが奏功しないときには法的手段や債権譲渡により回収を図ることになる。

Ⅱ　電磁的方法を用いた債権管理回収

1　契約の成立

(1)　約款等に同意した上で申込みを行う場合

　電磁的方法を用いた契約の成立として、インターネット上で所定の約款等に同意した上での申込みを行うことが考えられる。この場合の一般的な流れは次のとおりである。

　　①　インターネット上の約款・規約に同意する。

　　②　所定のフォームに必要な情報を入力する。場合によっては、本人確認書類をアップロードする。

　　③　入力された情報等をもとに審査が行われる。

　　④　契約が成立する。

　このような手続である場合、契約書等の書面が作成されないことが多い。また、申込者（債務者）による署名押印がないことも多い。

　なお、この点につき、令和3年6月、金融庁が公表する「主要行等向けの総合的な監督指針」「中小・地域金融機関向けの総合的な監督指針」といった監督指針が改正された。従来は「行員等の面前で、契約者本人から契約書に自書・押印を受けることを原則」としていたところ、同改正により「契約者本人から契約内容への同意の記録を求めることを原則」と変更され、これにより、対面での署名押印によらない方法で同意の記録を得ることで足りるようになった〔脚注2〕。

(2)　電子署名を用いた電子文書で電子契約を行う場合

(a)　一般的な流れ

　電子署名を用いた電子文書での電子契約の方法による場合も考えられる。

その一般的な流れは次のとおりである。

① 電子契約サービスに申し込み、登録する。

② ID、パスワードを用いて、金融機関が用意したサービスにアクセスする。

③ 電子署名を用いた契約書等を作成して契約が成立する。

この手続による場合、契約書は紙としては作成されないものの、電子署名が付された契約書が残ることになる点が、上記(1)の約款等に同意して申し込む方法と大きく異なる。

(b) 電子文書の真正と電子署名との関係

では、電子文書の真正と電子署名はどのような関係にあるのか。紙の契約書を作成するときには、いわゆる二段の推定の理論によることで契約書の真正な成立を前提としていたが、電子署名においても同様の効力が認められるのだろうか。

電子署名は、電子署名及び認証業務に関する法律（以下「電子署名法」という）2条で次のとおり定義されている。

電子署名法2条1項

この法律において「電子署名」とは、電磁的記録（電子的方式、磁気的方式その他人の知覚によっては認識することができない方式で作られる記録であって、電子計算機による情報処理の用に供されるものをいう。以下同じ。）に記録することができる情報について行われる措置であって、次の要件のいずれにも該当するものをいう。

一 当該情報が当該措置を行った者の作成に係るものであることを示すためのものであること。

二 当該情報について改変が行われていないかどうかを確認することが

---

2 「主要行等向けの総合的な監督指針」につきⅢ-3-3-1-2、「中小・地域金融機関向けの総合的な監督指針」につきⅡ-3-2-1-2。なお、同改正に合わせて、「保険会社向けの総合的な監督指針」においても同様に、被保険者に同意の記録を求める方針に変更されている。

できるものであること。

　このように、電子署名には「署名又は押印」（民訴訟法228条４項）がないため、二段の推定は妥当しない。

　しかし、電子署名法３条は、「電磁的記録であって情報を表すために作成されたもの（公務員が職務上作成したものを除く。）は、当該電磁的記録に記録された情報について本人による電子署名（これを行うために必要な符号及び物件を適正に管理することにより、本人だけが行うことができることとなるものに限る。）が行われているときは、真正に成立したものと推定する」と規定している。

　これにより、電子署名を用いた場合にも署名又は押印がある私文書と同様に、真正な成立が推定される場面がある。

図表９－１　電子署名のイメージ

[当事者署名型のイメージ]　　　　　　[サービス提供事業者署名型のイメージ]

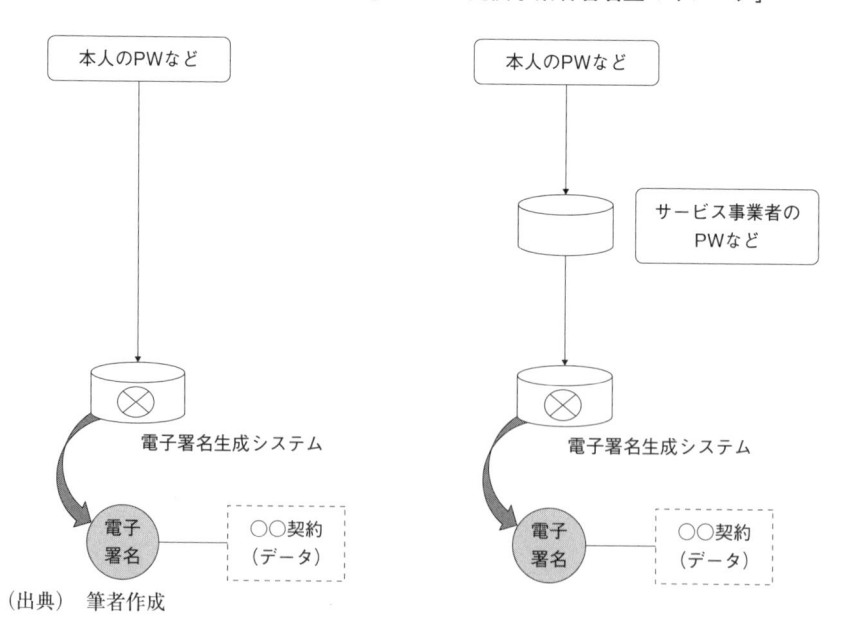

（出典）　筆者作成

現在利用されている電子署名には、大別して、契約当事者がそれぞれ電子署名を行う当事者署名型のもの、契約当事者は電子署名を行わず、利用者である契約当事者の指示に基づき契約当事者が作成した電子文書にサービス提供事業者自身が電子署名を行うサービス提供事業者署名型のもの、そのいずれにも該当しないものの3類型がある。このうち、当事者署名型において電子署名法3条が適用されることにより真正な成立が推定されることには、異論はない。

(c)　サービス提供事業者署名型の場合

　他方、サービス提供事業者署名型については、「当該措置を行った者」（電子署名法2条1項1号）は契約当事者ではなく事業者であることから「電子署名」の定義に当てはまらず、その結果として「本人による電子署名」（電子署名法3条）に該当しないのではないかという議論があった。令和2年5月の時点では、総務省、法務省及び経済産業省から「同条（筆者注：電子署名法3条）の「本人による電子署名」には当たらず、推定効は働き得ないと認識している」との見解が示されていた〔脚注3〕。

　しかし、その後、前述三省は「利用者の意思のみに基づいて機械的に暗号化されたものであることが担保されている」「サービス提供事業者に対して電子文書の送信を行った利用者やその日時等の情報を付随情報として確認することができるものになっているなど、当該電子文書に付された当該情報を含めての全体を1つの措置と捉え直すことよって、電子文書について行われた当該措置が利用者の意思に基づいていることが明らかになる場合」には、利用者が「当該措置を行った者」といえ、電子署名法2条の「電子署名」の要件を充足するという見解を示した〔脚注4〕。その上で、令和2年9月には、利用者とサービス提供者の間で行われるプロセス（例えば2段階認証）と、前述プロセスにおける利用者の行為を受けてサービス提供事業者内部で

3　第10回成長戦略ワーキング・グループ資料1-2（https://www8.cao.go.jp/kisei-kaikaku/kisei/meeting/wg/seicho/20200512/200512seicho04.pdf）

4　「利用者の指示に基づきサービス提供事業者自身の署名鍵により暗号化等を行う電子契約サービスに関するQ&A」（総務省・法務省・経済産業省、令和2年7月17日）2～3頁

行われるプロセス（例えば暗号の強度、利用者ごとの個別性を担保する仕組みが適切に備わっていること）のいずれにおいても、十分な水準において、暗号化等の措置を行うための符号について他人が容易に同一のものを作成することができないと認められるときには、電子署名法3条の「本人による電子署名」という要件を充足するとの解釈が示されるに至った〔脚注5〕。

このようにして、サービス提供事業者署名型による署名においても、一定の要件を満たすものは電子署名法2条1項1号の「電子署名」の要件を充足し、その結果、同法3条の規定により、その電子署名がある電子文書の真正な成立が推定されることとなる。

なお、上記の2類型のいずれにも該当しない電子署名サービスにおいては、電子署名法3条の推定は生じないとされている。

(3) 保証契約の場合

上述のとおり、保証契約は、書面で行うことが要件とされている〔脚注6〕。しかし、電磁的方法を用いて契約を行う場合、署名押印を行うべき有体物としての書面は存在しない。

このような場合には、民法446条3項が適用される。同項は「保証契約がその内容を記録した電磁的記録によってされたときは、その保証契約は、書面によってなされたものとみなして、前項の規定を適用する」と定める。これにより、契約の内容を記録した電磁的記録により保証契約が締結されたときは、書面によってなされたとみなされ、要式性の要件を満たすのである。

もっとも、法律は「その内容を記録した電磁的記録」と定めるのみであり、電子署名等の特定の方式によることを定めていない（この点について言及した判例等も、本稿執筆時点では確認できない）。

5　「利用者の指示に基づきサービス提供事業者自身の署名鍵により暗号化等を行う電子契約サービスに関するQ&A（電子署名法第3条関係）」（総務省・法務省・経済産業省、令和2年9月4日、デジタル庁・法務省、令和6年1月9日一部改定）5頁
6　もっとも、事業のために負担した貸金債務が主債務である（又はこれに含まれる）場合には、公正証書で保証債務の履行意思の表明が必要とされているものがある（民法465条の6第1項）。

2　債権の管理

(1)　SMSやIVRの利用

　従来は電話や書面等の方法により行われていた督促について、SMSやIVR（Interactive Voice Response：自動音声応答装置）、オートコールによる架電を用いる方法がある。もっとも、これらの方法による場合であっても、貸金業法施行規則により禁じられている午後9時から午前8時までの取立行為は行えない。

　また、インターネット上でのチャットのやりとりにより、形式的、一般的な質問に対してAIが回答したり説明サイトに案内したりし、具体的な質問に対してはオペレーターに接続する誘導を行うこともある。

(2)　督促手続オンラインシステム

　平成16年の民事訴訟法改正により、簡易裁判所が行う支払督促手続をオンラインで行える「督促手続オンラインシステム」が導入され、平成18年9月から運用が始まった。このシステムを利用することで、インターネットを利用した支払督促の申立てや照会、手数料や保管金のインターネットバンキングでの納付が可能となった。さらに、インターネットでの通知受領に同意をすれば、インターネットを通じて通知を受け取ることも可能である。

　督促手続オンラインシステムの利用に当たっては、事前に電子証明書を取得していることは必要であるが、これは個人でも法人でも取得することができる。

3　時効管理

　ウェブ上の所定のフォームで債務者が債務承認の旨を入力したり、SMSやチャットでのやりとりにおいて債務承認の旨を返答したりする方法により債務承認が行われた場合、債務承認が本人の意思によるものであることが明らかであれば、民法所定の時効の更新事由に該当することになる。

　もっとも、チャットの流れの中で、単に「OK」マーク等のスタンプを送ったような場合には、何に対してOKなのかが判然としないことが考えられるため、債務承認とは認められないことが多いだろう。

4 債権譲渡

債権譲渡においては、債務者対抗要件を具備するために通知又は承諾（以下「通知等」という）が必要であり、第三者対抗要件を具備するためには通知等を確定日付のある証書で行う必要があることは既に述べた。

令和3年8月に施行された改正産業競争力強化法では、同法が定める認定新事業活動計画の認定を受けた事業者が提供する満たす情報システムを利用してなされた債権譲渡の通知等を、確定日付のある証書による通知等とみなす制度が創設された（産業競争力強化法11条の2第1項）。この認定を受けた事業者の名称等は公示され〔脚注7〕、また、提供される情報システムには、債権譲渡の通知等がなされた日時と内容を容易に確認できるものであること、通知等の日時及び内容の記録を保存とその改変防止措置が講じられていることが要件とされている。

このように、認定新事業活動計画の認定を受けた事業者が提供する情報システムを利用して、債権譲渡の通知等を行うことも考えられる。

5 弁　済

令和3年に成立したデジタル社会の形成を図るための関係法律の整備に関する法律（令和3年法律第37号）により民法も一部改正され、弁済者は、受取証書の内容を記録した電磁的記録の提供を請求できる旨が規定された（民法468条2項）。

なお、「弁済を受領する者に不相当な負担を課するものであるとき」はこの限りではないとされた。この不相当な負担の例としては、以下があげられている〔脚注8〕。

① 請求時点において、弁済受領者側に電子的な受取証書を提供するための体制（情報システム等）が整備されていない場合

② 請求時点において、システム障害等のため即時に当該体制による電

7　令和6年10月現在、三つの事業者が公示されている。
8　「電子的な受取証書（新設された民法第486条第2項関係）についてのQ&A」（内閣府・法務省、令和3年7月）4頁

子的な受取証書を提供することができない状況にあったが、弁済者が直ちに電子的な受取証書を提供するよう請求した場合

③　弁済者が、弁済受領者の想定していた方法ではなく、不相当に手間のかかる方法での電子的な受取証書の提供を請求した場合（アプリを通じて電子的な受取証書の提供を自動的に行うシステムを導入している店舗に対し、弁済者が、弁済受領者のシステムが対応していない形式で作成された電子的な受取証書の提供を請求した場合等）

Ⅲ　電磁的方法を用いることのメリット等

1　享受の要件

　電磁的方法を用いて債権管理回収を行う場合、契約締結による債権の発生から回収等による債権の消滅までの間、一貫して電子化が実施されることにより、電子化のメリットを最大限享受できることになる。

　仮に契約締結を電磁的方法で行っても、契約書データをプリントアウトして紙での保管を行うとすると、結局従来の方法と同様の管理が必要となり、保管のためのスペースも必要となる。また、債務者に対する督促の際に紙に印刷した請求書を送るとすれば、印刷費用や郵送費用が発生することになり、従来の督促となんら変わらない。

　そういったことから、電磁的方法を用いる場合には、債権の発生から消滅までの間、継続的に電磁的方法を用いて管理回収を行うのが望ましいといえる。

2　保存や検索

　このような電磁的方法を用いて契約を締結、債権管理回収を行うことにより、書面での方法に比べて保存や検索等が容易になることも多いと思われる。利用者との間で締結された電子文書のバックアップを行うことにより、債権書類を紛失、滅失するという事態を避けることもできる。

　また、作業の迅速化・効率化のほか、書面の作成や契約のために直接出向

いたり書類を郵送したりするための労力、費用といったコストの削減という
メリットもある。利用者にとっても、印鑑証明書を取得したり、書面に手書
きで必要事項を記入するといった煩雑さから解放されるというメリットが認
められる。

　さらに、電磁的方法により作成された電子文書は課税対象の文書ではな
く、印紙税が発生しないため、このメリットも大きいと思われる。

3　合理的配慮

　なお、令和3年に改正された障害者差別解消法では、8条2項において
「事業者は、その事業を行うに当たり、障害者から現に社会的障壁の除去を
必要としている旨の意思の表明があった場合において、その実施に伴う負担
が過重でないときは、障害者の権利利益を侵害することとならないよう、当
該障害者の性別、年齢及び障害の状態に応じて、社会的障壁の除去の実施に
ついて必要かつ合理的な配慮をするように努めなければならない」と定めら
れ、令和6年4月1日から事業者による障害のある人への合理的配慮の提供
が義務化された。この合理的配慮に関しては、法務省や金融庁等の各省庁が
指針を定めたほか、内閣府が「合理的配慮の提供等事例集」において、銀行
のカード発行手続を行いたいが、化学物質過敏症により郵便物を開くことが
できないため、郵送での申込手続がむずかしいという場合に、ウェブにて手
続を行ったことが紹介されている〔**脚注9**〕。

　このように、電磁的方法を用いることは、事業者に求められる合理的配慮
の提供にも当たり得るものであり、積極的活用が検討されてよい。

9　「障害者差別解消法合理的配慮の提供等事例集」36頁（https://www8.cao.go.jp/shougai/
suishin/jirei/pdf/gouriteki_jirei.pdf）

10 クラウドファンディングの最新動向と事業再生面での活用可能性

Q
1. クラウドファンディングとは何か。どのように分類されるか。
2. クラウドファンディングに係る法規制はどのようなものか。
3. クラウドファンディングをめぐる最新動向。

A
1. クラウドファンディング（crowd funding）とは、新規・成長企業と出資者をインターネットサイト上で結びつけ、多数の出資者から少額ずつ資金を集めるファイナンス手法である。資金需要者による資金調達の方法によって、大別して、寄付型クラウドファンディング、購入型クラウドファンディング、融資型クラウドファンディング（ソーシャルレンディング）、株式型クラウドファンディング、ファンド型クラウドファンディングがある。

2. 法規制は、上記の類型に応じて、内容が異なるが、金融商品取引法、特定商取引法、貸金業法、資金決済法などの法律による規制に留意する必要がある。

3. 以下の事項があげられる。
   ① ソーシャルレンディングに係る匿名化・複数化要件の廃止
   ② ソーシャルレンディングに係る投資勧誘問題
   ③ 出資方法の多様化
   ④ 事業再生への活用

I　クラウドファンディングとは

1　意義・機能

　クラウドファンディングは、群衆（crowd）からの資金調達（funding）の語を用いた造語であり、一般的には、新規・成長企業と出資者をインターネットサイト上で結びつけ、多数の出資者から少額ずつ資金を集める意味を有するとされている〔**脚注1**〕。

　クラウドファンディングの主な機能は、オルタナティブファイナンス（Alternative Finance）の提供にある。すなわち、資金需要者の立場からみれば、銀行借入やベンチャーキャピタル、証券取引所での株式公開等のような、従来的な資金調達手段を利用できない小規模な事業者、ベンチャー企業であっても、クラウドファンディングを用いることで、一般大衆から小口の資金調達が可能となる〔**脚注2**〕。

　国内クラウドファンディングの新規プロジェクトの市場規模としては、2020年度は、新型コロナウイルス感染症関連プロジェクトの支援額の増加により、1,846億7,800万円を記録したものの、その翌年2021年度には、その反動で1,642億2,100万円と一時的な落ち込みをみせた。もっとも、不動産を投資対象とするファンド型クラウドファンディングにおけるプロジェクトの大型傾向化〔**脚注3**〕や、株式型の利用促進に向けた環境整備（この点については、Ⅱ3（134頁）で後述する）が進んでいる結果、2022年度は、前年度比16.3％増の1,909億8,200万円であると推計されている〔**脚注4**〕。

1　新規・成長起業へのリスクマネー供給に関する検討懇談会「『新規・成長企業へのリスクマネー供給に関する検討懇談会』における議論の整理」（2013.6）4頁
2　加えて、一般大衆からの資金調達であるという性質上、一人当たりの投資金額が多額とはなり得ないことから、投資家による投資対象となる事業者やプロジェクトに対するデューデリジェンスに対して事業者が対応する負担も、伝統的な資金調達手段に比して小さくなり、機動的な資金調達が可能であるという点も資金需要者のメリットにあげられる。
3　そのほかにも、ファンド型（不特法型）クラウドファンディングを取り扱う上場会社が誕生したり（2022年4月）、一般社団法人不動産型クラウドファンディング協会が設立されたり（2023年8月）と、盛況な動きをみせている。

2 クラウドファンディングの類型

(1) 購入型クラウドファンディング

　購入型クラウドファンディングとは、資金調達の対価として商品・サービスを提供する仕組みをもつクラウドファンディングのことである。クラウドファンディング事業者は、資金需要者と資金提供者との間に立って、資金提供者をインターネット上で募集するかたちで関与する。

　市場規模は増加傾向にあり、現在では国内クラウドファンディングの市場動向全体において約3割程度を占めている。

(2) 寄付型クラウドファンディング

　寄付型クラウドファンディングとは、資金提供者がクラウドファンディング事業者を介して、資金需要者からの対価的給付を受けずに、資金提供する仕組みによるクラウドファンディングを指す。ただし、資金提供者はあくまで「対価的給付」を受けないにとどまり、対価的給付には及ばない返礼品やお礼のレター等が提供されることも多い。

(3) 株式型クラウドファンディング

　株式型クラウドファンディングとは、スタートアップ企業等が、未上場株式についてインターネット経由で多数の資金提供者から少額の資金を集めるクラウドファンディングを指す。

　株式型クラウドファンディングは、2014年の金商法改正以降、一定程度浸透しているが〔脚注5〕、スタートアップ企業等にとって利用しにくい面があるため、金融庁の市場制度ワーキング・グループ（WG）で制度の見直しが進められている。

(4) ファンド型クラウドファンディング

　ファンド型クラウドファンディングとは、不特定多数の投資家が、インターネット上のプラットフォームを通じて、そこで出資を募っている事業者

4　株式会社矢野経済研究所「2022年版　国内クラウドファンディングの市場動向（概要版）」（2022）3頁
5　日本証券業協会「株式投資型クラウドファンディングの統計情報・取扱情報」（https://www.jsda.or.jp/shiryoshitsu/toukei/kabucrowdfunding/index.html?_ga=2.188427496.1563339768.1701486899-870598399.1688524591）

が行う特定の事業に対し直接匿名組合出資を行う形態でのクラウドファンディングである〔脚注6〕。

　後述の融資型クラウドファンディングとは、匿名組合出資の形態で投資家が出資する点で共通するものの、ファンド型クラウドファンディングにおいては、出資金が直接に資金需要者に払い込まれ、その事業に充てられる点で異なる。

(5)　融資型クラウドファンディング（ソーシャルレンディング）

　融資型クラウドファンディングとは、①投資家クラウドファンディング事業者に対して匿名組合契約に基づいて出資をし、②クラウドファンディング事業者が資金需要者に対して資金の貸付を行うという仕組みをもつクラウドファンディングをいう。ソーシャルレンディングやP2Pレンディング等と呼ばれることもある。

　国内の市場規模としては、2019年度に全体の約87%を占めたが〔脚注7〕、取扱事業者に対する過去の行政処分の影響を受けてか、2021年度には6割弱と低下している〔脚注8〕。しかし、現在、ソーシャルレンディングを含む二種ファンドの運用及び販売に関する制度整備が進められた（以上につき、Ⅲ2（140頁）参照）。

Ⅱ　法規制等

1　総　　論

　クラウドファンディングをめぐる法規制に係る一覧を図示すれば、図表10−1のとおりである。

6　片岡義広＝森下国彦編『Fintech法務ガイド〔第2版〕』（商事法務、2018）126頁
7　三菱UFJリサーチ＆コンサルティング「クラウドファンディング（購入型）の動向整理」（2020）。ただし、これは不特法型を含んだ割合であることには留意を要する。
8　前掲注4・2頁

図表10−1　クラウドファンディングの類型と対応する法形式、法規制

	法形式	適用される規制法
寄付型クラウドファンディング	贈与	特になし（注）
購入型クラウドファンディング	売買	特商法など、取引DPF法
株式型クラウドファンディング	株式や新株予約権の発行	金商法、会社法
ファンド型クラウドファンディング	匿名組合	金商法（不特法型においては、不特定法）
融資型クラウドファンディング	匿名組合及び金銭消費貸借	金商法、貸金業法

（注）　ふるさと納税は、一種の公的な寄付型クラウドファンディングと位置づけられるところ、寄付額のうち2,000円を超える部分について、一定の上限額まで所得税、個人住民税が控除され得るが（地方税法37条の2、314条の7）、地方税法は事業者を規制する法令ではない。

（出典）　木村健太郎＝高尾知達「連載　フィンテック実務の最前線―法務と政策渉外の現場から　第5回クラウドファンディング」ビジネス法務2021年7月号106頁掲出の【図表】及び田中貴一「連載　FinTechの現状と法的課題　FinTechにみる融資取引とその法的課題」NBL1075号63頁等を参考に、筆者が加筆修正したもの。

2　購入型クラウドファンディング

(1)　特商法など

　購入型クラウドファンディングは、インターネット上で売買契約等の申込みを受けて行う商品等の販売等をする方法で資金調達が行われるので、特商法上の「通信販売」に該当する（特商法2条2項・同施行規則2条3項）。したがって、所定事項の広告表示の義務（特商法11条）や、顧客の意に反して申込みをさせようとする行為の禁止（同法14条）、クーリングオフ（同法15条の3）などの規制に服する。

　そのほかにも、消費者契約法や景表法等の消費者保護規制にも留意する必要がある。

　購入型クラウドファンディングのプラットフォームにおいては、資金提供者（消費者）がインターネットを用いて、資金需要者（販売業者等）に対して売買等の申込みを行うので、「取引デジタルプラットフォーム」に該当する（取引DPF法2条1項1号）。したがって、クラウドファンディング事業者は、対象となる通信販売取引の適正化及び紛争の解決促進に向けた努力義務（同法3条）や、販売業者等に係る情報の開示義務（同法5条）等を負う。

⑶　**資金決済法**

　資金提供者による支援金は、クラウドファンディング事業者が受領（収納代行）し、これを資金調達者に送金することで資金調達者に提供されることが通常であるので、このような資金の流れが「為替取引」（資金決済法2条2項）〔脚注9〕に該当するのであれば、クラウドファンディング事業者は資金移動業の規律に服する。

　しかし、資金の受取人が事業者である場合は、為替取引の範囲から除かれているので（資金決済法2条の2）、事業者（個人事業主を含む）が資金需要者となる場合におけるクラウドファンディング事業者の収納代行は、資金移動業には該当しない。

　また、クラウドファンディング事業者が資金提供者向けに有償のポイントサービスを提供する場合、当該ポイントは前払式支払手段（資金決済法3条）に該当するので、その規制にも服する。

3　株式型クラウドファンディング

⑴　**金商法──登録要件**

　クラウドファンディング事業者は、第一種金融商品取引業、又は第一種少額電子募集取扱業務の登録を要する。

　9　その意義については、判例（最判平成13・3・12刑集55巻2号97頁）では、「顧客から、隔地者間での直接現金を輸送せずに資金を移動する仕組みを利用して資金を移動することを内容とする依頼を受けて、これを引き受けること、又はこれを引き受けて遂行すること」と定義されている。

第一種少額電子募集取扱業務とは、インターネットを通じて行われる株券、新株予約証券又は電子記録権利の募集の取扱い等（以下「電子募集取扱業務」という）のうち、開示規制の対象にならないもの又は上場されていないものの募集の取扱い等であって、当該株券などの発行価額の総額が１億円未満〔脚注10〕で、投資者一人当たりの投資額が50万円以下を満たすもの、又は電子募集取扱業務に関して顧客から金銭の預託を受けることをいう（金商法29条の４の２第10項〔脚注11〕）。

(2) 金商法——業規制

上記のとおり金融商品取引業者に該当する以上、その行為規制〔脚注12〕に服することになるが、クラウドファンディング事業者は、これに加えて、電子申込型電子募集取扱業務の規制にも服することに留意する必要がある。すなわち、電子申込型電子募集取扱業務とは、電子募集取扱業務のうち、ウェブサイト又は電子メールによって当該電子募集取扱業務の顧客に有価証券の取得の申込みをさせるものをいうところ（金商業府令70条の２第３項）、具体的な規制内容は、以下のとおりである（金商法35条の３、金商業府令70条の２第２項）。

① 発行者の事業計画や資金使途を適切に審査すること。

② 顧客の応募額が申込期間に目標募集額に到達しなかった場合の取扱いの方法を定め、顧客に誤解を与えないようにすること。

③ 応募額が目標募集額に到達するまで発行者が応募代金の払込みを受

---

10 発行価額の総額及び投資家の払込額の計算については、同一の発行者が投資型クラウドファンディングによって発行した株式・新株予約権のうち、同じ種類の有価証券を一の種類としてカウントされる（金商業府令16条の３）。

11 2023年金商法改正によって、条項ずれが生じているが、本稿執筆時点では施行されていないので、改正前の条文を適示する。

12 おおまかには、以下のものがあげられる。
　・広告に関する規制
　・勧誘等に関する規制（適合性原則、法定書面の交付、禁止行為などを含む）
　・損失補てんの禁止
　・顧客に対する誠実公正義務
　・利益相反管理体制の整備義務
　・名義貸しの禁止

けることがないようにすること。

④　8日間のクーリングオフを求めること。

⑤　発行者に顧客に対し定期的に情報を提供させること。

⑥　発行者の募集総額1億円、投資者の投資額50万円の制限を遵守させること。

　また、クラウドファンディングについては、開示規制が及ばないかわりに、契約締結前交付書面の記載事項のうち、一定の事項について、インターネットを通じた情報提供を行う必要があるとされている（金商法43条の5、金商業府令146条の2第3項、4項）。

(3)　株式投資型クラウドファンディング規則

　日本証券業協会が策定する「株式投資型クラウドファンディング規則」では、金商法において定められたルールに加えて、クラウドファンディング事業者に対して、例えば以下のような規制が定められている。

　　　○　インターネット以外による株式の取得勧誘の禁止（12条）

　　　○　発行者及びその行う事業の実在性、発行者の財務状況、発行者の事業計画の妥当性についての厳正な審査（4条）

　　　○　株主管理に関する事項等の開示（9条）

　　　○　発行者が事業の状況について定期的に適切な情報を提供することに関して、発行者との間で契約を締結すること（16条）

4　ファンド型クラウドファンディング

(1)　金商法──参入規制

　クラウドファンディング事業者は、第二種金融商品取引業、又は第二種少額電子募集取扱業務の登録を要する。

　第二種少額電子募集取扱業務とは、第一種少額電子募集取扱業務とおおむね内容を一にするが、取り扱う有価証券が匿名組合出資持分である点、及び金銭の預託を受けられない点で異なる（金商法29条の4の3第4項）。

(2)　金商法──行為規制

　第二種少額電子募集取扱業務は、電子申込型電子募集取扱業務に含まれる

ので（金商業府令70条の2第3項）、第一種少額電子募集取扱業務と同様の規制が適用される（上記3(2)（135頁）参照）。

(3)　電子申込型電子募集取扱業務等に関する規則等

第二種金融商品取引業協会によって、「電子申込型電子募集取扱業務等に関する規則」、これに係る細則及びガイドラインが定められており、ファンド型クラウドファンディングの事業者は、これによる規制も受けることになるが、その内容は、株式型クラウドファンディングにおける日本証券業協会策定の「投資投資型クラウドファンディング規則」とおおむね同じである。

5　融資型クラウドファンディング（ソーシャルレンディング）

(1)　貸金業法

資金提供者が資金需要者に対して直接に貸付を行うことは、貸金業法上の「貸付け」に該当し（貸金業法2条1項）、貸金業登録が必要になるが（同法3条1項）、小口多数の一般投資家がそのような登録を受けることは現実的ではない。

そこで、融資型クラウドファンディングにおいては、資金提供者が匿名組合出資をして、クラウドファンディング事業者においてローンファンドを形成し、クラウドファンディング事業者がプールされた資金をもって資金需要者に対して貸付を行う（当該ファンドにおいて貸金業登録をする）というスキームが一般的となっている〔脚注13〕。

なお、かつては、投資家に貸金業登録を要することを示唆する行政指導がなされていたこともあり、①借り手を特定することができる情報を投資家に対して明示せず（匿名化）、かつ②複数の借り手に対して資金を供給すること（複数化）で対応する実務が定着していたが、現在では、このような匿名化・複数化の要請は排除されている（Ⅲ1（138頁）で詳述する）。

(2)　金商法──業規制

上記のとおり、クラウドファンディング事業者は、匿名組合出資について

13　議論の経緯や規制の趣旨に立ち返った検討としては、2019年9月27日付け金融法委員会「貸付クラウドファンディングにおける貸金業法の適用について」が詳しい。

募集又は募集の取扱い〔脚注14〕を行うことになるので、第二種金融商品取引業の登録を要する（金商法29条、28条2項、2条8項7号及び9号）。

(3)　事業型ファンドの私募の取扱いに関する規則

　ソーシャルレンディングでは、主として貸付債権を出資対象事業として投資するために、匿名組合出資持分について自己募集又は募集の取扱いを行うので、「事業型ファンド」に該当し、第二種金融商品取引業協会策定の「事業型ファンドの私募の取扱い等に関する規則」の適用を受ける（同規則2条1項）。

　その内容は、電子申込型募集取扱業務等に関する規則等と同様、発行者（事業者）の審査義務及び投資家への情報提供義務が規定されていることに加えて、発行者をしてファンド報告書を作成させる旨の契約締結義務（同規則4条2項）や、ファンド報告書のモニタリング義務と顧客への情報提供義務（同規則7条）など、運用開始後における情報提供・モニタリング義務も明示されている。

(4)　貸付型ファンドに関するQ&A

　匿名化・複数化の要件の廃止のための具体的な措置を明らかにするものとして、第二種金融商品取引業協会と日本貸金業協会が策定した「貸付型ファンドに関するQ&A」がある。

Ⅲ　クラウドファンディングをめぐる最新動向

　クラウドファンディングをめぐる近時の動向としては、以下のようなものがある。

1　匿名化・複数化の廃止

上記Ⅱ5(1)のとおり、投資家が、①特定の借り手への貸付に必要な資金を

14　クラウドファンディング事業者が自ら匿名組合の営業者となって勧誘を行う場合は、自己募集となり、クラウドファンディング事業者の関連会社等が営業者となって、その委託を受けて勧誘を行う場合には、募集の取扱いとなる。

供給し、②貸付の実行判断を行っている場合には、投資家においても貸金業登録を要するという当局の行政指導があり、これを受けて、借り手の匿名化・複数化をすることで対応する実務が定着していた。

しかし、匿名化・複数化をすることによって、投資家への投資対象に関する情報提供が不明確になり、その保護に欠ける等の批判を受け、金融庁による2019年3月18日付け法令適用前事前確認手続への回答や、一般社団法人第二種金融商品取引業協会及び日本貸金業協会による「貸付型ファンドに関するQ&A」において、匿名化・複数化の方法以外にも投資家において貸金業登録を要しないとする余地が示されている〔**脚注15**〕。

具体的には、以下の方法が示されている。

---

① 事業スキーム

　商法535条に規定する匿名組合契約によるものであり、資金の出し手（投資者）は、貸付業務を執行することができず、貸付行為に関し、権利及び義務を有していないこと。

② ファンド事業者（貸付実行者）

　ア　貸付（取引）約款等において、ファンド事業者自らが、貸付金額、貸付金利、資金使途などの貸付条件を設定の上借り手に提示し、借り手と投資者等が貸付に関する接触をしない旨や当該接触をさせないことを担保するための措置が明記されていること。

　イ　ファンド事業者は、貸金業法24条の6の12第2項に規定する社内規則に、借り手と投資者等が貸付に関する接触をさせないことを担保するための措置を規定していること。

③ ファンド事業者（二種業者）

15　もっとも、匿名化・複数化が貸付行為該当性の判断に当たって考慮要素となることは従前のままである。金融庁による2023年12月25日付けグレーゾーン解消制度に基づく回答においても、匿名化・複数化による方策が図られている融資型クラウドファンディングの事例で貸金業該当性が否定されている。なお、同事例においては、借り手が投資家に対していかなる返還義務も負わないこと等も、投資家と借り手との間で貸付行為がない理由としてあげており、これまで明確に議論されていなかった弁済金の取扱いについても言及する点で注目される。

ア　匿名組合約款等において、投資者は、貸付業務を執行することができず、貸付行為に関し、権利及び義務を有していないこと、また、投資者と借り手とが貸付に関する接触をしない旨や当該接触をさせないことを担保するための措置が明記されていること。

イ　ファンド販売業者は、投資者に対し、借り手も投資者との貸付に関する接触が禁じられていることを説明していること。

2　ソーシャルレンディングに係る投資勧誘問題

⑴　不適切事例

　上記1のとおり、ソーシャルレンディングにおける匿名化・複数化の要請は、貸金業該当性を否定するためであったが、規制緩和の影響もあってか投資被害をもたらす事案も一定数みられ、そのうちいくつかについては、行政処分がなされている〔脚注16〕。

⑵　金商法改正

　上記のような行政処分事例を受けて、市場制度ワーキング・グループにおいて、二種業ファンドの募集・運用の適切性の確保のためのルール見直しが議論され、2023年11月20日に金商法の改正が成立した。改正の内容は、以下のとおりである（なお、施行日は公布日から1年以内の範囲内で政令において定める日とされているが、本稿執筆時点では具体的な日付は未定である）。

　　○　ソーシャルレンディングに係る匿名組合出資持分を、「貸付事業等権利」として定義を新設（改正金商法29条の2第1項10号）

　　○　出資対象事業の状況に係る顧客への情報提供が契約等によって確保されていない場合における売買等・募集等の禁止の新設（同40条の3第3項、4項）

　　○　インターネットで完結する自己募集業務を「電子募集業務」（同29条の2第1項6号）と定義し、これについて電子募集取扱業務と同様

16　具体的な行政処分例の分析等について、樋渕陽・金法2193号51頁以下。

の情報提供義務を規定（同43条の5）

3　出資方法の多様化

(1)　クレジットカードによる出資

　金融商品取引契約の締結又は勧誘に当たって、クレジットカード決済を条件とすることは原則として禁止されているが（金商法44条の2第1項3号、金商業府令149条1号本文）、電子申込型電子募集取扱業務に係る出資であり、かつ10万円以内の金額をマンスリークリアの方法で決済する場合には、例外的にクレジットカードによる出資の受入れが認められている（金商業府令149条1号カッコ書）。

　なお、上記の例外的取扱いは、ソーシャルレンディングでは認められていない（同ハ(2)、金商法施行令15条の4の2第7号）ので〔**脚注17**〕、株式型クラウドファンディング及びファンド型クラウドファンディングにおいてのみ可能である。

(2)　**暗号資産による出資**

　金商法は、投資家が金銭及びこれに類するものとして政令で定めるものにより出資等した場合を二項有価証券として規制対象に含めるが（金商法2条2項5号）、「金銭に類するもの」の中に、暗号資産は含まれていない（金商令1条の3）。もっとも、金商法2条の2は、匿名組合出資持分の出資に係る金銭とみなす旨を規定し、結果として、暗号資産による出資も金商法の規制対象に含まれることになった。

　したがって、匿名組合出資の形態により出資を募るファンド型クラウドファンディング及びソーシャルレンディングにおいて、投資家が暗号資産で出資した場合には、金商法の規制が及ぶ。

17　ソーシャルレンディングも当該特例の対象とすべきとする見解として、有吉尚哉＝谷澤進・ビジネス法務2016年12月号88頁。

4　事業再生における利用

(1)　活　用　例

　クラウドファンディングは、スタートアップ企業等が創業・起業時の資金調達として用いることが想定されるファイナンス手法であるが、近時、民事再生手続下における資金調達に用いられた事例がある〔**脚注18**〕。

　当該事例は、未就学児から中学生くらいまでの女性を中心とする一般消費者を対象としたアクセサリー等の通信販売、店舗販売等を業とする株式会社で、かつて女児向けの雑誌広告を掲載することで新規会員を獲得し、ピーク時には年商40億円をあげていた会社が、ブームの収束や雑誌発行部数の低減、通信事業の縮小などの影響を受けて、民事再生手続を申し立てるに至ったものである。

　売買型クラウドファンディングを用いて、スポンサー候補先選定までに必要な費用の資金調達を図ったようであるが、子ども時代に再生債務者の屋号やブランド等に慣れ親しみ、頻繁に利用していた年代の女性たち等の支援を受けて、成功を収めた。

(2)　課　題

　もっとも、クラウドファンディングを事業再生下における資金調達手法として用いるには、いくつか困難がある。例えば、以下の点があげられる。

　① 　資金調達方法としての実効性

　　　クラウドファンディングは主として一般消費者から寄付・支援のかたちで応援を求めるものであり、そのような支援を受けられるような認知度、ブランド等の素地のある会社においてしか実効性のあるファイナンス手法とはなり得ない。

　　　加えて、仮にそのような会社であっても、寄付を受けてまで支援を受けたいと考える会社も限られる。

　② 　一般大衆を相手とすることに起因するリスク

　　　クラウドファンディングは、その性質上、一般大衆から資金提供を

18　御山義明＝岡本成道＝山本芳江・債管177号199頁

受けることになるが、事業再生が奏功しなかった場合等に生じる反感等のリスクがある。当該リスクは、民事再生手続等の法的倒産手続においてはもちろん、それ以外の手続においても、再生の障害となりかねない。

　以上のことに鑑みれば、クラウドファンディングを事業再生スキームにおいて活用するためには、一定のハードルがあり、対象とする案件を慎重に吟味する必要がある。

11 新しい担保のとり方

① 新しい担保のとり方として、どのようなものが考えられるか。

② 暗号資産に対して担保を設定する場合、どのようなことに注意すればよいか。

③ 暗号資産を担保とした場合、担保の実行はどのようにすればよいか。

① これまでの典型的な担保としては、動産、不動産、債権といったものがあるが、近年デジタル化が推進されたことにより、電子マネー、暗号資産、NFTといったデジタル資産を担保とすることが考えられる。また、企業価値担保権を創設する新法が成立した。

② 暗号資産に担保を設定した場合、債務者が債権者に無断で担保の処分や毀損しないよう工夫する必要がある。また、担保を設定した際の公示方法が準備されていないため、担保設定しても他の債権者に優先して弁済を受けられないのではないかという点が問題となり得る。

③ 暗号資産の担保設定の方法により、実行の方法も変わってくると考えられる。

I 新しい担保のとり方

1 従来の担保

従来、物的担保の対象とされてきたのは、動産、不動産、債権である。

動産であれば留置権、先取特権、質権の対象となるし、譲渡担保や所有権

留保の目的物となることもある。特に動産譲渡担保は、質権設定の場合だと債務者が対象となる動産を使用できなくなるのに対し、債務者が占有を続けたまま担保設定が可能となることから、事業活動に必要となる機械設備や在庫商品等を担保とする方法として広く利用されている。所有権留保は、自動車をローンで販売した場合等に広く利用されている。

不動産を担保とすることも広く行われており、法定担保物権として民法が規定している留置権、先取特権、質権、抵当権のいずれの対象ともなる。特に抵当権の対象として広く用いられており、個人が住宅を購入した際の住宅ローンの担保として利用されているほか、企業活動においては通常の抵当権のみならず、柔軟な資金調達のために根抵当権の設定も多く行われている。

債権については、債権質の対象となるほか、譲渡担保の対象として使用されている。取引先への債務の担保として、事業活動上の債権に譲渡担保を設定することがある。本来、債権譲渡担保の対抗要件としては第三債務者に対する通知又は承諾が必要となるが、複数の第三債務者がいるような場合に各債務者に通知、承諾を実施することは手間と費用がかかることから、債権譲渡登記が用いられることがある。

2　新しい担保として検討すべき対象

(1)　電子マネー

電子マネーは、現金と同様に使用することができる電子データであり、財産的価値を有するものであることから、当事者の契約によって担保の対象とすることが考えられる。

電子マネーには、さまざまな形態のものが存在し、利用者が自身の資産を事前にチャージにする前払式のほか、後払式のものや利用者の口座から即時に引落しがなされるデビット型があるが、後払式やデビット型のものはいまだ財産的価値を有していないので担保を設定する対象とはなり得ない。

担保を設定するとすれば、前払式の電子マネーが考えられるが、前払式の電子マネーには事前にチャージした資金の払戻しが原則として受けられない

ものと、払戻しを受けることができる換金可能なものがある。前者の原則換金ができないものは、資金決済法上の前払式支払手段に該当するものであり、多くの電子マネーがこの分類に属している（前払式支払手段型電子マネー）。後者の換金可能なものは資金決済法上、資金移動業者が取り扱う為替取引によるものである（為替取引型電子マネー）（19参照）。

前払式支払手段型電子マネーであれば、利用者は発行者に対して決済請求権を有しており、為替取引型電子マネーであれば、利用者は発行者に対して払戻請求権を有していることから、電子マネーを担保の対象とすることは、この利用者が発行者に対して有する債権に対して担保を設定することになる。

ここで問題となるのが、債権への担保設定は、当該債権が譲渡可能であることが前提であるところ、利用者が発行者に対して有する債権は、発行者が定める約款等によって、譲渡や担保設定が禁止されている場合が多いということである。平成29年の民法改正によって、債権譲渡禁止債権であっても原則として債権譲渡可能となったが（民法466条 2 項）、譲受人が悪意・重過失の場合には債務者は譲渡人への弁済をもって、譲受人に対抗できることになっている。そのため、譲渡や担保設定が禁止された約款が一般に公開され容易に確認できる状態であれば、担保権者の重過失が認められ担保権による優先弁済が受けられない可能性がある。

また、対抗要件をどのように備えるかという問題も存在する。債権を担保にとる場合の対抗要件は債権譲渡と同様に第三債務者への通知か第三債務者による承諾であるが、上記のとおり電子マネー発行者の約款によって譲渡や担保設定が禁止されている場合には、第三債務者である発行者に対する通知によって、約款違反が明らかとなり電子マネー契約が解約となり、結局担保設定できない可能性がある。債権譲渡登記の対象は、金銭債権に限られることから、債権譲渡登記によって対抗要件を備えることもできず、電子マネーを担保とする場合には有効な対抗要件を具備することが困難であり、結局、債務者と債権者間の合意に基づいて担保が設定されるのみで、債務者による電子マネーの費消や第三者による差押えといった事態が生じた場合には担保

としての優先権は主張し得ないものと考えられる。

このような事情からすると、電子マネーの発行者自身が債権者となって貸付をする場合には、上記のような不都合性が回避できることから担保としての有用性が認められるといえる。

(2) 暗号資産

暗号資産も電子マネーと同様に資産性を有する電子データであるが、ブロックチェーン技術を用いて分散管理されており発行者がいない点において電子マネーとは異なる特徴がある。

もっとも、電子マネーは債務者が多く保有している場合でも数万円であるのに対し、暗号資産の場合には、数百万円、数千万円の価値を有する暗号資産として保有している者もいるため、暗号資産を担保の対象とするニーズは存在するものと考えられる。

暗号資産を保有する場合、その保有方法として自分が管理するアカウントで管理するときと、暗号資産交換業者のアカウントで管理をするときとがある。それぞれの場合にどのようにして担保を設定するかを検討する必要がある。また、担保を設定した場合に、どのようにして第三者に対抗するか、優先弁済を受けるかという問題もある。

暗号資産を担保にとる方法については、後述Ⅱ以降で詳述する。

(3) NFT

NFTとは、「Non-Fungible Token（ノン・ファンジブル・トークン）」の略で非代替性トークンという意味を有する。暗号資産と同様にブロックチェーン技術を使用しているが、非代替性という点において大きく異なる。すなわち暗号資産であれば、ある1ビットコインと、別の1ビットコインは同じ価値を有するため代替性を有しているが、NFTの場合、いわゆる一点物であり世の中に全く同じものが存在しないため非代替性を有しているといえる。ゲームの中のアイテムであったり、アートの世界において利用されることがあるが、企業が自社の商品をNFT化して売り出したり、NFTを用いたキャンペーンを行っている事例もある。

NFTもブロックチェーン技術を用いている点において暗号資産と同様で

あるため、担保を設定する場合には、暗号資産に準じた取扱いをすることになると考えられる。もっとも、暗号資産であれば交換業者によって円貨への交換が容易であるが、NFTの場合にはどのように換金するか、そもそも換金できるものかという問題もある。NFTにはさまざまな種類のものがあることから、その性質に応じて対応を検討する必要があるだろう。

⑷ 企業価値

事業者が不動産担保や経営者保証によらず、事業の実態や将来性に着目した融資を受けやすくなるよう、企業価値担保権の創設を規定する「事業性融資の推進等に関する法律」が令和6年に成立した。

企業価値担保権を活用することができるようになれば、有形資産のみならず、ノウハウや顧客基盤といった無形資産も含む事業全体を担保として認識できるようになる。これにより有形資産に乏しいスタートアップ企業であっても将来キャッシュフローを含む事業全体が担保価値と評価されるようになるため、事業性融資の促進につながることになる。

本制度における担保権者は、同法により新設される企業価値担保権信託会社であるが、貸し手となる者に制限はない。対抗要件は、商業登記簿への登記である。借り手側による担保目的財産の処分は基本的に自由であるが、事業譲渡等、事業の内容を大きく変え、担保価値の毀損につながり得る通常の事業活動の範囲外の行為には担保権者の同意が必要となる。

企業価値担保権の実行は、担保権者が裁判所に申立てを行い、裁判所によって選任された管財人がスポンサーへ事業譲渡を行い、その譲渡対価から回収を図ることになる。

本制度によって、事業者と金融機関等の緊密な連携のもと、事業の継続及び発展に必要な資金の調達等の円滑化が図られることが期待される。

Ⅱ　暗号資産に対して担保を設定する場合の注意点

1　自己ウォレットでの保管を継続する場合

暗号資産に担保を設定しようとする場合、当事者間で暗号資産に対して担

保設定をする旨の合意をすれば一応は有効に担保とすることができる。

　そこで、債務者が自己ウォレットで管理している暗号資産に担保設定をする契約を締結して、そこでの契約内容により、例えば債務者がウォレット内の暗号資産を自由に使うことができ、そのかわり当該ウォレットに新たに入金された暗号資産に対しても担保設定の効力が及ぶ旨の合意をすることが考えられる。

　これによれば、債務者は暗号資産に担保を設定しつつも暗号資産を利用することができ、債務者にとっての利便性は高いが、債務者側が暗号資産を自由に利用できるとすれば、債権者側としてはどのように担保対象資産の毀損を防ぐかということが問題となる。債権者側が債務者のウォレット内を自由に閲覧できる仕組みをつくって債務者の暗号資産保有状況を監視できるようにすることや、債務者のウォレットのシードフレーズ〔脚注1〕や暗号鍵を債権者と共有することによって債権者側が一定程度債務者の暗号資産使用状況を管理することが考えられる。もっとも、債務者側とすれば、シードフレーズや暗号鍵を他者へ開示することには大きな抵抗があり、シードフレーズを共有するなどの方法は一定の親密な関係性を有する者同士でないと実現できないであろう。

　また、当事者間の契約によって担保権が設定されているだけで、暗号資産に担保権が設定されていることが公示されているわけではないので、第三者が債務者の暗号資産を差し押さえた場合には、担保権設定の契約内容にもよると考えられるが、差押えには対抗し得ない可能性が高いであろう。

2　債権者のウォレットに暗号資産を預託させる場合

　上記1のように、債務者自身が自己ウォレットで暗号資産を管理している場合、担保設定の契約のみでは、債務者が無断で暗号資産を処分する可能性がある。

1　シードフレーズとは、暗号資産ウォレットにアクセスするための複数の単語からなる文字列である。シードフレーズがわかればウォレットにアクセスできるため、ウォレットに保管されている秘密鍵にアクセスできるようになる。

そこで、担保設定に当たって、債務者が保有する暗号資産を債権者が管理している
ウォレットへ移転させ、債権者が暗号資産の預託を受ける方法が考えられる。これに
より、債務者側としては暗号資産を自由に使用できず利便性は下がることになるが、債
権者側としては暗号資産を自己の管理下に置くことができ、担保確保の方法としては確
実なものといえる。債務者は、預託した暗号資産の返還請求権を有することになるが、そ
れは被担保債権が完済されることを条件として請求できる性質のものであることから、他
の債権者が債務者の有する暗号資産返還請求権を差し押さえたとしても債権者が優先す
ることになり、この点でも債務者の自己ウォレットでの保管を継続する場合に比べて担保
権者に有利である。

　現在、暗号資産を担保にして融資を行っているサービスが存在するが、それらのサー
ビスにおいても、サービス事業者が管理するウォレットに債務者の暗号資産を預託させ
る方法によって担保をとっているようである。

　なお、債権者側のウォレットで暗号資産を管理することから、債権者の資産との分別
管理方法が問題となり得るところではあるが、他人のために暗号資産の管理を行ってい
るわけではないので、資金決済法による登録は不要であると考えられる（資金決済法2
条15号参照）。

3　暗号資産交換業者に預託をしている場合

　融資を受けようとする債務者が暗号資産を交換業者に預託している場合、債務者は、交
換業者との契約に基づき暗号資産移転請求権を有していると考えられる。

　そこで、この暗号資産に対して担保設定をする場合、債務者が有する暗号資産移転請
求権に対して担保設定をすることが考えられる。

　しかし、電子マネーの担保化と同様に、交換業者との間の約款により、利用者が有す
る権利については、譲渡禁止特約が付されている場合が多い。譲渡禁止特約が付された債
権も譲渡可能であるが、悪意・重過失の譲受人には譲渡禁止を対抗し得る（民法466条3
項）。そのため、交換業者の約款が自由に閲覧可能である場合には、担保権者に悪意・重
過失があるとして、交換業

者は譲渡人である債務者に弁済することになり担保として機能しない可能性がある。

　また、仮に債務者が有する暗号資産移転請求権を有効に担保とすることができたとしても、対抗要件となる第三債務者への通知若しくは承諾がない限り、他の債権者によって当該債権の差押えがなされると差押えが優先することになる。

　一方、交換業者が担保設定を認めれば、交換業者も含めた三者間による担保権設定契約を締結することにより、暗号資産移転請求権を担保とすることも可能である。この場合、被担保債権の完済がなされない限り、債務者による暗号資産移転請求権の行使ができないという条件を付せば、他の債権者が返還請求を差し押さえたとしても、そのような条件付返還請求権を差し押さえたにすぎないことになるため、担保権者が優先することになる。また、交換業者自身が債権者となって融資をする場合であれば、債務者が交換業者に対して預託している暗号資産を担保として融資をすることも可能であり、その場合には上記2と同様の態様になると考えられる。

Ⅲ　担保権実行の方法

1　債務者の自己ウォレットでの保管が継続している場合

　債務者の自己ウォレットで暗号資産が保管されている場合、担保権の実行のための手続が準備されているわけではないので、担保権の実行として債権者が強制的に暗号資産から弁済を受けることはできない。そのため、このケースでは債権者と債務者間の合意があるのみで、担保権としては不十分なものであるといえる。

　担保権としての実効性を備えようとすれば、債務者が使用しているシードフレーズや暗号鍵を把握する方法が考えられるが、前述のとおり債務者側の抵抗が強いであろうし、債務者が新たなウォレットを作成して暗号資産を移転させることも容易である。

　結局、暗号資産に設定した担保権を実行しようとしても、債務者の自己

ウォレットでの保管が継続している場合には、暗号資産の差押えを実施しなければならないことになり、担保を設定していない場合となんら変わらないことになる。

このようなことからすると暗号資産を担保とすることの実効性がないようにも思えるが、当事者間の契約によって暗号資産を引き渡さなかった場合のペナルティ等を定めておけば、何も担保にとらない場合に比べて有効性が認められる場合が考えられる。

2 債権者のウォレットで預託を受けている場合

債権者のウォレットで暗号資産を保管している場合、担保権の実行は、暗号資産を当該ウォレットから債権者自身のウォレット等に移し、暗号資産による代物弁済を受けるか、暗号資産を換金して被担保債権の弁済として充当することによって実現できる。

この場合、債権者としては清算義務を負うことになるため、被担保債権を超える暗号資産については債務者に返還すべきことなる。

3 交換業者に預託されている場合

前述Ⅱ3のとおり、交換業者に預託されている暗号資産を第三者が担保とすることは、交換業者の約款によっては有効になし得ない場合があるし、仮に担保とすることができても、債務者が交換業者に対して有する暗号資産移転請求権を担保権の行使として取り立てた場合に交換業者が応じるかは不明である。交換業者が暗号資産の移転に応じない場合には、差押えの手続が必要になる。

一方、交換業者と共同で担保権を設定した場合や交換業者自身が融資をした場合には、交換業者のウォレットから債権者のウォレットに暗号資産を移転させて代物弁済を受けるか、暗号資産を換金して被担保債権に充当することにより担保権の実行をすることになる。暗号資産の価値が被担保債権を上回った場合の清算を交換業者が行うか、債権者が行うかについては三者間の合意の内容によって決まることになるだろう。

第 3 章

各 論 ②
──債権回収（任意回収）

12 | 電磁的方法による契約の締結

Q

① 電磁的方法による契約の締結において、どのような点に留意すべきか。

② 電磁的方法を用いた債権管理回収方法にはどのようなものがあるか。

A

① 文書の真正や本人性の担保等の債権発生原因に関する記録等について、それぞれのシステムの特性に応じて、訴訟で要求される立証レベルに耐え得る資料を確保する必要がある。

② SMS・電子メールやIVR、オートコールによる架電、スマートフォンのアプリを用いる例があり、それぞれの特性に応じて使い分けることが望ましい。

I　電子商取引の現状

1　取引規模

　令和5年8月31日に経済産業省より公開された電子商取引に関する市場調査の結果によると、日本国内の消費者向け電子商取引（BtoC-EC）の市場規模は、令和4年には22.7兆円に達し、平成25年（2013年）の11.1兆円から10年間で倍増しており、分野別にみるとサービス分野が令和4年から令和5年までの1年間で32.34%という著しい増加率を示している。また、日本国内の企業間の電子商取引（BtoB-EC）をみても、令和4年には420.2兆円に達しており、令和2年度334.9兆円、令和3年の372.7兆円から増加傾向にあるほか、個人間取引（CtoC-EC）の規模も前年比で6.8%上昇している〔脚注1〕。

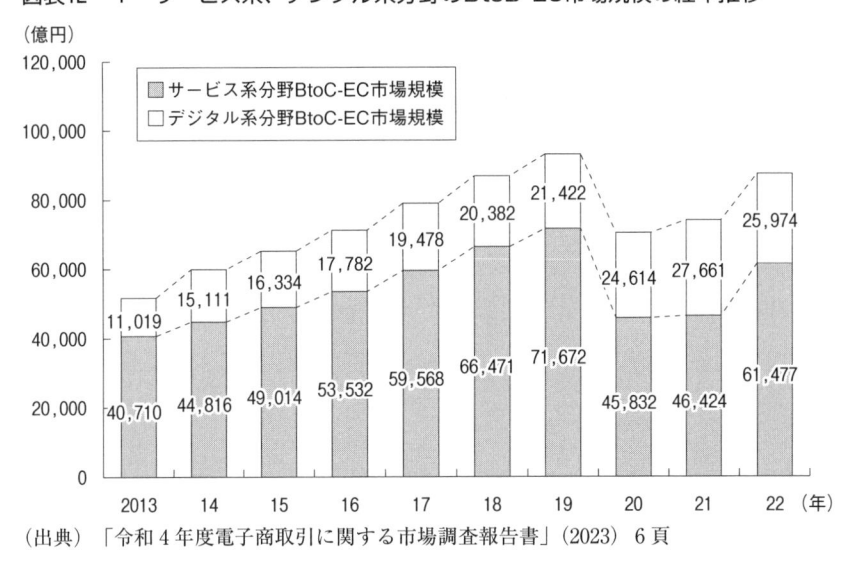

（出典）「令和4年度電子商取引に関する市場調査報告書」（2023）6頁

　これらの取引規模増加の背景には、令和2年度からの新型コロナウイルス感染症の拡大の影響があると推測されるが、電子商取引の市場規模は今後も拡大すると予測できる。そして、それに伴い、電磁的方法を用いた契約の締結及び債権発生の場面が増加していくであろうことも想像に難くない。

2　電磁的方法を用いた契約の締結

　電磁的方法を用いた契約の締結は、近時の法改正によってその門戸が広げられていることも特筆すべきである。

　例えば一般定期賃貸借契約の契約については、これまで契約の更新がない旨等を記載した書面の交付を行い、かつ書面で契約することが必要であったが、デジタル社会形成整備法（令和3年法律第37号）によって、これらを電磁的方法によっても行うことが可能となった〔**脚注2**〕。また、一般定期借地権における特約も従来は書面で行うことに限定されていたが、デジタル社

1　経済産業省商務情報政策局情報経済課「令和4年度電子商取引に関する市場調査報告書」（2023）5〜9頁

会形成整備法により電磁的記録による特約も書面と同様の扱いとされた。

　このように、電磁的方法による契約の締結及びそれに引き続く債権の管理には、従来行われてきた紙媒体での契約の締結及び債権管理と異なる点も多い。電磁的方法による契約の締結及び債権の管理について留意すべき事項を整理しておくことは有用と思われる。

　また、電磁的方法による場合、従来の紙媒体で契約を締結するときとは異なる過程や資料によるものも多いが、究極的には訴訟により債権回収を実現しなければならないことを見据えれば、契約締結や債権管理等の各場面で、訴訟で要求される立証レベルに耐え得る資料を確保することもきわめて重要である。

Ⅱ　契約の締結

1　電磁的方法による契約の特徴

　電磁的方法による契約の締結の方法としては、大きく分けて2種類ある。一つは、約款等に同意した上で、所定の申込みフォームに必要事項を記入し、必要に応じて本人確認書類等の写真データ等をアップロードし、それをもとに審査等が行われるものであり、いま一つは、電子署名を用いて契約書等を作成するものである（第2章参照）。

　これらの方法による場合の特徴として、次の各点があげられる。

> ①　紙媒体での契約書は作成されず、署名押印がないことも少なくない。
> ②　直接対面せずに手続が完了するものも多い。
> ③　錯誤に関して電子契約法に特約が設けられている。
> ④　電子署名による場合には、真正に関する特約が設けられている。

上記の各点について、詳しくみていくこととする。

2　なお、例えば事業用定期賃貸借契約（借地借家法23条2項）、企業担保権を設定し又は変更する契約（企業担保3条）は、公正証書によることが明記されており、電磁的方法によることが認められていない。

2 署名押印がないこと

契約書等の債権の原因証書における押印には、後日、当該契約に関する紛争が生じた場合に、その有効な成立を立証するための証拠を確保する目的があるとされる。すなわち、文書の真正成立に関する立証の負担（いわゆる二段の推定）や、殊に法人取引においては正当な権限を有する者による契約手続がなされていることを担保するといった観点から、押印が重用されてきた〔**脚注3**〕。また、署名も同様に、自署による真正の推定が及ぶ（民事訴訟法228条4項）ことから用いられてきた。

しかしながら、そもそも契約は当事者の意思の合致により成立するものであって、書面の作成及び押印は特段の定めがある場合を除いて必要な要件とされておらず、押印をしなくとも契約の効力に影響は生じないし〔**脚注4**〕、二段の推定についても、印章の盗難や冒用といった事情があればその推定が覆る場合も当然にあり得る。また、自署に関しても、本人の筆跡であるか否かの特定において、一定の困難は避けられない。

そこで、電磁的方法による場合であっても、契約の成立を立証する資料があれば、署名押印がないことによる不都合は生じないといえる〔**脚注5**〕。具体的には、「押印についてのQ&A」（前掲〔**脚注4**〕）問6にある下記のようなものを検討することになるだろう〔**脚注6**〕。

---

① 継続的な取引関係がある場合
　　取引先とのメールのメールアドレス・本文及び日時等、送受信記録

3　金融業界における書面・押印・対面手続の見直しに向けた検討会「書面・押印・対面手続の見直しに向けた論点整理」（2020.12.25）2頁
4　内閣府、法務省、経済産業省「押印についてのQ&A」（2020.6.19）1頁
5　前掲注3の4頁においても「優先的に見直しを検討することが考えられる」例として「電子署名サービスを活用できる取引の場合」があげられている。
6　このほか、松下淳一は「取引のオンライン化を前提とすれば、例えば契約締結意思をオンライン確認してその録画をしておくことが、契約の成立の証明のために有用であると思われる」と述べる。松下淳一「貸出・担保取引をはじめとする法人取引のオンライン化にあたっての諸問題——押印と私文書の成立の真正の証明」『金融法務研究会報告書（41）新型コロナウイルス感染拡大を契機としたオンライン・リモート取引拡大における法的問題点』（全国銀行協会、2023）第3章6頁

の保存（請求書、納品書、検収書、領収書、確認書等は、このような方法の保存のみでも、文書の成立の真正が認められる重要な一事情になり得ると考えられる）

② 新規に取引関係に入る場合

○ 契約締結前段階での本人確認情報（氏名・住所等及びその根拠資料としての運転免許証など）の記録・保存

○ 本人確認情報の入手過程（郵送受付やメールでのPDF送付）の記録・保存

○ 文書や契約の成立過程（メールやSNS上のやりとり）の保存

③ 電子署名や電子認証サービスの活用（利用時のログインID・日時や認証結果などを記録・保存できるサービスを含む）

3 直接対面しない場合の本人確認の方法

(1) 本人確認

契約時に行われる本人確認は、大きく分けて身元確認（その者が実在すること）と当人確認（同一人物であること）の2要素からなり、不正の未然防止、不正の牽制、不正時の対応といった役割を果たす。

本人確認は、サービスの種類によって法令で義務化されているものもあり、例えば携帯電話キャリアや金融機関等は、契約の締結に当たって本人確認を行うことが義務づけられている（電気通信事業者につき携帯電話不正利用防止法3条、金融機関につき犯罪収益移転防止法4条など）。

そのような中、令和5年3月には、デジタル庁の協力のもと横断的な本人確認のガイドラインとして「民間事業者向けデジタル本人確認ガイドライン（第1.0版）」が公表されており、この流れを受け、デジタル庁においても、デジタル社会推進標準ガイドラインの一つとして整備されている「DS-500 行政手続におけるオンラインによる本人確認の手法に関するガイドライン」の改定に向けた有識者会議が令和5年10月より開催されている。

⑵　電磁的方法によって契約を締結する場合

電磁的方法によって契約を締結する場合に求められる本人確認の方法としては、次のようなものがある。

⒜　身元確認

まず、本人確認書類を用いた方法として、例えば、運転免許証やパスポートといった顔写真付きの本人確認書類をオンライン上にアップロードする方法、これに併せて本人の顔写真の撮影・アップロードを求める方法、顔写真付き本人確認書類のICチップを読み取り、ICチップの暗証番号を入力の上、本人の顔写真の撮影・アップロードを行うという方法がある。さらに、より強固な方法として、あらかじめ銀行等の特定事業者で口座やクレジットカードを作成してある場合には、そのような特定事業者に対して顧客情報を確認し、既に身元確認を実施ずみであることを確認する方法もある。

このほか電子証明書を用いた方法としては、マイナンバーカードに記録された署名用電子証明書と暗証番号を用いて確認する方法もあり、要求する保障レベルの強度に応じ、どのような方法を用いるか選択することになろう。

⒝　当人確認

当人確認は知識情報、生体情報、所有情報の3要素からなり、要求する保障レベルの強度によりどれを用いるか選択する。

知識情報とは、本人があらかじめ設定したパスワードや本人のみが知る情報（秘密の質問の答え）のことをいい、生体情報とは、顔や指紋等の本人のみが有する生体的特徴のことである。所有情報とは、本人が所有する物マイナンバーカードや本人に対して発行されたトークン、スマートフォンの携帯電話番号（SMS認証）などであり、これらを単体で用いるほか、各情報を組み合わせて用いる（例えばあらかじめ登録された携帯電話番号に対してSMSでワンタイムパスワードを通知する）ことにより、保証の強度を上げる多要素認証も多く用いられている。

⒞　限　　界

もっとも、このような多要素認証を用いた本人確認にもおのずから限界があることから、近時は不正検知システムの導入活用が増えている。これは、

当該者の過去の購入行動（購入履歴や決済履歴）や同種の犯罪データ等の分析により、短期間に同種のものを大量に購入する等の不正な利用が検知された際に、リアルタイムで手続を止めるものである。

本人確認と併行して、不正検知システムによっても不正な取引を防止することは、契約者本人と直接対面しない電磁的方法による契約締結において、とりわけ重要な点であろう。

4　電子契約法

BtoCの電子取引においては、ボタンやタッチパネル、キーボードといった端末機器を消費者が操作して入力する場面が多くみられ、誤操作や誤入力が起こる場合も少なくない。通常であれば、このような誤操作・誤入力は、民法上は重大な過失による錯誤として取り消すことができないものであるが、電子消費者契約及び電子承諾通知に関する民法の特例に関する法律（電子契約法）において消費者を保護する特例が定められている。

電子契約法3条は、事業者側が、電磁的方法によりそのパソコンの画面等を介して申込み等を行う契約について、事業者側が消費者の申込内容などの確認を求める措置を設けていない場合には、原則として、誤操作のような消費者の重大な過失による場合であっても無効とした。

そのため、事業者としては、電磁的方法による契約の有効性確保のため、確認措置を設けることが重要である。この点、電子商取引及び情報財取引等に関する準則は、「申込みを行う意思の有無及び入力した内容をもって申込にする意思の有無について、消費者に実質的に確認を求めていると判断し得る措置になっている必要がある」とした上で、あるボタンをクリックすることで申込みの意思表示となることを消費者が明らかに確認することができる画面を設定することや、確定的な申込みとなる送信ボタンを押す前に、申込みの内容を表示し、そこで訂正する機会を与える画面を設定することなどを例としてあげている〔脚注7〕。

7　経済産業省「電子商取引及び情報財取引等に関する準則」（2022）12〜16頁

5 電子署名と真正の推定

電子署名には、大別して、契約当事者がそれぞれ電子署名を行う当事者署名型のもの、契約当事者は電子署名を行わず、利用者である契約当事者の指示に基づき契約当事者が作成した電子文書にサービス提供事業者自身が電子署名を行うサービス提供事業者署名型のもの、このいずれにも該当しない電子認証サービスの3種類がある。

このうち、当事者署名型においては、電子署名法3条の適用により、当該文書の真正な成立が推定される。

サービス提供事業者署名型においては、利用者とサービス提供者の間で行われるプロセスと、前述プロセスにおける利用者の行為を受けてサービス提供事業者内部で行われるプロセスのいずれにおいても、十分な水準において、暗号化等の措置を行うための不動について他人が容易に同一のものを作成することができないと認められるときには、電子署名法3条により、真正に成立したと推定される。

このいずれにも該当しない電子認証サービスには、電子署名法3条の推定の効力は生じない。そのため、この場合には、タイムスタンプやブロックチェーンに関する資料といった資料のほか、当該電子認証サービスがどのような仕組みとなっているかを説明した資料等により、当該サービスを用いた電子署名がなされた文書が本人の意思により成立したことを立証することになるだろう。

6 要式性の要件

(1) 概　　観

ここで、書面での作成が法律上要求されるもの（要式性）が、電磁的方法による契約においてどのように扱われるか概観したい。

要式性が求められる代表的な契約は、保証契約である（民法446条2項）。電磁的方法を用いる場合には、民法446条3項により、保証契約がその内容を記録した電磁的記録によってされたときは、書面によってされたとみなされる。そのため、電磁的方法によっても保証契約は締結でき、必ずしも書面

による必要はない。

　このような電磁的方法による方法は、債務を負担する契約と保証契約を新規に同時に締結する場合のほか、既に債務を負担する契約が書面（又は電磁的方法で記録する方法）で作成されている場合に新たに保証人を付すときに利用することにより、書面の作成や管理の労力を回避できるといったメリットがある。

⑵　留　意　点

　他方で、このような電磁的方法によっては要式性が充足されない契約もいくつか残っている。例えば、事業のために負担した貸金等債務を主たる債務とする保証契約等を個人が締結する場合には、その締結に先立ち公正証書で保証意思を宣明しなければならないと明記されており（民法465条の6第1項）、電磁的方法で行う余地を認めていない〔脚注8〕。この他、前述の事業用定期賃貸借契約（借地借家法23条2項）、企業担保権を設定し又は変更する契約（企業担保法3条）も、公正証書によることが明記されており、電磁的方法のみでは完結しない場合があることには留意すべきである。

Ⅲ　債権の管理回収

1　債権管理・時効管理

⑴　債権管理（督促等）

　従来行われてきた電話や書面等による督促に加え、SMS・電子メールやIVR、オートコールによる架電、スマートフォンのアプリを用いた督促といった方法がある。これらの方法は、支払自体を求めることのみならず「ご連絡ください」等のメッセージを送ることにより債務者の状況把握、連絡手段の確保にも有用である。また、殊にSMSやアプリにおける督促では、電話に比して督促の履歴を明らかにすることが容易であるほか、債務者において容易に確認できることから、支払への障壁が小さくなることが期待でき

8　主債務者が法人である場合において、当該法人の理事や取締役、過半数株主等が保証契約を締結するときには適用されない（民法465条の9）。

る。ただし、電話で債務者とやりとりを行う場合であれば双方向でのやりとりを行えることから、債務者自身の情報を債務者からいわせることで本人確認が実施できるが、上記のような新たな督促手段においては、どのようにして本人確認を行うかが問題となり得る。債権の管理回収は、法令に基づいて本人確認が要求される場面ではないが、債務の存在や内容といった情報は守秘性の高いものであるから、導入する場合にはどのようにして本人性を担保するかを十分に検討する必要があるだろう。

なお、これらの方法による場合であっても、午後9時から午前8時までの取立行為は禁じられる（貸金業施行規則19条1項）。また、日本貸金業協会が定めた貸金業の自主ルールである「貸金業の業務運営に関する自主規制基本規則」においては、禁止される反復継続した取立行為として「電話を用いた債務者等への連絡を、1日に4回以上行うこと」「電子メールや文書を用いた連絡を、前回送付または送信から3日以内に行うこと」といった例があげられているが（57条1項5号）、平成19年の自主ルール制定時のパブリックコメントに対する回答において、「その内容に関わらず（筆者注：原文ママ）、……取立て目的で行った行為であると認められる場合には、該当するものと考えております」との見解が示されている〔**脚注9**〕。また、債権管理回収業に関する特別措置法12条ただし書きにより債権回収会社が法務大臣の承認を受けて行う集金代行業務については、特定金銭債権以外の事件性・紛争性のない金銭債権について、請求に当たらない範囲での入金案内が承認されているが、法務省の通達において、レターに実質的な請求に当たるようなもの（「解決してください」等）を記載したり、反復継続して架電、通知したりする行為が不適切であると例示されている〔**脚注10**〕。このことから、実務上は「お支払いください」等の支払を督促する文言を含めないような連絡であっても、その内容からみて督促目的のもの（例えば「お伝えした

---

9 日本貸金業協会「『貸金業の業務運営に関する自主規制基本規則（案）』に対するパブリックコメントの結果について」（2007）（https://www.j-fsa.or.jp/doc/moneylender/comment/071109_2_result.pdf）

10 「債権管理回収業に関する特別措置法第12条ただし書きの法務大臣の承認を受けて行う兼業の適切な業務運営について」（法務省司審第658号、2008）

いことがあるので連絡ください」等）はこれらの法令及び自主規制基本規則で規制され得るものと保守的に考え、慎重な対応を行うべきだろう。

このほか、簡易裁判所で行う支払督促手続をオンラインで行える「督促手続オンラインシステム」が平成18年9月より導入された。このシステムでは、事前に電子証明書を取得することにより、インターネットを利用した支払督促の申立てや照会、手数料や保管金のインターネットバンキングでの納付、インターネットを通じた通知が可能となっている（第2章参照）。

(2) 時効管理

上記のようにSMS・電子メールやスマートフォンのアプリ等による債権管理が行われていることと関連して、時効管理においても、SMSやチャットのやりとりによる時効管理を行ったり、請求書や連絡文書に二次元コードをつけ、そこからアクセスできる債務承認フォームを設けたりすることが考えられる。もっとも、SMSやチャットによる場合には、操作を行った者が債務者であること、すなわち債務者により債務承認の通知がなされたことを担保する必要がある。そのため、例えばSMSから案内される個別ページにログインする際には厳格な本人確認を行うことや、個別ページを開いて一定時間操作がない場合に自動的にログアウトすること等により、債務者以外の者が操作を行わない工夫が必要である。また、利用者が誤操作により債務承認を行うこととならないよう、電子契約法3条に適合した確認措置も不可欠である。

なお、本稿執筆時点では、スマートフォンのアプリで債務承認手続を行える実例には接していないが、今後そのようなアプリが登場した場合にも同様の問題が生じると思われる。

2 債権譲渡

(1) 検討すべき点

譲渡の対象となった債権の発生及び内容が示されたもの（以下「原因証書」という）が契約書等の書面であるときは、例えば金銭消費貸借契約であれば当該契約書や借用書といったものを譲受人に交付すれば足る。では、原

因証書が電磁的方法により作成された契約書である場合、何を交付することになるか。

　電子署名が付されている契約書等で、当該電子署名に関する電子証明書や埋め込まれたタイムスタンプの有効期限内であれば、それらに関する資料を譲受人に譲渡することが必要となろう。債権譲渡の直後に電子署名やタイムスタンプの有効期限が切れるような場合には、原債権者においてその有効期限を延長したり、新たにタイムスタンプを埋め込んだりする手続を行った上で譲渡することを、債権譲渡契約の内容とすることも検討すべきである。

　債権譲渡の時点において、既に原因証書の電子署名に関する電子証明書の有効期限が切れている場合にはどうか。このようなケースは、住宅ローンのような類型的に弁済期が長期にわたるものについて発生し得ると思われるが、電子証明書の有効期限のみが切れており、タイムスタンプの有効期限が切れていない場合には、タイムスタンプを新たに埋め込むことによりその期間を伸長させる方法をとり得る。しかし、電子証明書とタイムスタンプの両方の有効期限が切れている場合、新たに電子署名を付与して電子証明書を得ることは現実的ではない。このような場合については、Ⅱ2において紹介した「押印についてのQ&A」（前掲〔脚注4〕）問6に示してあるような資料により契約締結の過程と締結された契約の内容を明らかにし、かつ、譲渡人より、電子署名等の有効期限が切れた譲渡時の原因証書の内容と、電子署名が有効であった契約締結時の原因証書の内容が同一であり、改変されていない旨の宣明を得て、これらを交付するといった方法が考えられる。また、契約締結の過程を明らかにする内容についても、「押印についてのQ&A」（前掲〔脚注4〕）問6の(a)から(e)にあるような方法によって示すことを検討すべきだろう。

(2)　留　意　点

　このほか、債権譲渡においては、債務者対抗要件を具備するために通知又は承諾が必要であり、第三者対抗要件を具備するためには前述の通知又は承諾を確定日付のある証書で行う必要があるところ、産業競争力強化法に基づく認定新事業活動計画の認定を受けた事業者が提供する情報システムを利用

して、債権譲渡の通知等を行えることは、第2章で述べた。

3 弁　済

SMS等による債権管理が行われていることと関連し、コンビニ収納に必要な伝票をSMSで債務者に送信し、コンビニで収納手続を行う例も散見されている。これらの方法も、郵送で請求書を送る場合と比較して誤配送・未配送のリスクは小さく、郵送コストの削減になるとともに、債務者にとってもスマートフォンで確認でき、それを利用してそのまま支払えるという利便性から、支払への障壁が小さくなることが期待できる。

なお、同一の当事者間に数個の金銭消費貸借契約に基づく各元本債務が存在する場合において、借主が弁済を充当すべき債務を指定することなく全債務を完済するのに足りない額の弁済をしたときは、その弁済は、特段の事情がない限り、各元本債務の承認として、消滅時効を更新する効力を有するとされている（最判令和2・12・15民集74巻9号2250頁）。そうすると、例えば、毎月の電気料金について各月分の決済バーコードを当月に送信していた場合において、そのうちの一つを利用して支払がなされたときは、「借主が弁済を充当すべき債務を指定することなく」とはいえないため、上記最高裁判決の射程は及ばず、支払対象となった月以外の月の債務について、承認がなされたとはいえないとも考えられる。そこで、決済バーコードを各月分送信するとしても、特定の月分のみの弁済があった場合にもその他の月分を含む債務全体の承認となるよう、文言の工夫が必要となろう。この点については、上記判例の調査官解説において「弁済の際にその弁済を充当すべき債務を指定しなかったという借主の態度をどのように評価するかという問題であるが、このような借主の態度は、充当指定ができるのにしなかったのであるから、原則として、借主が負っている各元本債務の存在を認める旨を表示すると解するのが相当と思われる」〔脚注11〕と説明されていることが参考になる。

11　中野琢郎「判批」曹時73巻9号226頁（2021）

13 | システムツールの利用による
回収の効果と留意点

Q
　① 債権管理回収手法の現状としてどのようなものがあるか。
　② システムツールを利用した督促に回収の効果はあるか。また利用する際の留意点は何か。

A
　① 従来は、電話と手紙を基本としてきたが、現在では、チャットボットやAIオペレーターの利用が増えている。
　② 督促アプローチを増やすことで一定の効果がみられる。業法に抵触しないよう留意する必要がある。

I　債権回収手法の現状

1　システムツールの利用の必要性

　少子高齢化の進行により、わが国の生産年齢人口（15～64歳）は1995年をピーク（8,716万人）に減少しており、その傾向は、今後も続くといわれている。現在の就職状況をみてもいわゆる「売り手市場」といわれており、各社は総じて人手不足に悩まされている状況である。

　また、生活スタイルについて、携帯電話等のモバイル端末は、2010年より90％を超える保有率を有している状態が続いており、この傾向が変わることは考えられない。特に、スマートフォンの普及が2010年より顕著に急増している。他方で、固定電話の保有率は、緩やかに減少傾向である。最近だと、固定電話をもたない家庭も増加しているようである。また、近年、電話で話すことよりも、LINE等のメッセージアプリを利用したやりとりが常態化しているといえる。

　これからの債権管理を考えるに当たっては、債権管理に携わる担当者をこ

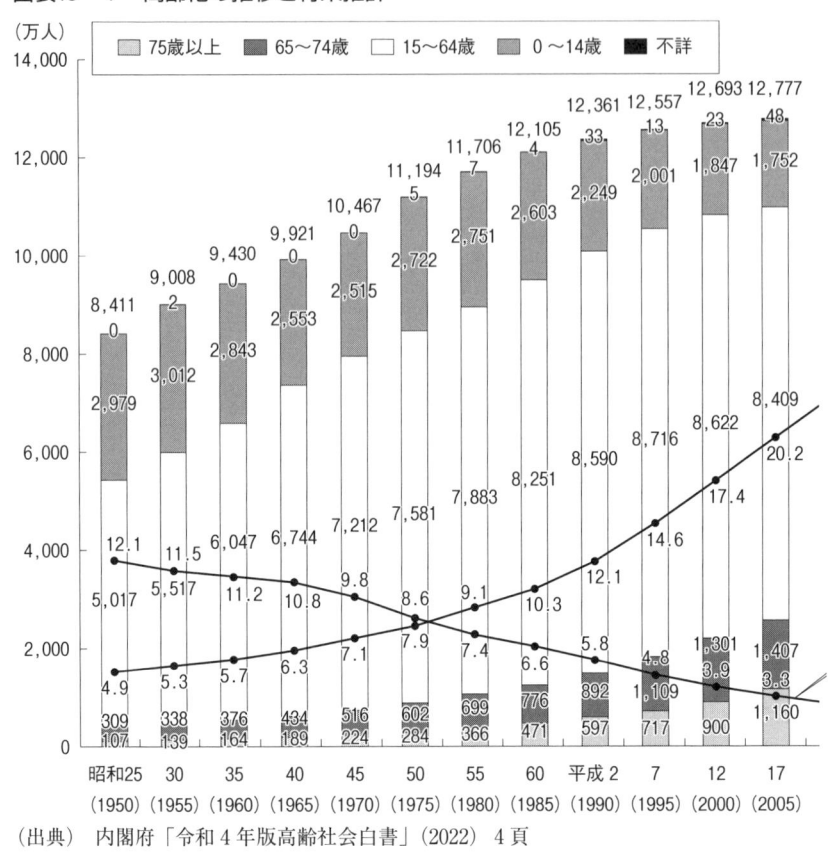

（出典）　内閣府「令和4年版高齢社会白書」（2022）　4頁

　れまでどおり十分に確保することができないことや債務者が保有する通信手段が固定電話ではなくモバイル端末であることを前提にする必要があるといえる。

　債権回収〔脚注1〕の手法として、従来のものに①督促書面の送付、②人間による架電、③訪問、④法的措置があげられる。その後、最近の手法とし

1　ここにいう「債権回収」とは、主に、小口、無担保の比較的少額債権を大量かつ統一的に管理を行い、任意弁済を受けることを第一次的な目的とするものを一応の定義とする。

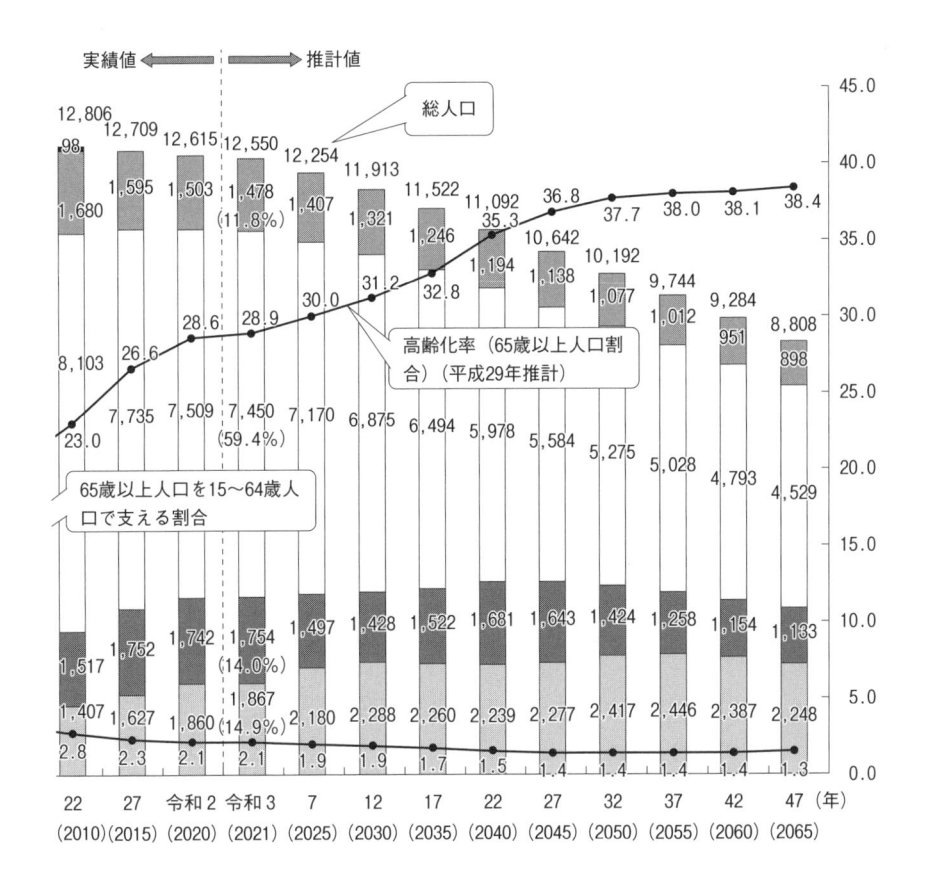

て、⑤音声自動架電システム（ロボットコール：RBC）による架電、⑥ショートメッセージサービス（SMS）によるメッセージの送信、⑦自動音声応答装置（IVR）による受電対応、⑧チャットによる問合せ対応、⑨音声による問合せ対応（AIオペレーター）といったものが利用されてきている。①～④の手法については、最もオーソドックスなものであり、あえて説明を行う必要がないと思われるため、⑤～⑨の手法についての特徴について確認を行う。

図表13−2　情報通信機器の保有状況の推移

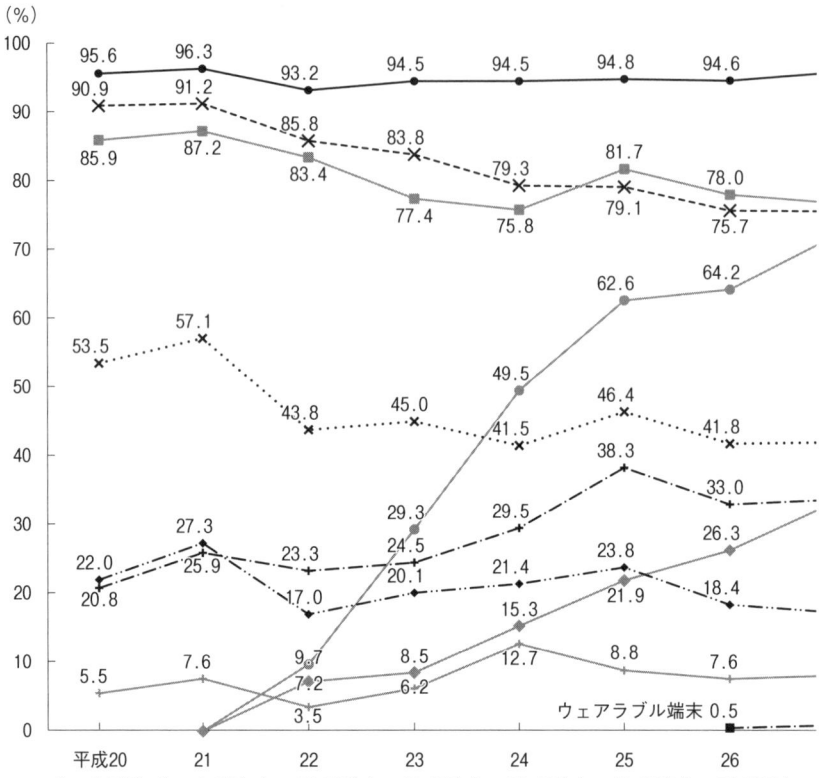

（注1）　「モバイル端末全体」には、平成21〜24年は携帯情報端末（PDA）、平成22年以降はスマートフォン、令和2年まではPHSを含む。

（注2）　経年比較のため、この図表は無回答を含むかたちで集計。

（出典）　総務省「令和4年通信利用動向調査の結果（概要）」（2022）1頁

2　特　　徴

図表13−3に主な特徴をまとめている。

ロボットコール（RBC）とIVR（Interactive Voice Response）は、架電による督促のツールであり、SMSは、書面にかわるメッセージによる督促のツールである。

チャットボットとAIオペレーターは、これまで人間が行っていた債務者対応の一部を代替するツールである。

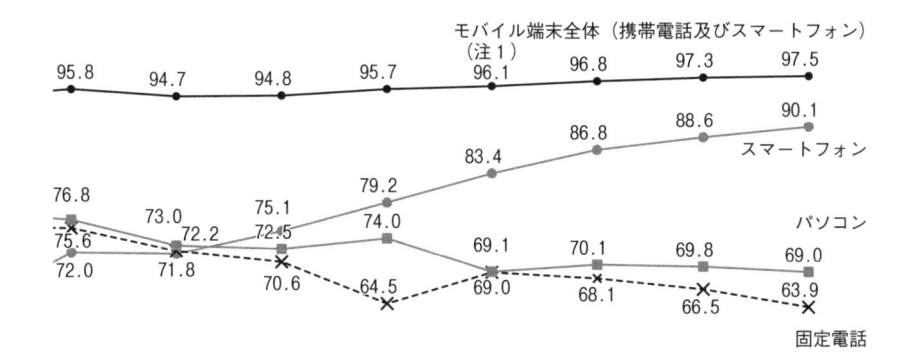

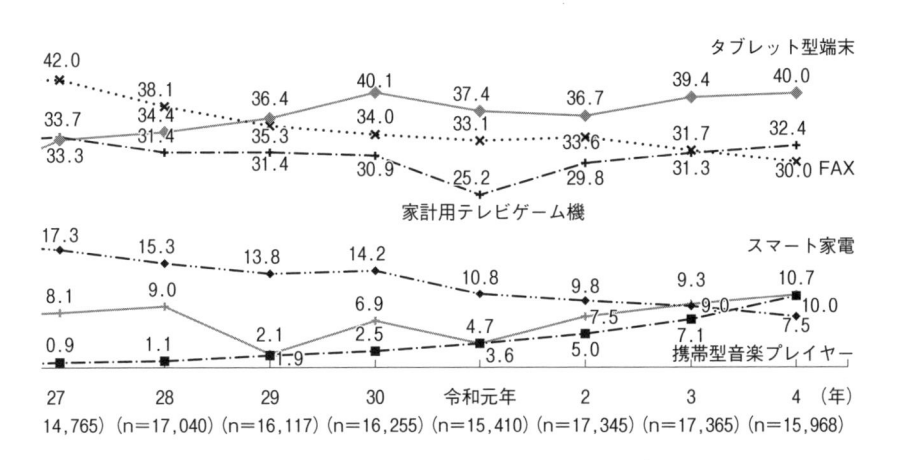

| 27 | 28 | 29 | 30 | 令和元年 | 2 | 3 | 4 (年) |
| (n=14,765) | (n=17,040) | (n=16,117) | (n=16,255) | (n=15,410) | (n=17,345) | (n=17,365) | (n=15,968) |

　これらを使用することで、督促アプローチの大量発信が実現できる。

3　督促行為を支えるツール

　債権回収の現状として、一般的なツールの紹介及び説明をしたが、ここで紹介できたものは、主に、債務者に対し督促するための直接的なツールである。このほかに、債権回収の裏方的な位置づけのツールもあるため、次に簡単に紹介する。

図表13－3　督促ツールの特徴

ツール	特徴
ロボット コール （RBC）	一般的には、システムに取り込んだ架電リストに従い、自動的に架電を行い、受電者に対し、あらかじめ設定したメッセージを伝えるシステムということができる。 一般的な特徴として、ⅰ）大量発信が可能であること、ⅱ）個別データの取込みによるデータ内容の読み上げ（債務者氏名等）が可能であること、ⅲ）IVRとの組合せにより、ダイヤル操作（番号選択）による応答メッセージの選択が可能であること、があげられる。 なお、RBCは、大量架電が実現できるが、プレディクティブコールシステムも同様のことが可能であるため、本質的な特徴としては、IVRを組み合わせることにより自動音声案内が可能であることに大きな意味をもつといえると考える。
IVR	Interactive Voice Responseの略で、発信者に対し、音声による自動応答を行うシステムのことをいう。 発信者のダイヤル操作により、あらかじめ設定したメッセージを案内することが可能である。
SMS	通信端末機器（携帯電話、スマートフォンなど）同士でメッセージを電話番号により送受信するシステムということができる。 一般的な特徴として、ⅰ）大量発信が可能であること（RBCと同様のシステム）、ⅱ）「1送信当たりの」送信可能文字数があること（本稿執筆時点では全角670文字（注）、があげられる。 URLをSMSに載せることで、ウェブ上のページへの遷移により、詳細な情報を伝えることが可能となっている。
チャット ボット	チャット形式（文字or音声による会話形式）で、相手方との会話を成立させるものであって、相手方からの問いに対し、自動で回答を行うことができる。AIにより作成された回答に基づき回答されるもの（AI型）と、あらかじめ作成したシナリオに従って回答をするもの（シナリオ型）とがある。
ＡＩオペ レーター	AIオペレーターにより相手方と自然な会話を成立させることができるシステムのことをいう。シナリオ（トークスクリプト）とAIの組合せにより、精度の高い会話が実現できる。チャットボットと同様、技術的には、AI型とシナリオ型がある。

（注）　通信端末機器の通信キャリア等で違いがある。
（出典）　筆者作成

⑴ AIによる督促対象債権のスコアリング（分析系）

　督促対象の候補となっている債権の回収可能性をスコアリングし、当該債権全体を、いくつかの債権群に分類し、分類された債権群ごとに督促手法に変化をつけ、これにより、督促コストとの関係で回収効率の最大化を目指すツールである。

⑵ 音声認識システムによる交渉内容の記録（事務系）

　債務者との会話内容の全てをリアルタイムに自動で全文を書き出し、記録し、会話内容終了後に自動的に保存されるツールである。

⑶ 契約書類の自動読み込みによる情報登録（登録系）

　AI-OCRのことで、実務上利用が行われている。紙の書面の文字を認識し、データ化をすることができるため、人間が負う事務負担を軽減させることができる。

Ⅱ　ロボットによる回収の効果と利用する際の留意点

　次に、各債権回収手法の前述特徴を踏まえ、その効果と留意事項について概観する。

1　ロボットコール：RBC

⑴ 回収効果

　図表13－4は、2015年9月と2023年9月の督促状況と回収額を比較し、割合でまとめたものである。特定の同種の債権に限定しており、債権数や債権の性質に大きな差がない。

　これをみると、2015年と2023年とでは、回収件数と回収金額に大きな変化があることがわかる。

　両者には督促手法に違いがあり、2023年にレター発送数を減少させているもののRBCとSMSを利用した結果、全ツールによる発信総数を296.77％に増加させている。この数字をみると、RBCやSMSを利用した督促アプローチの大量発信が回収効果に一定の影響があるということができると思われる。

図表13-4　参考データ：2015年9月と2023年9月のRBC及びSMSの利用実績

モニタリングの対象とした月（対象月）	2015年9月（RBC・SMS導入前）	2023年9月（RBC・SMS導入後）	備考
	増減率		
回収件数	106.55%		対象月に回収した債権の数
回収金額	125.68%		対象月に回収した金額
レター発送数	96.35%		対象年月に郵便にて発送した督促書面の数
架電数（A）	23.81%		対象月にオペレーターが架電した数
RBC数（B）	―		対象月に発信したロボットコールの数
SMS発信数（C）	―		対象月に発信したSMSの数
合計（A）＋（B）＋（C）	296.77%		対象月における全ツールによる発信総数
来電数	148%		対象月に債務者から受けた電話連絡の数
受架電オペレーター数	67.65%		対象月時点でのオペレーターの数

（出典）　ニッテレ債権回収株式会社のデータをもとに筆者作成

　ところで、書面の送付には郵便料金がかかるため、取扱債権数が多い場合には、高額な費用がかかる。また、オペレーターに架電をさせた場合、1日当たりの架電数に限度があるため、多くの架電を実施する場合には、それに

応じた人員を配置する必要がある。しかし、RBCとSMSを利用した場合には、督促書面の発送数を減らしたり、短時間に大量発信が可能となるため、オペレーターの人員数を減らしたりしたとしても、回収効果を保つことができるといえる。

　回収効果が上がることのほか、コストの削減効果もあるということは、大きな意味があるといえる。

　なお、RBCは、大量架電が実現できるが、プレディクティブコールシステムも同様のことが可能であるため、本質的な特徴としては、IVRを組み合わせることにより自動音声案内が可能であることに大きな意味をもつといえると考える。

(2)　留　意　点

　留意点として、次のことがいえる。

　第一に、対象先は、電話番号が判明していれば実施可能であるため、正確な電話番号を保有している必要がある〔**脚注2**〕。他方で、勤務先、本人以外の自宅・携帯番号である又はその疑いがある場合には、実施はむずかしい。また、自動案内において相手方本人への案内が目的であることを明示する場合等において、本人名の読み上げを行う場合には、氏名のふりがなが判明していなければ、実施に当たって注意が必要である。漢字の情報しか保有しておらず、利用者（債権者）側でふりがなを振る場合、ある程度、誤った案内がされることを許容するかどうかは、検討を要する。

　第二に、「本人確認の方法とその程度」と「個人の属性情報（債務情報）の開示の程度」とのバランスを考える必要がある。本人確認を厳格に実施した場合には、その後の自動音声においてある程度詳細な債務情報をアナウンスすることが可能となるが〔**脚注3**〕、本人確認を緩くした場合には、本人

2　もっとも、申込みから延滞が発生し督促が開始されるに至るまで相応の期間が生じるのが通常であり、申込み時に取得した電話番号が、督促時に変更されることなく本人保有であることを確認しなければ実施できないということまでは、要求されないと考える。もっとも、個人情報取扱事業者は、データ内容の正確性を保つ努力義務を負っているから（個情法22条）、誤った電話番号であると認知した場合には、遅滞なくそれを反映した内容に修正等する必要があるといえる。

以外の者が受電したときに〔脚注4〕、プライバシー侵害のおそれが高まるため、債務情報のアナウンスの程度は控える必要が出てくるといえる。

2　SMS

(1)　回収効果

回収効果については、図表13−4からRBCと同様に認められる。

大量発信（送信）が可能であることはRBCと同様であるが、RBCによる架電に対し受電をしなかった債務者に対しても文字によりメッセージを残すことができる点が最大の特徴である。架電をするも本人と接触できる確率は、1％未満であることもあり、そのような者に対しても文字でメッセージを残す効果は大きいといえる。

督促用SMSのサービスの中には、履歴判定機能（任意の基準日を設定し、基準日以降に契約名義人が変更されていた場合には、SMS送信対象から外す機能。発信状況に「NG」として表示されるため、債権管理の参考情報となる）を付加し、可能な限り、本人に届くよう工夫されているものもある。

URLをSMSの本文に載せることで、ウェブ上のページへの遷移により、詳細な情報を伝えることも可能となっている。請求明細をURLに載せて発信するSMSを「明細付SMS」といわれることがある。

(2)　留意点

留意点として、次のことがいえる。

第一に、送信可能文字が670文字まで拡大したが、本人確認をせずに送信する場合、どの程度まで記載するかという点については、RBCの場合と同様、検討を要する。

3　例えば、相手方に、当日現在の債務額を伝えるような場合が想定される。相手方が債務者本人ではない場合、料金を滞納している事実が明らかになり、当該事実を他人に開示する行為はプライバシーの侵害となり違法となり得ることから、厳格な本人確認が必要となってくる。
4　たまたま本人以外の家族等が電話に出た場合やそもそも登録された携帯番号の保有者が変更されていた場合等が想定される。

第二に、メール送信の場合の規制法として、特定電子メールの送信の適正化等に関する法律があるが、同法は「広告宣伝のために送信される電子メール」（同法2条2号）を規制対象とするものであるため、債権回収の手段としてSMSを送信する場合には、適用されず問題とならない。

第三に、貸金業法21条2項に規定する「支払を催告するために書面又はこれに代わる電磁的記録を送付するとき」は、貸金項目を記載又は記録する必要があるところ、SMSによる督促は、「支払を催告するために電磁的記録を送付するとき」に該当することになるため、貸金項目を、本文に全て記録するか、そうでなければ前述の明細をつけることにより記録する必要がある。他方で、貸金業法21条2項に規定する「支払を催告するため」ではない単なる案内の場合には、同項の規制は及ばない。実務上では、厳しい本人認証を採用できない場合で本人以外の者へ債務情報が流出することを回避するため、SMSの利用の際には、「支払を催告するため」ではなく、例えば、書面を送付している旨を知らせるための案内メッセージにとどめるケースも多い〔脚注5〕。

3 IVR

(1) 回収効果

相手方の問合せ実績をもとに、案内メッセージを適切に設定することで、人間による問合せ対応が軽減される効果が期待できる。軽減の程度については、自動案内メッセージの適切さに影響するものと推察される。自動で案内する一般的な項目（一般項目）〔脚注6〕が四つ、これら四つにも該当しない場合の「その他」の人間対応の項目を一つ設けた事例では、人間での対応割合が全体の30％程度に抑えられたというデータもある（ニッテレ債権回収株

---

5 取立て目的で送信する場合には、記載内容が案内文であったとしても、前回送信から3日以上の間隔を空ける必要があると考えられているため注意を要する（「「貸金業の業務運営に関する自主規制基本規則（案）」に対するパブリックコメントの結果について」（2007.11.9）項番183ロ）。

6 一般項目とは、ここでは個人の属性情報（債務情報を含む）に踏み込まない一般的な回答を行う項目という意味で使用している。

式会社における運用データ）。

　さらに、相手方にダイヤル操作（番号の選択）により、一定の情報を入力させることもできる。例えば、管理番号、入金希望日、入金日を入力させることも可能となる。

(2)　留　意　点

　留意点として、次のことがいえる。

　第一に、人間への負荷を軽減する目的であれば、相手方の問合せニーズを的確に把握する必要がある。

　第二に、一般項目への対応ではなく、問合せをする個人の属性情報に踏み込んだ回答を行うことができれば、ますます人間への負荷を軽減することができる。もっとも、本人確認（本人認証）をどのようにするか、個人の属性情報をどこに置くかといった問題をクリアする必要がある。

4　チャットボット

(1)　回収効果

　IVRと同様、人間が対応することなく問題解決する問合せについて処理することができるツールである。人間ではなくロボットが対応し（非接触）、また自らの空いている時間（相手方の都合で）で問答を行うことができるため、相手方にとって心理的・時間的ハードルが低いといえる。

(2)　留　意　点

　留意点として、次のことがいえる。

　第一に、問答パターンを用意し、AIに学習させるため、導入して効果が出るまである程度の時間がかかる。導入当初35.2%程度の解決率が8か月後には77%になったというデータもある（ニッテレ債権回収株式会社における運用データ）。

　第二に、IVRと同様、個人の属性情報を開示するか（個人の属性情報を踏まえた回答を実現させるか）、開示するとして本人確認（本人認証）をどのようにするのかが課題となる。

5　AIオペレーター

(1)　回収効果

　IVR、チャットボットと同様、人間が対応することなく解決する問合せについて処理することができるツールである。人間のように継続的で自然な会話でのやりとりが実現できることに最大の特徴があるといえる。

　感情解析により対応方法に変化をつけることや、さまざまなタイプの話し方ができることもあり、人間を超えた対応も可能となる。

(2)　留　意　点

　留意点として、次のことがいえる。

　第一に、このツールは事前にシナリオ（トークスクリプト）を用意し、相手方の発言（ワード）に反応して、シナリオに従った反応をする仕組みとなっている。別の言い方をするとシナリオに従った反応しかしないため、あらゆる問合せにも対応できるようにするためにはシナリオ作成に相当程度の手間をかける必要があるが、その反面、意図しない対応（誤った対応）をするリスクがないため、コンプライアンス上も安心となる。

　第二に、人間のオペレーターと異なり、AIオペレーターは、24時間365日稼働可能なオペレーターとなる。AIオペレーター1台の導入費用は、比較的高額となることが多いが、人間のオペレーターと比較した稼働時間が異なるため、結果的にコスト削減になることが期待されている。

6　AIによる督促対象債権のスコアリング（分析系）

(1)　回収効果

　スコアリングが低いものと分類された債権群は、督促をしたとしても、回収が実現する可能性が低いことから、督促対象から外すという判断をしたり、他方で、スコアリングが高いものと分類された債権群は、最低限の督促コストで回収効果が出ることから、レターや架電の件数を少なくするといった判断をしたりすることになる。これにより、無駄なコストをかけず、効率よく、回収効果が実現されることになる。

（2） 留 意 点

　過去の膨大な回収データをAIに学習させ、スコアリングを行うことになる。債権内容が同じで、債務者情報が多いほど、スコアリングの精度が上がるといえる。

7　音声認識システムによる交渉内容の記録（事務系）

（1）　回収効果

　交渉記録を記入する作業の手間を省く効果がある。

（2）　留 意 点

　AIによる自動学習機能が備わっており、精度が徐々に増していくことになるが、特に、債務者の方言や言葉の明瞭さ等により認識できない言葉も一定程度ある。

　1年程度の使用による認識率について、ニッテレ債権回収株式会社における運用データによると、債権者側オペレーターの言葉は、当初約67％、1年後約90％に、他方で、債務者の言葉は、当初約56％、1年後約80％であり、やはり、債務者側の言葉の認識のほうがむずかしいといえる。

8　契約書類の自動読み込みによる情報登録（登録系）

（1）　回収効果

　契約書類の文字をデータ化することにより、顧客情報を登録する時間を削減し、また打ち間違え等の事務ミスを防ぐことができる。また、特にサービサーにおいて特定金銭債権の委託を受ける場合や債権の譲渡を受ける場合に、大量の債権の登録作業が必要となるが、AI-OCRにより、人間の手を介さずに登録することができるため、人間に係る事務負担を軽減することができる。

（2）　留 意 点

　債権情報登録は、その後の債権管理回収業務の基礎となるもので、登録情報が正しいという前提があるからこそ、権利実現に向けたアグレッシブな督促ができるのである。しかしながら、AI-OCRの文字認識は、完璧なもので

はない。決まった定型書式の読み込みであれば、学習により精度を上げることは比較的容易であると思われるが、サービサーのように多くのクライアントから債権の委託や譲渡を受ける場合には、書式がバラバラであり、認識率を上げるのがむずかしいところである。

いずれにせよ、登録内容が間違っていた場合には、別人に対し督促をかけるなど大きな問題になる可能性があるため、人間による適切なチェック作業が必要となる。

Ⅲ　ま と め

以上のように債権管理回収にかかわるシステムツールは、多岐にわたっており、これらを効果的に用いることにより、人間の生産性の向上につながるものといえる。

後払決済の代表格はクレジットカードであるが、近年、それ以外の決済方法としてBNPL（Buy Now Pay Later）の利用実績が増えており、サービス提供事業者も多く存在する。BNPLにより生じた債権の特徴は、単価が低いこと、うっかり支払を失念していた場合などで債務者側にもともと潜在的な弁済意思があることが多いと思われることである。単価の低い債権の回収行為をする際に、書面の郵送を中心とした債権手法をとった場合、容易にコスト倒れになる危険性がある。そして、債務者側にもともと潜在的な弁済意思がある場合には、人間による丁寧な交渉は不要である。そのため、BNPL債権の場合には、システムツールを利用した債権管理を行うのが適当と考える。

他方で、比較的債権単価が高く、これに伴い即時の一括弁済が期待できるケースが相対的に少ない特徴を有する貸金債権等の場合には、弁済意欲を生じさせるために、督促手法としては、書面と人間による交渉というような従来型の手法が適当であると考える。

14 シェアリングエコノミーを利用した債権回収における法的課題

Q
1. シェアリングエコノミーとは何か。
2. 債権回収におけるシェアリングエコノミーの可能性として、何が考えられるか。
3. シェアリングエコノミーを活用した債権回収において生じ得る法的課題は何か。

A
1. シェアリングエコノミーとは、物・サービス・場所などを多くの人と共有・交換して利用可能とする経済活性化活動であり、活性化されていない個人の資産や能力の市場化を促すことで、さまざまな経済効果が期待されているものである。
2. シェアリングエコノミーで得た金銭等により債権を回収することが想定される。
3. 債権回収においてシェアリングエコノミーを活用するに当たっては、行政法規上の回収規制、回収行為の委託の規制や、民法上の弁済効の発生時期、時効の観点から各種の措置を講ずることが必要かつ重要である。

I シェアリングエコノミー

1 シェアリングエコノミーの意義

2010年代以降、スマートフォンやソーシャル・ネットワーキング・サービス（SNS）の急速な普及・発達により、「シェアリングエコノミー」と呼ばれるサービスが登場・進展しつつある。

このシェアリングエコノミーの定義や概念については、必ずしも確立した

ものはないが、「物・サービス・場所などを、多くの人と共有・交換して利用する社会的な仕組み」〔脚注1〕とか、「個人等が保有する可能な資産等（スキルや時間等の無形のものを含む）をインターネット上のマッチプラットフォームを介して他の個人等も利用可能とする経済活性化活動」〔脚注2〕とか、「個人・組織・団体等が保有する何らかの有形・無形の資産（モノ、場所、技能、資金など）を売買又は貸し出し、利用者と共有（シェア）する経済モデル」〔脚注3〕などと理解されている。

　日本においては、「空間」「移動」「スキル」「モノ」「お金」の五つの分野でシェアリングエコノミーに係るサービスが提供されており、その代表的なサービスとしては、住宅を活用した民泊サービスや駐車場の空きスペースを利用するサービス（空間のシェア）、一般のドライバーの自家用車に相乗りし目的地まで移動するサービス（移動のシェア）、家事・育児代行等個人の専門的なスキルを空き時間に提供するサービス（スキルのシェア）、個人の所有するモノをレンタルして利用するサービス（モノのシェア）などがあげられる。

2　シェアリングエコノミーの発展により期待される効果

　シェアリングエコノミーの多くは、インターネット上のプラットフォームを介して提供されることから、インターネットやスマートフォンの更なる普及・発達により、今後もその市場規模が大きく伸びていくことが期待される。

　株式会社情報通信総合研究所「シェアリングエコノミー関連調査2021年度調査結果（市場規模、経済波及効果)」（2022年1月18日。一般社団法人シェアリングエコノミー協会との共同調査結果）によれば、日本におけるシェア

1　デジタル大辞泉
2　内閣官房情報通信技術（IT）総合戦略室・シェアリングエコノミー検討会議中間報告書（2016年11月。以下「シェアリングエコノミー検討会議中間報告書」という）1頁、同第2次報告書（2019年5月。以下「シェアリングエコノミー検討会議第2次報告書」という）1頁
3　一般社団法人シェアリングエコノミー協会『シェアリングエコノミー活用ハンドブック〔2022年3月版〕』8頁

リングエコノミーの市場規模は、2021年度には 2 兆 4,198億円を記録し、2030年度には14兆2,799億円まで拡大すると予測されている。

このように、シェアリングエコノミーの市場規模が拡大傾向にある中で、その発展により主に下記のような効果が期待されている〔**脚注4**〕。

① 個人の資本参加、柔軟な働き方、企業を含めたキャリア選択肢の多様化

シェアリングエコノミーは、活性化されていない個人の資産や能力の市場化を促すものであり、個人による多種多様なサービス提供を活発化させることが期待される。また、シェアリングエコノミーの普及に伴い、従業員の兼業禁止規定の見直し等、国民の働き方改革につながる可能性がある。

② 新しい需要と供給（体験、選択肢）の創出

シェアリングエコノミーにおいては、従来型サービスとは違った低廉で新しいサービスを個人等が提供するものであり、その特性を理解し価値の協創に貢献する消費者は、新しい体験と選択肢を享受することができる。シェアリングエコノミーを通じて、わが国のさまざまな分野において眠っている潜在的な需要と供給が喚起され、市場が活発化することが期待される。

③ 地域課題、地方創生への貢献

シェアリングエコノミーを活用することにより、地域社会において課題を抱えている人と支援を提供できる人が出会い、頼り合える仕組みを構築し、行政や公共サービスを補完するサービスの提供、高齢者、障害のある人等の支援や新たな就業機会の創出等、地方創生や地域における共助の仕組みの充実につながることが期待される。

公共の遊休資産やシャッター商店街等の有効活用による住民サービスの充実やにぎわいの創出、新たな行政収入の確保、新たな観光資源の開発など、地域のさまざまな資源の活用による新たな地域振興の進

---

4 シェアリングエコノミー検討会議中間報告書 4 〜 6 頁参照。

展も期待される。

このように、シェアリングエコノミーにはわが国に散在する遊休資産やスキル等の有効活用を進めるとともに、潜在需要を喚起し、イノベーションと新ビジネスの創出に貢献する役割が期待されている。

II　債権回収におけるシェアリングエコノミーの可能性

前述 I のとおり、シェアリングエコノミーを活用することにより、個人の保有する資産やスキル等を金銭に変えることが可能になるなど、個人が保有している資産やスキル等をこれまでにないかたちで利用可能な状態にすることが期待できる。

このようなシェアリングエコノミーの発展により期待される効果は、債権回収の関係でも決して無縁とはいえず、むしろこれまでにない新たな債権回収方法の可能性を提示するものとして注目できるのではないかと思われる。

すなわち、シェアリングエコノミーを活用することができれば、これまでにない方法で弁済資金の確保が可能となり、法的倒産を回避することや、債務者の早期の立直りを図ることができるのではないかと思われる（例えば、民泊等のかたちで債務者が有している不動産等を利用して金銭を取得したり、債務者が所有する物をインターネットで売却して金銭を取得したりすることによって、債務の弁済が図られることが想定される）。

そこで、以下では、債権回収の場面において、債権者が債務者に対しシェアリングエコノミーに係るサービスを紹介するなどし、これを受けて債務者が同サービスを利用することで得た金銭により債務の弁済を行うケースを念頭に、法的な観点からの考察を試みる。

なお、本稿では、債権回収の場面において、債権者が提携等の一定の関係を有するシェアリングエコノミーに係るサービスを債務者に紹介等することにより、利用させることを前提としている。

債務者が（債権者とはなんらかかわりなく、債権者のあずかり知らない状態で）自ら単独で、シェアリングエコノミーに係るサービスを利用して、債

権者に弁済を行うようなケースにおいては、現在でも、一般に行われていることが想定されるため、本稿における検討の対象とはしない。

Ⅲ　シェアリングエコノミーを活用した債権回収において生じ得る法的課題

事業者が行う債権回収行為については、民法のもとで行われる行為であり、民法上の法的課題を検討する必要がある。また、事業として債権回収行為を行う場合には、一定の行政法規による規制を受ける場合もある。

そこで、以下では貸金業法やサービサー法等の行政法規の観点からの検討を行った上で、民法等の私法上の観点からの検討を行うことで、これら双方の観点からの検討を試みる。

1　行政法規上の回収規制との関係

まず、債権回収においてシェアリングエコノミーを活用することが、行政法規上の取立行為規制、回収規制に抵触しないかが問題となる。

(1)　行政法規上の回収規制の内容

回収行為の規制がある法令その他の規律としては、主に①貸金業法、②サービサー法、③日本クレジット協会の自主ルールなどがある。具体的には、①については、貸金業法21条1項、貸金業者向けの総合的な監督指針Ⅱ-2-19により取立行為の規制として「人の私生活若しくは業務の平穏を害するような言動」〔**脚注5**〕のほか、同法12条の6第4号により「偽りその他不正又は著しく不当な行為」がそれぞれ禁止されている。②については、サービサー法17条1項において「人を威迫し又はその私生活若しくは業務の平穏を害するような言動により、その者を困惑させてはならない」、同法18条4項において「偽りその他の手段を用いてはならない」旨がそれぞれ定め

5　貸金業者向けの総合的な監督指針Ⅱ-2-19(2)①によれば、「人の私生活若しくは業務の平穏を害するような言動」に該当するかについては、個別の事実関係に即して判断する必要があるとされている。

られている〔**脚注6**〕。③については、包括信用購入あっせんに係る自主規制規則91条により、購入者等を威迫する言動を行うこと（1号）や、購入者等の私生活又は業務の平穏を害する言動を行うこと（2号）などが禁止されている。このように、貸金業者（回収行為について委託を受けた者を含む）、サービサー及びクレジット会社が債権者となって回収行為を行う場合には、これらの法令等のルールに従う必要がある。

⑵　シェアリングエコノミーの活用が行政法規上の回収規制に抵触するか

　これらの法令等の内容を踏まえると、債権回収においてシェアリングエコノミーを活用することが回収行為規制に抵触するかについては、次のような整理が可能であると思われる。

　まず、債務者がシェアリングエコノミーの利用を希望していないにもかかわらず、債権者がその利用を強制するなど、なんらかのかたちでシェアリングエコノミーの利用が強制される場合には、債務者にとっては、自らの望まないかたちで金銭以外の財産処分を迫られることとなり、（最終的には個別の事実関係によるものの）「債務者の私生活の平穏を害する」結果を招き、回収行為規制に違反するおそれがある。

　これに対し、債務者がシェアリングエコノミーの利用を強制されない場合には、回収行為規制に違反するおそれは基本的にないといえる。

⑶　シェアリングエコノミーを活用する場合の実務上の留意点

　もっとも、債務者は、債権者に対して金銭的な債務を負担しており、心理的に従属しやすい関係にあることから、後になって債務者から利用強制がなされた旨の主張がなされないように、あくまで自発的な利用であることを確保するための措置を講ずることに留意すべきと考える。

　なお、債権者が貸金業者、サービサー又はクレジット会社でない場合で

6　併せて、法務省事務ガイドライン3-2⑷において「私生活若しくは業務の平穏を害するような言動」とは、社会通念上私生活や業務の平穏を害するに足りる言動をなすことをいい、同ガイドライン3-2⑺において「偽りその他不正の手段を用いる」とは、債務者の保護に欠け、又は債権の管理若しくは回収の適正を害するような偽計その他の工作を行うことをいうとされている。

あっても、債権者が優越的な立場にあることを踏まえれば、債務者の自発的な利用であることを確保するための措置を講じることが望ましい。

　具体的には、①債権者が債務者に対しシェアリングエコノミーに係るサービスの情報を提供する場合には、単なる案内行為をするにとどめて勧誘等は行わないこと（積極的な勧誘をすると利用強制と評価されるおそれがある）、②債権者が債務者に対して行うシェアリングエコノミーに係る案内行為について、同サービス事業者から手数料その他の対価を受領しないこと（事業者から紹介手数料等を受領していると、利用強制のインセンティブがあると評価されるおそれがある）、③債務者から自発的な利用である旨の明示的な意思表示を受け、その内容を記録化すること、④（シェアリングエコノミーに係るサービスの利用に際しては、債務者及び同サービス事業者との間に新たな契約等が生じることが予想されるため）債権者において、債務者の判断能力が乏しい等の特段の事情がないことを可能な範囲で確認することなどの措置を講ずることが考えられる。

　また、これらの措置の全部又は一部を講じることが困難な場合には、債権

図表14-1　シェアリングエコノミーサービスの紹介（第三者機関を関与させる場合）

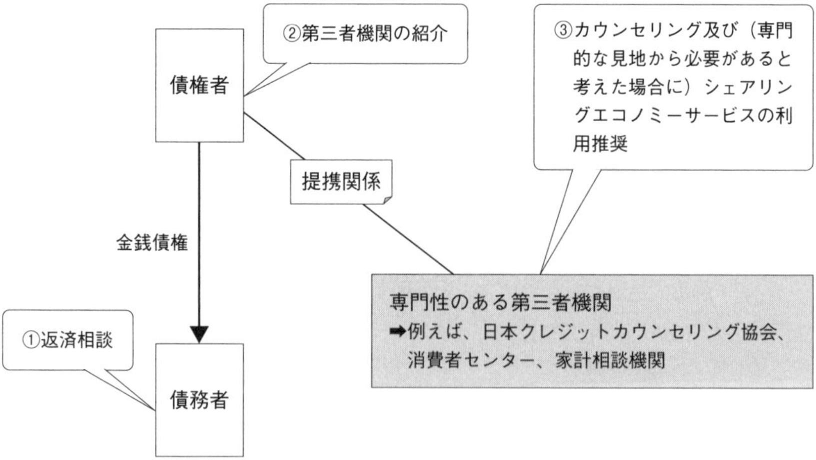

（出典）　筆者作成

者が債務者から返済に関する相談を受けた際に、債権者において、必要に応じて専門性のある第三者機関（例えば、日本クレジットカウンセリング協会、消費者センター、家計相談機関等）を債務者に紹介し、同機関においてカウンセリング及び（専門的な見地から必要があると考えられた場合に）シェアリングエコノミーサービスの利用を推奨するといった次善策を講ずることも考えられる（もとより、前述①ないし④の措置を全て講じることができる場合であっても、専門性のある第三者機関を関与させるのが望ましいことは言うまでもない）。

2 回収行為の委託に該当するか

次に、債務者の延滞状態が長期化している場合には、不良化した債権について、第三者に債権回収業務の委託等を行うことで、これを制限する弁護士法72条、73条や、サービサー法19条1項に抵触しないかが問題となる。

(1) 実務上の留意点

この点について、債務者がシェアリングエコノミーに係るサービスの利用を行い、得られた金銭をもって、債権者に弁済を行うという一連の手続においては、債権者から同サービス事業者に対する債権回収業務の委託とみられることのないように留意する必要がある。

そこで、実務上とり得る措置としては、①債権者からシェアリングエコノミーサービス事業者に対し債権の弁済に関する権限（弁済金の代理受領権等）を付与しない、②債権者が同サービス事業者に対し一定の指示等ができる地位に立たず、またそのような権限を保有させない、③債権者が同サービス事業者との間で、債権回収額に応じて一定の金銭（手数料等）を支払う旨の合意等を行わない、④同サービス事業者において、債権者が保有する債権の金額、弁済期その他の内容を把握し得ないようにする、⑤債務者が同サービスの利用により得られた金銭について、債務者の自由な処分を確保する（少なくとも債権者が債務者の処分を制限できる状態にしないこと）などの全部又は一部の措置を講ずることが考えられる。

⑵ シェアリングエコノミーにより得た金銭を債権者が直接受領する ことの適否

シェアリングエコノミーに係るサービスの利用により得た金銭について、同サービス事業者が債務者の指示を受けて、債権者に直接交付する仕組み（債務者の口座に入金される余地がないなどの場合。これに対し、債務者の口座への入金も可能にする選択肢が確保されている場合には、この限りではない可能性がある）がとられている等の理由により、債務者自らが当該金銭を取得できる手段がない場合には、なお債権回収業務の委託と評価される懸念が払拭できない。

そうすると、シェアリングエコノミーに係るサービスを利用することにより債務者が得た金銭を、債権者及び同サービス事業者が提携等することにより、自動的に債権者が得るような法律構成は避けたほうが無難であると考えられる。

他方で、シェアリングエコノミーサービス事業者の規約等において、債務者から支払先の指図を受けておく（支払先として債権者を指定してもらう）

図表14－2　債務者から支払先の指図を受ける法律構成

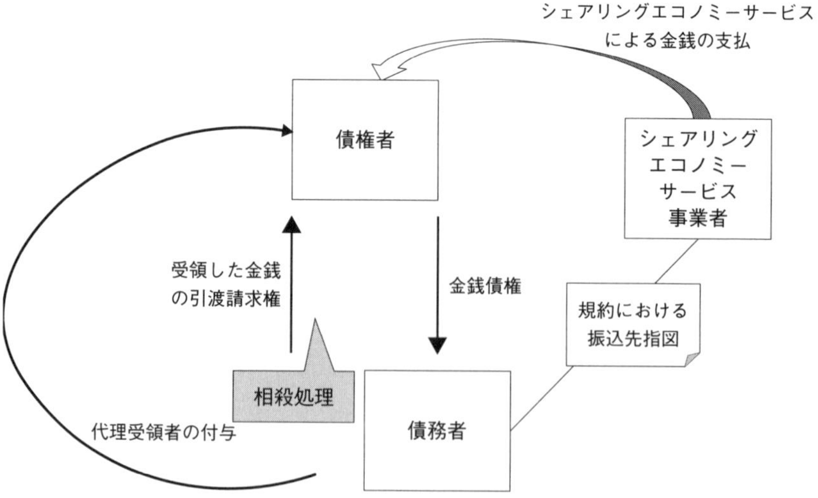

（出典）　筆者作成

という法律構成であれば、（他の措置も併せて講じることで）許容され得るとも考えられる。

そこで、このような場合には、前述(1)の①ないし⑤に加えて、⑥シェアリングエコノミーサービス事業者により、同サービスの提供に先立ち、債務者に対して、同サービスの利用により得られた金銭については、債務者自らが指示を行うことにより、債権者に直接交付が行われることが利用条件となっている旨を、あらかじめ債務者に十分に周知、理解させる措置が講じられていることも必要であると考えられる。

(3) 補論——代理受領権付与・支払先指図の構成と為替取引

2020年の資金決済法の改正により、代理受領権の付与を受けて債権を消滅させる行為の一部（いわゆる「収納代行」として実施されている行為）についても「為替取引」に該当することが明確化されることとなった。具体的には、「支払を行う者から弁済として資金を受け入れ……当該受取人に当該資金を移動させる行為であって……受取人が個人であることその他の要件……を満たすもの」は、為替取引に該当することとなった。

本件の場合には、受取人が個人の場合も想定されることから、為替取引に該当するおそれも皆無ではないものの、債権者が受け取った資金の移動を行わないため（その後に相殺の処理を行うのみである）、なお、為替取引に該当しないと評価できるものと考えられる。

3　弁済効の生じる時期

さらに、債務者がシェアリングエコノミーに係るサービスを利用することにより、自らの資産を利用して金銭を得る場合に、債権者との関係では、どの時点で弁済が行われたものと考えるべきかが問題となる。特に、同サービス利用の場面においては、①債務者による同サービス利用、②債務者等による金銭等の取得、③債務者への弁済という行為が一連のものとして行われる場合があり、弁済効の生じる時期が問題となり得る。

(1) 原　則　論

最終的には、債権者が有している金銭債権の内容によることになるもの

の、民法上は持参債務の原則がとられており、債権者の現在の住所において弁済を行う必要がある（民法484条1項後段）。

　また、一般的に、金融債権については、約定上、債権者の指定する預金口座への振込入金が必要とされており、債務者がシェアリングエコノミーに係るサービスの利用により得た金銭を利用して、債権者口座に対する支払を行い、同債権者口座に着金した時点で弁済効が生じることになる。

　同様に、債務者がシェアリングエコノミーサービス事業者に対して、債権者口座への支払先の指図を行っている場合には、同サービス事業者により債権者口座に支払が行われ、同債権者口座に着金した時点で弁済効が生じる。

(2)　例外論——原則論の修正可能性（消極）

　前述(1)の原則論に対し、債権者がシェアリングエコノミーサービス事業者に対し自らにかわって弁済金を受領する権限（弁済金の代理受領権）を付与することにより、同事業者が債務者から一定の金銭を受領した時点に弁済効を生じさせることも理論上は可能である。

　しかしながら、このような法律構成をとる場合には、前述2(1)①のとおり、債権者からシェアリングエコノミーサービス事業者に対し債権の弁済に関する一定の権限を付与しているということになり、債権者から同サービス事業者に対する債権回収業務の委託が行われていると評価される懸念が払拭できない。

　したがって、できる限りこのような法律構成をとること自体を避けるのが望ましいと考えられる。

4　時効障害事由に該当するか

　最後に、債務者がシェアリングエコノミーに係るサービスを利用した場合に、時効障害の事由に該当するかどうかが問題となり得る。

　より具体的には、上記サービスの利用行為は、支払うべき債務があることを前提とした行為であり「権利の承認」（民法152条1項。いわゆる債務承認）として、時効更新の効力が認められるかが問題となる。

⑴ 原 則 論

「権利の承認」とは、時効の利益を受けるべき者（債務者）が、時効によって権利を失う者（債権者）に対して、その権利の存在を認識していることを示す行為をいう（なお、時効を更新しようとする意思は不要である。大判大正8・4・1民録25輯643頁）。そして、債務者が債権者（又はその代理人）に対し支払うべき債務の存在を認識している旨を表示することが必要である（大判大正5・10・13民録22輯1886頁、同6・10・29民録23輯1620頁）。

そこで検討すると、シェアリングエコノミーに係るサービス利用の事実については、同サービス利用の意思表示はサービス事業者に対して行われるものであって、債権者に対して行われるものではないから、同サービス利用の事実のみでは「権利の承認」があったとは認め難いものと考えられる。

⑵ 原則論を踏まえた実務上の対応

前述⑴のとおり、シェアリングエコノミーに係るサービス利用の事実のみでは、「権利の承認」があったとは認め難いものと考えられることから、承認による時効の更新の効果を得るためには、一定の工夫が必要となる。

この点について、実務上とり得る対応としては、①債務者から代理受領権の付与を受ける際に、支払の対象となる債務を指定してもらうことで債務承認とする、②債務者がシェアリングエコノミーサービス事業者に対し振込先の指図をする際に、具体的な債務の特定をした指定をしてもらい、同事業者が債務者の使者として債権者に連携するといった対応が考えられるところ、実現可能性があるのは②と思われる。

Ⅳ　ま と め

以上によれば、債権回収においてシェアリングエコノミーを活用するに当たっての留意点については、次のようにまとめることができる。

まず、前述Ⅲ1のとおり、サービスの前提条件として、債務者の自発的な利用であることが確保されていなければならず、できる限り専門性のある第三者機関を関与させることが望ましいといえる。

また、前述Ⅲ2のとおり、その利便性を考えれば、債務者の指示を受けて、債権者口座への支払がされることが望ましいといえる一方で、債権回収の委託とならないように各種の措置を講ずることが重要である。

　そして、前述Ⅲ4のとおり、シェアリングエコノミーに係るサービス利用の事実のみでは、時効の更新の効果は生じ難いことから、債権者において一定の工夫が必要となる。

15 | デジタルマネーでの債務弁済

Q ① デジタルマネーとは何か。
② デジタルマネーによる債務弁済はできるか。
③ デジタルマネーによる債務弁済を実施する際の実務上の留意点は何か。

A ① 昨今「デジタルマネー」と呼ばれる資産には、種々のものがあるが、代表的なものとして以下のようなものがある（このほかステーブルコイン〔脚注1〕等もあるが、紙幅の関係上触れない）。

① 前払式支払手段

② 資金移動マネー（資金移動業における電子マネーをいう。以下同じ）

③ 企業ポイント

④ 暗号資産

② デジタルマネーでの貸金債務の弁済（円建ての債務の弁済に限る）については、実体法上は代物弁済（民法484条）や履行方法に関する特約を合意することによって許容可能であるが、各種の金融規制法との関係に留意する必要がある。

③ 代物弁済による返済の受入れを行うこととの関係で、実体法、規制法との関係での一定の手当が必要となる。

---

1 法令等において「ステーブルコイン」を定義するものはないが、一般に、特定の資産（法定通貨や、金や石油といった法定通貨以外の資産など）と連動することによって、その価値の安定が図られるデジタル資産をいう。「電子決済手段」（資金決済法2条5項）もこれに含まれる。

I　デジタルマネー

いわゆるデジタルマネーには、さまざまなものが存在するが、本稿では、現時点において、実社会において広く利用される①前払式支払手段、②資金移動マネー、③企業ポイント及び④暗号資産について検討することとする。以下では、これらのデジタルマネーについて、法令上の定義等に加えて、これら課されている金融規制について概観する。

1　前払式支払手段

(1)　定　　義

資金決済法上、前払式支払手段とは、次に掲げるいずれかのものをいう（資金決済法3条1項）。

(i)　金額表示の前払式支払手段（資金決済法3条1項1号）

証票、電子機器その他の物（証票等）に記載され、又は電磁的方法により記録される金額に応ずる対価を得て発行される証票等又は番号、記号その他の符号（電子的方法により証票等に記録される金額に応ずる対価を得て、当該金額の記録の加算が行われるものを含む）であって、発行者又は発行者が指定する者（発行者等）から物品を購入し、若しくは借り受け、又は役務の提供を受ける場合に、これらの代価の弁済のために提示、交付、通知その他の方法により使用することができるもの

(ii)　数量表示の前払式支払手段（資金決済法3条1項2号）

証票等に記載され、又は電磁的方法により記録される物品又は役務の数量に応ずる対価を得て発行される証票等又は番号、記号その他の符号（電磁的方法により証票等に記録される物品又は役務の数量に応ずる対価を得て、当該数量の記録の加算が行われるものを含む）であって、発行者等に対して、提示、交付、通知その他の方法により、当該物品の給付又は当該役務の提供を請求することができるもの

(2)　要　　件

上記の定義を分析すると、次の三つの要件を備えるものが資金決済法上の

前払式支払手段に該当することになる。

　　① 金額等の財産的価値が記載又は記録されていること（価値の保存）

　　② 金額又は数量に応ずる対価を得て発行される証票等、番号、記号その他の符号であること（対価発行）

　　③ 代価の弁済等に使用されること（権利行使）

(3) 規制の概要

　前払式支払手段に該当する場合には、資金決済法により、主として、次のような規制が課される。

　　① 発行者の氏名、利用可能金額、有効期限等一定の事項についての情報提供義務（資金決済法13条）

　　② 未使用残高の2分の1以上の金額の保全（供託等）義務（資金決済法14条から17条まで）

　　③ 払戻し禁止（資金決済法20条）〔脚注2〕

2　資金移動業・資金移動マネー

(1) 定　　義

　資金移動業とは、銀行等以外の者が為替取引を業として営むことをいう（資金決済法3条2項）。

　資金決済法3条2項にいう「為替取引」は銀行法2条2項2号にいう「為替取引」と同義であるとされるが、いかなる取引が「為替取引」に該当するかついて、法令上の定義は存在しない。しかし、「為替取引を行うこと」の意義については、刑事事件の判例上、「銀行法2条2項2号にいう「為替取引を行うこと」とは、顧客から、隔地者間で直接現金を輸送せずに資金を移動する仕組みを利用して資金を移動することを内容とする依頼を受けて、これを引き受けること、又はこれを引き受けて遂行することをいう」との判断が示されており（最決平13・3・12刑集55巻2号97頁）、実務上、為替取引該当性を判断する際には、当該判例が参照されている。

2　換金（払戻し）が自由にできる電子マネーは、前払式支払手段として発行することはできない（金融庁事務ガイドライン（前払式支払手段発行者関係）I-1-1(2)）。

したがって、実務上は、同判例が示す為替取引の内容に照らし、為替取引に当たるかどうかを判断することとなる。

⑵　資金移動マネー

換金（現金としての引出し、払戻し）が可能な電子マネーは、商品等の購

図表15－1　資金移動業の種別ごとの規制内容

類型	送金上限（資金決済法36条の2）	ライセンス取得の手続（資金決済法37条、40条の2）	滞留規制（資金決済法51条〜51条の2）	履行保証金の保全（資金決済法43条〜45条の2）
第一種資金移動業	上限なし（100万円超可）	認可（資金移動業の登録＋業務実施計画の認可）	資金の受入れの際の具体的な送金指図の要求と即時送金	各営業日の要履行保証額（未達債務額＋還付手続費用）につき、供託、履行保証金保全契約又は履行保証金信託契約による保全
第二種資金移動業	100万円以下	登録	受入資金が100万円を超える場合における受入資金と為替取引との関連性確認＋為替取引に無関係な資産の払出し等	1週間以内の要履行保証額の最高額につき、供託、履行保証金保全契約又は履行保証金信託契約による保全
第三種資金移動業	5万円以下	登録	5万円を超えた債務負担の禁止	1週間以内の要履行保証額の最高額につき、上記三つの方法に加え、分別した預貯金等での管理による保全が可能

（出典）　片岡総合法律事務所編『金融法務の理論と実践―伝統的理解と先駆的視点』（有斐閣、2023）378頁をもとに筆者作成。

入の際に利用されるだけでなく、送金目的で利用することも可能であるから、換金が可能な電子マネーに関する取引は、上記の判例に照らし「為替取引」に該当し、銀行等以外の者が業としてかかる取引に関するサービスを提供することは、資金移動業に該当する。

したがって、換金が可能な電子マネーについては、いわゆる資金移動マネーとして、資金移動業についての規制に服することとなる。

(3) 規制の概要

資金移動業は、1回当たりの送金可能金額に応じて三つの種別（第一種から第三種資金移動業）に分かれており、ライセンス取得の手続や利用者からの資金の受入金額及び保全等につき、それぞれ異なる規制を受ける（種別ごとの規制を表にまとめると、おおむね図表15−1のとおりとなる）。

いずれの種別の資金移動業においても、利用者に対し、銀行等が行う為替取引との誤認を防止するための説明や標準履行期間、手数料、苦情相談窓口、契約期間等の情報提供が必要となる（資金移動業に関する内閣府令28条、29条）。

さらに、10万円を超える送金やアカウントの作成等一定の取引を行うに際しては、犯収法に基づく取引時確認が必要となる。

また、国外送金を行う場合は、外為法、国外送金等調書法及びマイナンバー法等の遵守が求められる。

3 企業ポイント

(1) 定 義

企業ポイントの法的性質については、各種ポイントについての規約の内容により異なり、さまざまなものが想定されることに加え〔**脚注3**〕、現時点までに法規制の対象とはなっていないため、一元的な定義を行うことは困難であるが、ここでは、企業が対価を受けることなく発行し（対価を受ける場合には、前払式支払手段等への該当性が問題となる）、利用者が保有し、サー

---

3 企業ポイントの法的性質と消費者保護のあり方に関する研究会報告書

ビスや物品の購入に際して利用し得る一種の財産的価値を有する記号、番号等の情報を「企業ポイント」とする。

⑵ 規制の概要

企業ポイントの発行については、その発行者が対価を受けて発行するものでない限り、資金決済法における規制に服するものではない。

また、企業ポイントが「景品類」（景品表示法2条3項）に該当する場合に、その付与の上限に関する規制（総付告示1項）が存在するほかには、その発行についての規制も特段存在しない〔**脚注4**〕。

4 暗号資産

⑴ 定　　義

暗号資産は、資金決済法上、次の①又は②のいずれかに該当するもの（金融商品取引法上の電子記録移転権利を表示するものを除く）と定義されている（資金決済法2条5項）。

① 物品を購入し、若しくは借り受け、又は役務の提供を受ける場合に、これらの代価の弁済のために不特定の者に対して使用することができ、かつ、不特定の者を相手方として購入及び売却を行うことができる財産的価値（電子機器その他の物に電子的方法により記録されているものに限り、本邦通貨及び外国通貨並びに通貨建資産〔脚注5〕を除く）であって、電子情報処理組織（インターネット）を用いて移転することができるもの（1号暗号資産）

4　もっとも、正常な商慣習に照らして、値引と認められる経済上の利益は景品類に含まれない（定義告示1項但書）とされており、例えば、1ポイント1円などとその価値が明示され、自社／他社における値引に用いることができるポイントについては、原則として「値引」に該当し、上限に関する規制の適用がないものとされている。この点につき、「企業ポイントの法的性質と消費者保護のあり方に関する研究会報告書」30～31頁を参照。

5　ここでは、「通貨建資産」とは、「本邦通貨若しくは外国通貨をもって表示され、又は本邦通貨若しくは外国通貨をもって債務の履行、払戻しその他これらに準ずるものが行われることとされている資産」をいい、「通貨建資産をもって債務の履行、払戻しその他これらに準ずるものが行われることとされている資産」も通貨建資産とみなされる（資金決済法2条6項）。

② 不特定の者を相手方として1号暗号資産と相互に交換を行うことができる財産的価値（電子機器その他の物に電子的方法により記録されているものに限り、本邦通貨及び外国通貨並びに通貨建資産を除く）であって、電子情報処理組織（インターネット）を用いて移転することができるもの（2号暗号資産）

暗号資産は、その発行及び流通において、中央管理者が不必要であることを特徴としており、上記の定義においても、発行者の存在は必ずしも想定されていない。また、「不特定の者に対して」（①）及び「不特定の者を相手方として」（②）、使用、購入若しくは売却又は交換ができるものと定義されることからもうかがうことができるように、加盟店（電子マネーの発行者又はその提携者が指定する者）においてのみ利用が可能である電子マネー（前払式支払手段や資金移動マネー）とは区別される（事務ガイドライン（暗号資産交換業者関係）Ⅰ−1−1②（注）及び③参照）。

暗号資産については、さまざまな銘柄のものが市場流通しているところであるが、他のデジタルマネーとの比較において特筆すべき点は、その価格変動の大きさである。暗号資産による債務弁済の受入れを検討する場合においては、法律上受入可能かという点に加えて、価格変動リスクにどのように対処するかという点について検討する必要がある。

(2)　規制の概要

暗号資産に関して、以下の①〜④のいずれかの行為を業として行うことは「暗号資産交換業」（資金決済法2条15項柱書）に該当することとされており、かかる業を行う者は内閣総理大臣の登録を受けることを要する（資金決済法63条の2）。

① 暗号資産の売買又は他の暗号資産との交換（同法2条15項1号）

② 暗号資産の売買又は他の暗号資産との交換の媒介、取次ぎ又は代理（同法2条15項3号）

③ 上記①又は②の行為に関して、利用者の金銭の管理をすること（同法2条15項4号）

④ 他人のために暗号資産の管理をすること（同法2条15項4号）

また、資金決済法上、暗号資産交換業者に対しては、利用者に対して一定の説明及び情報提供を行う義務（資金決済法63条の11第1項、交換業府令21条及び同令22条）、利用者財産の分別管理義務（資金決済法63条の11第1項及び第2項）及び利用者財産の管理状況について外部監査を受けるべき義務（同法同条3項）、その他の各種規制が課されているほか、不適切な暗号資産を取り扱わないための措置を講ずることが求められている（交換業府令23条1項5号）。

　さらに、暗号資産交換業のアカウント開設、1件当たり10万円を超える暗号資産の交換等一定の取引を行うに際しては、犯収法に基づく取引時確認が必要となる。

Ⅱ　デジタルマネーによる債務弁済の可否

1　デジタルマネーによる弁済を受け入れる意義

　デジタルマネーについては、キャッシュレス社会の進展とともに、さまざまな商品・サービスへとその利用範囲を広げており、従来の社会における金銭と同様の機能を果たすに至っている。昨今のこのような現状に照らせば、貸金やクレジットといった金融サービスに係る債務の弁済の局面においても（他の商品・サービスにおけるのと同様に）デジタルマネーを利用することについて、利用者側に一定の期待・ニーズがあると考えられる。

　また、その反面として、デジタルマネーによる債務の弁済を受け入れることが、金融商品の競争力の向上に資するほか、回収率の向上にも資することが期待できる。

2　検討すべき問題点

　デジタルマネーによる弁済の受入れの可否を検討するに当たっては、①民法上の弁済のルールに照らして、デジタルマネーによる弁済がどのように位置づけられるか（実体法上の整理）、及び②実体法上の整理が可能であることを前提として、各デジタルマネーに適用される規制法との関係で、そのよ

うな利用方法が可能か（規制法上の整理）がそれぞれ問題となる。

　以下では上記①及び②を順に検討するが、その検討に当たっては、日本円による金銭消費貸借契約に係る貸金返還債務（以下単に「貸金債務」という）を前提とする。

3　①実体法上の整理

(1)　民法上の弁済のルール

　金銭消費貸借契約は、金銭の貸付を受け、それと同額（利息の特約（民法589条1項）がある場合には、利息が加わることとなる）の金銭を返還する契約であるため、貸金返還請求権の目的物は金銭である。

　そして、金銭債務については、特約がない限り、債務者は、その選択に従い、「各種の通貨」をもって弁済をすることができる（民法402条1項本文）。ここで「通貨」とは、貨幣及び日本銀行法46条1項の規定により日本銀行が発行する銀行券を意味する（通貨の単位及び貨幣の発行等に関する法律2条3項）。

　したがって、貸金債務の債務者は、債権者から受け取った金銭について、特約がない限り、「通貨」すなわち貨幣及び日本銀行法46条1項の規定により日本銀行が発行する銀行券をもって返済をすべきこととなる。これは、同じく金銭債務である利息（民法589条）や遅延損害金（民法415条1項本文）の支払についても同様である。なお、通貨をもって返済をする際には、原則として債権者の住所にそれを持参するのが民法上の原則である（民法484条1項）が、事業者に対する貸金債務については、銀行振込や銀行口座からの引落し（以下「銀行振込等」という）により返済を行うべきことが合意（債務の履行方法についての特約と位置づけられる）されていることが通常である。

　以上を踏まえると、貸金債務については通常、「通貨」を「銀行振込等」により支払うことが、債務の本旨に従った弁済として想定されていると考えられる。

(2) デジタルマネーによる弁済

　貸金債務の弁済に関する民法上の整理については上述したとおりであるが、デジタルマネー（前払式支払手段の残高、資金移動マネー、企業ポイント並びに暗号資産）については、いずれも貨幣及び日本銀行が発行する銀行券ではないことから、「通貨」には該当しない。

　このため、貸金債務の発生原因たる金銭消費貸借契約上、当然には、デジタルマネーによる貸金債務の弁済を行うことはできない。

　もっとも、デジタルマネーについては、それぞれの私法上の性質について、どのような見解をとるとしても、一種の債権又は契約上の地位として財産的価値が認められることに争いはなく、「通貨」の支払に代えて行う「他の給付」として、デジタルマネーにより支払を行うとの代物弁済契約（民法482条）を締結することが可能である。以上のとおり、私法上の整理としては、代物弁済における「他の給付」としてデジタルマネーによる支払を約定することで、デジタルマネーによる代物弁済を受け入れることが可能と考える。

　他方で、資金移動マネーについては、次のような理由から、消費貸借契約とは別契約である代物弁済の合意をするまでもなく、債務の履行方法に係る変更合意のみによって、貸金債務の返済に用いることができると考えられる。

　すなわち、資金移動業（資金決済法2条2項）については、銀行等以外の者が為替取引を業として営むものであり、いわゆる送金サービスとして、資金を移動することについての委任又は準委任として理解されている。そして、移動した資金については、通貨による引出し、払戻しが可能であるから、資金移動マネーは、資金移動業者が資金移動のために保管する「通貨」そのものであり、資金移動マネーで貸付金を返済することは、銀行振込による場合と同様、「通貨」をもって貸付金を返済するものと位置づけられる。

　したがって、履行方法についての合意（特約）により受け入れることが可能であり、代物弁済契約といった特別な法律構成は不要と考えられる。

4 ②規制法上の整理

(1) 前払式支払手段

　実体法上の整理としては、上述のとおり、貸金債務について、前払式支払手段による代物弁済を合意することが可能と解される。しかしながら、規制法上の整理については、実務上の障害がある状況にある。

　具体的には、前払式支払手段については、払戻禁止の規律（資金決済法20条5項）が存在するため、代物弁済における「他の給付」として前払式支払手段を受領した後、前払式支払手段を通貨に変換できない（金銭化することができない）との問題がある。

　この点を詳述すると、前払式支払手段による代物弁済を受け入れる場合の法律構成としては、以下の二つが想定される。

　①　前払式支払手段の利用者として、前払式支払手段の残高の移転（譲渡）を受けるとの構成

　②　前払式支払手段の加盟店となり自己の商品・サービスについての対価の支払として受け入れる（その後、前払式支払手段の発行者との間で金銭による精算を行うこととなる）構成

　そして、前払支払手段については払戻しが禁止されている（資金決済法20条5項）ため、受領した前払式支払手段を、最終的に金銭化するためには、まず、上記②の構成をとることができるかどうかを検討する必要がある。

　しかしながら、②の構成を前提とする場合において、貸付金の返済を、商品やサービスの対価の支払と評価することは困難であるから、貸付金の返済に前払式支払手段を用いることは、前払式支払手段の要件のうち、「……代価の弁済のため」（資金決済法3条1項1号）という権利行使の要件を満たさないものと考えられる〔**脚注6**〕。

6　そして、権利行使の要件を満たさない借入金の返済について前払式支払手段の利用を認めた場合には、前払式支払手段の発行者たる第三者が、隔地者間（貸金の債権者及び債務者との間）で直接現金を輸送せずに資金を移動する仕組みを利用して資金を移動することを内容とする依頼を受けて、これを引き受け、又はこれを引き受けて遂行するものとして、必要な登録を得ずに、為替取引を行うものと評価される懸念が生ずることとなる。

また、債権者（銀行や貸金業者など）が加盟店となることが許され、前払式支払手段を金銭消費貸借の弁済に利用できるとすると、前払式支払手段の利用者は、貸付を受け現金の交付を受けた後直ちに前払式支払手段で貸金債務を返済することで、事実上前払式支払手段の残高を現金化することができることとなり、この点をもって、払戻しを禁止する法の潜脱とされるおそれも否定できない。

　以上のことから、前払式支払手段による貸金債務の代物弁済を受ける場合には、受領した前払式支払手段を金銭化しないという制約のもとで、①前払式支払手段の利用者として、前払式支払手段の残高の移転（譲渡）を受けるという法律構成を採用することとなる。

　なお、以上は金融規制法との関係についての検討であり、上記①の構成による場合においては、個々の前払式支払手段のサービス内容との関係で制約がないか（サービス利用規約等においてこのような利用が許容されているか）等については別途検討を要する。

(2)　資金移動業

　資金移動マネーについては、上述のとおり、代物弁済ではなく履行方法の合意をすることで貸金債務の返済場面における受入れが可能となる。この場合においては、資金移動業者としては、貸金債務の債務者から債権者への資金の移動という、資金決済法上予定された為替取引を遂行するものであるから、資金決済法その他金融規制法上の特段の問題は生じないものと考えられる。

　なお、資金移動マネーによる貸金債務の返済を受け入れる場合、資金移動業者との契約締結により、アカウントの開設を行っておく必要がある点に留意すべきである。

(3)　企業ポイント

　企業ポイントが金融規制法による規律の対象とされていない点については上述したとおりであり、金融規制法上特段の問題は生じないものと考えられる。

　なお、企業ポイントによる代物弁済を受け入れた後、受領した当該ポイン

トを金銭化するためには、あらかじめ、当該ポイントの発行者との間で契約を締結しておく必要がある点に留意すべきである。

(4) 暗号資産

暗号資産については、暗号資産の交換等（売買又は他の暗号資産等の交換若しくはこれらの行為の媒介、取次又は代理）を業として行うことは「暗号資産交換業」（資金決済法 2 条15項）に該当するため、「暗号資産交換業者」（資金決済法 2 条16項）としての登録が必要となる。

この点、代物弁済における「他の給付」として暗号資産を受領することが暗号資産の売買に該当するかが一応問題となるものの、金銭の貸付を受ける時点において、ごく短期間での暗号資産による弁済が予定される場合など、代物弁済の形式をとって暗号資産の売買が行われるような場合は格別、単に弁済手段の一つとして暗号資産が認められているにすぎない場合については、「暗号資産の売買」を行うものではないと考えることが可能ではないかと思われる。

なお、受領した暗号資産を金銭化するためには、登録暗号資産交換業者との取引を行う必要がある。

III　実務上の留意点

IIにおいて検討したとおり、前払式支払手段、企業ポイント及び暗号資産については貸金債務の債務者との間で代物弁済の合意をすることで、資金移動マネーについては履行方法の合意をすることで、貸金債務の返済における受入れが可能と考えられる。

以下では、上記構成による受入れを行う場合において実務上留意しておくべきと考えられる点について取り上げる。

1　代物弁済による受入れに関して

代物弁済契約については、「債務者の負担した給付」（すなわち、本来想定されていた給付）にかえて「他の給付」をすることにより債務を消滅させる

契約であり、本来行うべき給付と「他の給付」とが経済的に等価であることが法律上の要件とはされていない。このため、代物弁済における「他の給付」の価値が貸金債権残高よりも低い場合においては、貸金債務の一部（給付するデジタルマネー相当額）についての代物弁済である旨を明確にして合意する必要がある。

仮にかかる合意なくして代物弁済契約が締結され、デジタルマネーの給付が行われた場合には、給付されたデジタルマネー相当額が貸金債権残高よりも小さいとしても、貸金債務全体が消滅することになる〔**脚注7**〕。

なお、資金移動マネーについては、代物弁済ではなく履行方法の合意の法律構成による受入れが可能であるため、上記の問題は生じない。

2 貸金業法との関係

貸金債務に係る債権者が貸金業者である場合については、貸金業法の規律に従い、一定の対応が必要となる。すなわち、債務者との間で代物弁済の合意をすることにより、貸金債務の「返済の方法」（貸金業法17条1項後段、貸金業法施行規則13条2項2号ロ又は貸金業法17条2項後段、貸金業法施行規則13条4項1号ロ）が変更されることとなるため、重要事項変更時書面（貸金業法17条1項後段、同条2項後段）の交付が必要になる。

また、代物弁済により貸金債務が消滅した場合においては、貸金債務が「弁済以外の事由で消滅したとき」（貸金業法施行規則16条1項5号）に該当するため、代物弁済により消滅した旨を業務帳簿（貸金業法19条）に記載し、保存する対応が必要となる。

7　大判昭和5・5・30法律新聞3134号9頁も参照。

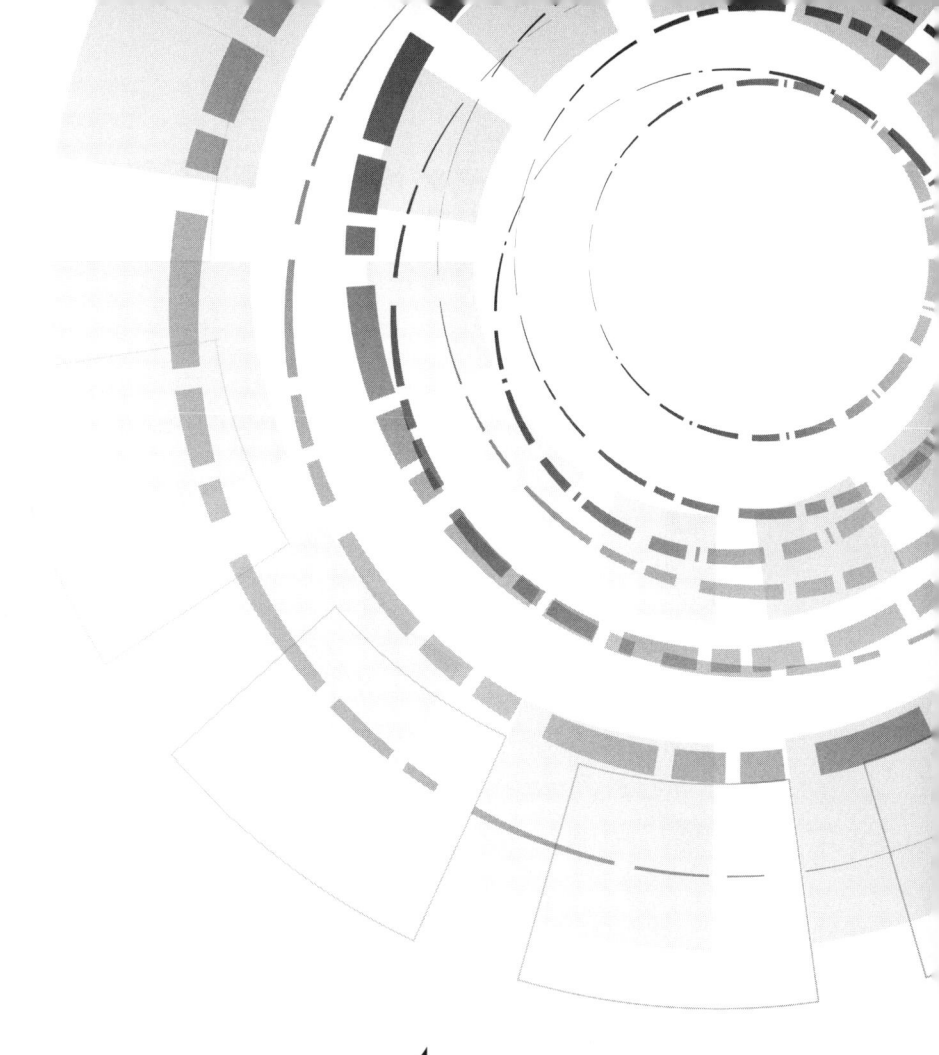

第4章

各　論 ③
──債権回収（法的回収・法的手続）

16 不良債権ネット市場の創設可能性と、当該市場を利活用した債権売却による債権回収の可能性

Q
1. 現在不良債権の譲渡はどのように行われているか。
2. 不良債権を売買するネット市場を開設した場合のメリットとデメリットは何か。
3. 不良債権ネット市場を創設して、債権売買を行うことの実現可能性はあるか。

A
1. 金融機関や貸金業者、カード会社等によるバルクセールが頻繁に行われているが、取引の方法としては、売り手と買い手による相対取引や売り手側が譲渡候補を募集して実施する競争入札方式によって譲渡がなされている。
2. 取引機会の増加、債権譲渡価格の適正化といったメリットが考えられる一方、買い手にとっては競争相手の増加により債権譲渡価格の上昇といったデメリットが考えられる。
3. 市場として機能するためにはいくつかの課題がある。また、法的には弁護士法に抵触しないか問題となり得る。

I 現在不良債権の譲渡はどのように行われているか

1 開かれた市場の不存在

　市場とは、特定の物品や有価証券が定期的に取引され、その需要と供給の関係によって価格決定の働きをする場所をいうが、譲渡可能な商品であり、その流通量が多いものについては既に取引市場が存在することが多い。生鮮水産物の卸売市場や株式の証券取引所が有名である。中古自動車については業者間取引のほぼ全てがオークションを通じて行われている。中古自動車の

オークションは、自動車メーカーの関連会社や中古車販売店の業界団体のほか民間事業者も参入している。

　しかし、現時点において、不良債権を有する者が債権譲渡を希望する場合、自ら売却先を探す、売却先を紹介してもらう、入札を実施して入札参加者を募る、ファイナンシャル・アドバイザー（FA）等に譲渡手続を委託する、買い手からの売却打診を待つといった方法しかなく、だれしもが参加可能な開かれた債権譲渡市場は準備されていない。

　民間事業者が行っているサービスとして、債権者にとって不要となった債権を譲り受け、それに伴う手数料を受領する、それによって売り手は不要な債権を貸借対照表から除外できる（オフバランスの実現）といったものがある。このようなサービスは、債権の価格自体はきわめて低額に設定され、事業者が相応の手数料を受領することによって実現しているものであり、複数の売り手と買い手が参加して債権の譲渡価格が決まるような債権譲渡市場といえるものではない。

2　取引の方法

(1)　相対取引

　現在、債権譲渡を行う場合において多く取り入れられているのは、売り手と買い手が1対1の関係で取引をする相対取引である。取引の契機としては、債権譲渡を希望する者がサービサー等の債権を買い受ける者に打診をしたり、サービサー等が金融機関などに対して営業を行ったりして取引に至ることが考えられる。

　また、サービサーの中には、金融機関等が不良債権の受け皿として債権回収や債権譲渡を行うために子会社等として設立した法人があり、そういったサービサーでは特定の金融機関等との間で日常的に相対取引がなされている。

　相対取引は、相手方の特性を踏まえて取引相手を選べることや、債権譲渡金額や取引条件を個別に協議・決定できることが特徴である。売り手側としては、債権譲渡をしてしまえばそれで終わりというわけではなく、売却した

後にどのような管理回収行為がなされているかということも自社の評判に影響する。債権譲渡後の管理回収の評判がよくなかったり、買い手側が法的問題を生じさせたりするなどすれば、結果的に売り手自身や売り手側の金融商品の評価が悪くなることもある。

そういったことから、債権譲渡をする側としては、債権の買い手がどのような相手かということは大きな関心事項であり、相対取引であれば相手を自由に選択できるというメリットがある。

買い手側としても、売り手が取り扱う債権の種類や債権資料の完備状況、譲渡前の管理回収状況等を勘案して、取引する相手を選ぶことができるというメリットがある。

このような相対取引であれば、対象とする債権内容、債権譲渡価格、受け渡す資料の種類や時期、譲渡通知の方法、買戻しの条件、譲渡のスケジュールその他の取引条件を個別に定めることができ、当事者双方が要望する内容を網羅的に取り込むことができる。

(2) 競争入札方式

現在、債権譲渡の場面で用いられている競争入札方式は、第三者が入札を主催するものではなく、売り手が入札参加者を募り、それに応じたサービサー等が入札を行い、開札の結果、債権譲渡先が決せられるというものである。

売り手が各種事務作業をファイナンシャル・アドバイザー（FA）等に委託して、それらの者が売り手にかわって入札事務を行うことはあるが、売り手から独立した第三者が入札を主催しているわけではない。

裁判所が実施する競売と同様に最高価格を提示した者が譲渡先として選定されることが多いため、入札者としては他社よりも高い金額で入札して落札しようと試みる結果、譲渡価格が引き上げられることになる。

そのような事情から、少しでも高い金額で債権譲渡をしたい場合に売り手が競争入札を実施することが多い。買い手として入札する側も譲渡の機会が公平に与えられるというメリットがある。

競争入札には、フルビッド方式とチェリーピック方式があり、フルビッド

方式は、譲渡対象債権全体の合計金額が最高額であった者が落札者となって債権を譲り受けるもので、これに対してチェリーピック方式は、債務者単位で最高額をつけた者が落札者となって債権を譲り受けるものであり、これによると複数の落札者が出てくることがある。不動産担保付債権においては、フルビッド方式もチェリーピック方式も採用されているが、無担保小口債権においてはフルビッド方式が採用されることが多い。

Ⅱ　不良債権を売買するネット市場を開設した場合のメリットとデメリット

1　メリット

(1)　流　通　性

前述Ⅰのとおり、現時点において債権譲渡を行うための開かれた市場は存在せず、売り手が債権譲渡を希望する場合、買い手となる者と交渉をして相対取引を実施するか、競争入札を実施するほかない。不良債権市場が開設されれば、債権譲渡を希望する者は、譲渡の相手先を自ら探すことなく取引が可能であるし、自ら若しくはFA等に委託して競争入札を実施する必要もなくなる。

買い手側にとっても、これまでは営業担当者が債権の売り手となり得る債権者へ足を運んで営業活動を行って債権譲渡の実現につなげてきた手間が省けることになり、営業活動に割かれていた人的資源を債権回収分野等の他の活動に割り当てることができるようになる。

このような市場の登場により、売り手も買い手も取引の機会が増大することになり、ビジネスチャンスが増えることになる。新たに構築された債権譲渡のネット市場が債権譲渡のプラットフォームとして機能すれば、債権の取引量が増加して、更に市場参加者も増加するという好循環を迎えることができる。債権譲渡のネット市場ができることによって、これまで債権回収を自前で実施していた債権者が債権譲渡をするようになったり、そもそも債権回収を十分に行っていなかった債権者に対して債権回収の手段を提供できるよ

うになったりすることが考えられる。

(2) 迅速性

債権譲渡を行う場が物理的に存在する現実の市場ではなく、ネット市場で行われることになれば、市場参加者は自ら現実の市場に足を運ぶ必要もないため、参加者にとって便宜的であるし、迅速な売買も可能となる。

また、商品の市場であれば、当該商品の品質や状態を確認するために商品の現物を確認する機会が必要となるが、売買の対象が債権であれば、目でみることができない債権の現物を確認するということはあり得ず、当該債権に関する情報を確認して売買がなされることから、ネット市場に親和性があるといえる。

さらに不良債権が市場に出される際に、債権者の属性や信用力、市場に出される債権の存在や裏付資料の存否などの確認が市場開設者によってなされれば、そこで取引される債権の信用性が高まり、流通性が高まることになる。

(3) 価格適正化

市場によって競争入札が実施されれば、複数の買い手候補による競りが実施されることにより、少しでも高値での売却が可能となることは売り手側にとってはメリットである。また、開かれた市場によって、譲渡価格の適正化が図られ、譲渡対象債権の特性に応じた譲渡基準価格が設定できるようになれば、これまでの相対取引で自由な譲渡価格が設定されていたケースにおいても譲渡価格が平準化される可能性もある。

債権の価格相場が形成されれば、債権を買い受ける場面においても、債権を再譲渡する際の価格のメドがつくことになるし、債権者にとって債権を処分する出口戦略としても利用できることになる。

2　デメリット

(1) 手数料コスト

本稿における市場は、民間の事業者がビジネスとして開設するものを想定しているが、そうした市場においては、市場開設者が参加者から手数料を徴

収することが通常である。これまでの相対取引や競争入札においては、特段手数料を徴収されることはなかったが、市場参加によって手数料を徴収されることは売り手、買い手にとってデメリットである。

(2) 収益圧迫

不良債権のネット市場の登場により、債権の売買が容易になり、市場参加者が増加する可能性がある。市場に参加する買い手が増加すれば、債権の譲渡価格が従来よりも高くなる可能性がある。これは売り手にとってはメリットであるが、買い手にとってはデメリットであり、買い手側の収益を圧迫する可能性がある。

(3) 売却可能性減少

市場において相対取引を実施した場合にはさほど問題とはならないが、債権譲渡価格の競り方式を採用した場合には、買い手の性質・規模・債権回収手法等を考慮した債権の売却が行えないことになる。これは従来の競争入札方式のデメリットと同様であるが、開かれた市場における競争入札方式においては、市場参加者が増加することが見込まれるため、このようなデメリットが増幅される可能性がある。

III 不良債権ネット市場を創設して、債権売買を行うことの実現可能性はあるか

1 障害となり得る要素

(1) 市場参加者の確保

不良債権市場は、既に市場が設けられている商品市場に比べて、市場参加者が限定されることが想定される。まず売り手として日常的に相当数の不良債権譲渡を必要としている者は限定的である。金融機関や保証会社、クレジットカード会社、リース会社等では日常的に不良債権が発生するといえるが、従前から事業を行っている事業者は既に不良債権処理の方法を確立させており、新たな市場を必要としていない可能性がある。そうすると売り手としての参加者は小規模であったり、わずかな数の譲渡債権しか有していな

かったりして、市場としての魅力が乏しくなることが考えられる。

　また、買い手側の事情として、債権回収を業として行うことができるのが弁護士とサービサーに限られることから、それ以外の者が債権譲渡を受けたとしても回収のために弁護士やサービサーに回収委託をしなければならず、結局債権譲渡の買い手として市場に参加するのは、サービサーと弁護士委託を予定しているファンド等に限定されることになる。

　市場開設者がビジネスとして市場を運営する場合には相応の取引量がなければならないが、このように市場参加者が限定されることになるとビジネスとして成り立つ程度の取引量を確保できず、市場を開設しようとする者が登場しない可能性がある。

(2)　債権の存在確認

　債権は、有体物と異なり目でみることができない権利にすぎない上、発生原因や性質もさまざまであることから、市場として運営する場合に、債権の存在と内容をどのように確認し、それをどのようにして円滑に買い手に譲渡するかという問題もある。

　特にネット上の市場の場合であると、紙の契約書等ではなく、データのやりとりのみで債権内容を確認することになるが、既に存在する大手の金融機関やクレジットカード会社等であれば保有するデータに相応の信頼性があるものの、新たに設立された企業や債権の取扱いに不慣れな企業の場合にはデータの信用性をどのように確保するかが問題となる。

(3)　詐欺的な売り手や、反社会的勢力の排除

　上記(2)とも関連するが、詐欺的売り手や反社会的勢力の存在を排除する仕組みも必要になる。一見、債権を有するようなデータを保有しており、売り手として市場に参加して譲渡代金を受領した後、実際には存在しない債権であることが判明すれば、市場としての信頼は失われ、市場として機能しなくなる可能性がある。そのような事態が発生しないよう、取引対象となる債権が限定されることも想定される。

　また、債権回収の業界においては反社会的勢力の排除を厳格に実施する必要があり、市場参加できる者の審査を市場開設者は綿密に行う必要がある。

2 弁護士法上の問題

弁護士法72条は、弁護士又は弁護士法人でない者が報酬を得る目的で、業として法律事件に関する法律事務の取扱いを周旋することを禁止している。市場開設者がビジネスとして市場を運営していれば、弁護士でない者が報酬を得る目的で業として実施していると認められる。

また、不良債権は既に債務者が履行をしていない債権であって、それを譲り受けて債権回収を図ることは、法律事件に関する法律事務の取扱いに該当し得る行為だといえる。

「周旋」とは、依頼を受けて、訴訟事件等の当事者と鑑定、代理、仲裁、和解等をなす者との間に介在し、両者間における委任関係その他の関係成立のための便宜を図り、その成立を容易ならしめる行為をいうが、不良債権市場を開設者は、不良債権の債権者とそれを買い受け管理回収を図ろうとする者の間に入って、両者間に売買契約を締結させようとしているものであるから、周旋行為と指摘される可能性もある。以上のことから、不良債権の市場を開設しようとする場合には、弁護士法に違反しないような仕組みを整えて臨む必要があるといえる。

3 不良債権ネット市場の開設への期待

上記1や2の事情から、不良債権市場の開設については現時点では慎重であるべきであり、現在開かれた市場が存在していない理由となっていると考えられる。

今後、上記の障害が克服され、不良債権ネット市場が開設されることにより、迅速かつ適正な債権取引が実現されるよう期待したい。

17 | 原因証書等が電子化されている場合の立証パッケージ

Q
1. 民事訴訟における事実認定の原則は何か。
2. 電磁的方法を証拠として提出する場合の留意点は何か。
3. 電磁的方法により契約が締結された場合における訴訟での立証の留意点は何か。

A
1. 裁判所は、自由心証主義のもと証拠調べの結果だけでなく口頭弁論の全趣旨を考慮して、当事者の事実についての主張を真実と認めるべきか否かを判断する（民事訴訟法（以下「民訴」という）247条）。その裁判官に、ある事実の存否について確認を抱かせるに至らない場合は、その事実はなかったものとして扱われ、当事者の一方に有利な法律効果の発生が認められないという不利益が生じることになる（立証責任）。

2. 書証は成立の真正が認められないと事実認定の証拠とならない。この点は、電磁的記録である「準文書」も同様である。電磁的記録においては、書証における成立の真正の推定規定（民訴228条4項）のように、電子署名を用いたものには成立の真正を推定する規定が用意されている（電子署名及び認証業務に関する法律（以下「電子署名認証」という）3条）。電子署名が用いられていない電磁的記録については、複数のメールにより継続的な取引関係を裏付ける等して当該電磁的記録の成立の真正を立証することになる。

3. 特に、電磁的方法により締結された契約についてその名義人本人が契約を締結したか否かが争われた場合に備え、当該電子契約の成立の真正の推定規定を踏まえつつ、保存された本人確認情

報の記録等をも活用し立証を行うべきである。

I　民事訴訟手続における事実認定等

　民事訴訟における審理の対象となるのは、原告が主張する権利義務又は法律関係の存否である。その権利義務又は法律関係が生じるための要件となる事実は法律によって定められており、訴訟当事者はその法律が定める要件事実を的確に主張し、かつ、その事実の存否を裏付ける証拠資料を裁判所に提出することが求められる。

　裁判所は、裁判上で取り調べられた全ての証拠及び裁判上に現れた一切の事情（口頭弁論の全趣旨）を踏まえ、当事者が主張する要件事実の存否を判断する（自由心証主義、民訴247条）。そして、当事者は、自らが主張する権利義務又は法律関係の発生を基礎づける要件事実を立証する責任があり、当事者の立証活動により要件事実の存否について裁判官に確信を抱かせるに至らない場合は、その要件事実はなかったものとして裁判所の判断が下される（立証責任）。

　訴訟当事者は、上記の事実認定における原則を踏まえ的確な証拠により事実を立証しなければならない。

II　電磁的記録を証拠として提出する際の留意点

1　成立の真正

　自由心証主義のもと事実認定に供される証拠には特段の制限はない。ただし、契約書などの文書（訴訟法上は、「書証」と呼ばれる）を証拠として提出する場合（民訴219条）は、その文書の成立が真正であること、すなわち、その文書が本人の意思に基づいて作成されたものであることが必要となる（民訴228条1項）。これは形式的証拠力の問題であり、成立の真正が認められてはじめて当該文書が事実認定のための証拠となるとされている。

　そのため、証拠として提出された文書の成立の真正が争われた場合、その

文書を証拠として提出した当事者は当該文書の成立の真正を立証しなければならない。この点について民事訴訟法は、文書の成立の真正に関して次の規定をおいている（民訴228条4項）。

> 　私文書は、本人又は代理人の署名又は押印があるときは、真正に成立したものと推定する。

　つまり、本人などの署名又は押印があるときには、特段の反証がない限りは、その文書が真正に成立したものであることが認定されることになる。上記の規定が定める「押印」とは、本人の意思に基づく押印をいうと解釈されており、この規定の適用に関して、文書中の印影が本人の印章（ハンコ）により顕出されたものである場合には、特段の反証のない限り、本人の意思に基づく押印であると推定される（最判昭和39・5・12民集18巻4号597頁）。いわゆる「二段の推定」と呼ばれるものであり、本人の印章による印影であることが証明されれば本人の意思に基づく押印と推定され、その結果、特段の反証のない限り民訴228条4項により文書が真正に成立したものであることが推定されるというものである。

　このように、契約書を作成して契約を締結する場合には、成立の真正に関

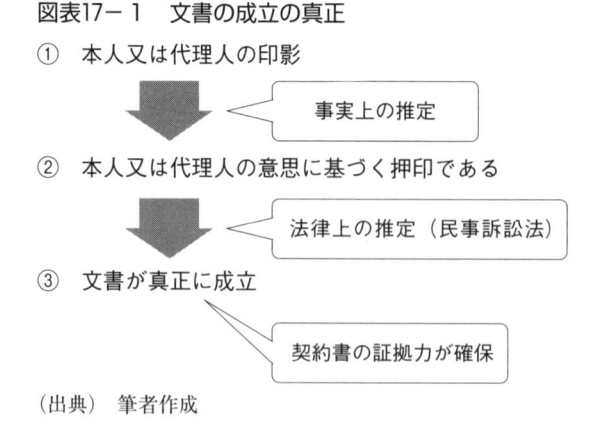

図表17-1　文書の成立の真正

① 本人又は代理人の印影

　　　← 事実上の推定

② 本人又は代理人の意思に基づく押印である

　　　← 法律上の推定（民事訴訟法）

③ 文書が真正に成立

　　　← 契約書の証拠力が確保

（出典）　筆者作成

して立証の負担は軽減されている。

2　電磁的契約の場合

　契約書が作成されず電磁的方法により契約が締結された場合（電子署名を用いて契約を締結する場合など）についても、一定の条件を満たすものは成立の真正に関する立証の負担が軽減されている。

　まず前提として、電磁的方法により保存されているデータそれ自体を証拠とする場合は、記録媒体にデータを保存の上、当該データが保存された記録媒体を証拠として提出することになる。なお、電磁的方法により保存されたデータをプリントアウトし、プリントアウトされた書類を証拠として提出する場合は、当該書類は「書証」として扱われることになる。

　このデータそれ自体は、訴訟上、「準文書」（情報を表すために作成された物件で文書ではないもの）と類型される（民訴231条）。この「準文書」の取調べにおいても、上記記載の書証の取調べの原則が準用されるので（民訴231条）、電子契約などの電磁的方法により保存されたデータ等の「準文書」も真正に成立したものでなければ形式的証拠力が認められず、証拠として活用できないことになる。

　この電磁的方法により記録された準文書の成立の真正の証明に関し、電子署名を用いて契約を締結した場合においては電子署名認証3条は、次のような定めをおいている。

　電磁的記録であって情報を表すために作成されたもの（公務員が職務上作成したものを除く。）は、当該電磁的記録に記録された情報について本人による電子署名（これを行うために必要な符号及び物件を適正に管理することにより、本人だけが行うことができることとなるものに限る。）が行われているときは、真正に成立したものと推定する。

　すなわち、公務員が職務上作成したものを除く情報を表すために作成された電磁的記録は、①「電子署名」であり、②その電子署名が本人によるもの

であり、かつ、③これを行うために必要な符号及び物件を適正に管理することにより、本人だけが行うことができるものと認められるときは、電子署名認証３条により情報を表すための電磁的記録の成立の真正が推定される。

　まず、①電子署名であることについて確認すると、「電子署名」は次のとおり定義されている（電子署名認証２条）。

　この法律において「電子署名」とは、電磁的記録（電子的方式、磁気的方式その他人の知覚によっては認識することができない方式で作られる記録であって、電子計算機による情報処理の用に供されるものをいう。以下同じ。）に記録することができる情報について行われる措置であって、次の要件のいずれにも該当するものをいう。

一　当該情報が当該措置を行った者の作成に係るものであることを示すためのものであること。

二　当該情報について改変が行われていないかどうかを確認することができるものであること。

　電子署名認証２条１号が定める要件はだれが電子署名を行ったかが記録されていることを指し、同条２号が定める要件は公開鍵暗号方式などを用いて電磁的記録の内容が変更されるとそれを検出できる仕組みが用いられていることをいう。この電子署名認証２条が定める要件を満たすことについては、契約当事者が利用している電子署名サービスの概要などを裏付ける資料を提出して立証することになろう。

　②の電子署名が本人によるものであることについては、電子証明書などを用いてその電磁的記録を作成した人物の電子署名であることを立証することになる。

　③これを行うために必要な符号及び物件を適正に管理することにより、本人だけが行うことができるものについては、固有性の要件と呼ばれるものであり、強度の暗号化技術を用いて他人による署名生成を防止できるものであり、利用者の認証が確実なものであること（２要素認証を用いる等）を裏付

ける資料（電子署名サービスの概要を裏付ける資料、サービス提供事業者の報告書など）を提出して立証することになる。

3　サービス提供事業者型の電子署名

上記2記載の電子署名認証3条による電磁的記録の成立の真正の推定規定について、いわゆる当事者型電子署名サービス（契約当事者のそれぞれが電子証明書と秘密鍵を用いて電子署名を行うもの）は同法3条が定める上記2①～③の要件を満たすものが多く、同法3条の適用があり得ることについて争いはない（ただし、当事者型電子署名サービスもさまざまなので、利用しようとするサービスが電子署名認証3条の要件を満たすか否かについてはサービス提供事業者に事前確認すべきである）。

他方で、サービス提供事業者署名型（契約当事者が電子署名を行わず、当事者が承認した後、電子契約サービスの提供事業者が当該事業者の電子署名を用いて電子署名を行うもの）については、「9　電磁的方法を用いた債権管理回収」において説明したとおり、「サービス提供事業者の意思が介在する余地がなく、利用者の意思のみに基づいて機械的に暗号化されたものであることが担保されている」「サービス提供事業者に対して電子文書の送信を行った利用者やその日時等の情報を付随情報として確認することができるものになっているなど、当該電子文書に付された当該情報を含めての全体を1つの措置ととらえ直すことよって、電子文書について行われた当該措置が利用者の意思に基づいていることが明らかになる場合」には、電子署名認証2条1項1号が定める「当該措置を行った者」はサービス提供事業者ではなく、その利用者であると評価でき、電子署名認証2条の「電子署名」の要件を充足する〔**脚注1**〕。その上で、サービス提供事業者署名型について「サービス提供事業者に対して電子文書の送信を行った利用者やその日時等の情報を付随情報として確認することができるものになっているなど、当該電子文書に付された当該情報を含めて全体を1つの措置ととらえ直すことによっ

1　「利用者の指示に基づきサービス提供事業者自身の署名鍵により暗号化等を行う電子契約サービスに関するQ&A」（総務省・法務省・経済産業省、2020.7.17）

て、電子文書について行われた当該措置が利用者の意思に基づいていることが明らかになる場合には、これらを全体として1つの措置ととらえ直すことにより、「当該措置を行った者（＝当該利用者）の作成に係るものであることを示すためのものであること」という要件（電子署名認証2条1項1号）を満たすことになる」されている〔**脚注2**〕。

　そのため、サービス提供事業者型の電子署名を用いる場合には、当該事業者が提供する電子署名のサービスにおいて、サービス利用者の意思表示を受け当該事業者が機械的に電子署名をし、そのことを事後的に確認できるサービスとなっていることを裏付ける資料（当該サービスの概要を明らかにする資料、当該サービス提供事業者による報告書等）を用いて、「電子署名」（電子署名認証2条）に該当することを立証することになる。このようにして「電子署名」に該当することを裏付けた上で、電子署名認証3条の適用要件

図表17－2　契約書ファイルの成立の真正

① 本人のPW等を利用した電子署名の操作

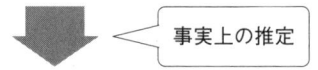
事実上の推定

② 本人の意思に基づく電子ファイルへの電子署名
　　　　　＋
　法令上の基準を満たす認証機関による電子証明書

法律上の推定（電子署名認証3条）

法令上の基準を満たしているだけの認証局と、主務大臣の認定を受けた認定の認証局とが存在する。後者のほうが推定規定の適用を受けやすい。

③ 契約書ファイルが真正に成立

契約書ファイルの証拠力が確保

（出典）　筆者作成

2　前掲注1

である「これを行うために必要な符号及び物件を適正に管理すること」の要件を立証する必要がある。この点について、利用者とサービス提供者の間で行われるプロセスと、前述プロセスにおける利用者の行為を受けてサービス提供事業者内部で行われるプロセスのいずれにおいても、十分な水準において、暗号化等の措置を行うための符号について他人が容易に同一のものを作成することができないと認められるときには、電子署名認証3条の「これを行うために必要な符号及び物件を適正に管理することにより、本人だけが行うことができることになるもの」の要件を充足するとの解釈が示されている〔脚注3〕。この点の立証については、事業者が提供するサービスにおいて利用者が2要素認証を受けなければ措置を行うことができない仕組みが用意されていることを裏付ける資料をはじめ、当該サービスの暗号の強度や利用者ごとの個別性を担保する仕組みなどを明らかにする資料をもって立証を行うことになろう。

4　立証上の留意点

　他方で、電子署名認証3条による推定規定の適用要件を満たさない電子署名サービスや、そもそも電子署名を用いていない電磁的記録については、法律が定める推定規定を用いて成立の真正を立証することはできない。

　しかしながら、裁判所は自由心証主義のもと幅広い証拠資料を参照して事実を認定することができる。そのため、当事者は、契約当事者間のやりとりを裏付ける資料などを証拠として提出し、当該電磁的記録の成立の真正を立証することになる。

　例えば、継続的な取引関係がある場合には、取引先とのメールのメールアドレス・本文及び日時等、送受信記録の保存といった対応が考えられる。

　また、新規に取引関係に入る場合には、契約締結前段階での本人確認情報（氏名・住所等及びその根拠資料としての運転免許証など）の記録・保存、

3　「利用者の指示に基づきサービス提供事業者自身の署名鍵により暗号化等を行う電子契約サービスに関するQ&A（電子署名法第3条関係）」（総務省・法務省・経済産業省、令和2年9月4日）

図表17－3　Word機能による氏名記入、画像の貼付

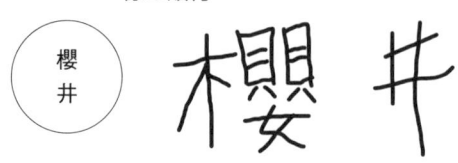

（出典）　筆者作成

本人確認情報の入手過程（郵送受付やメールでのPDF送付）の記録・保存、文書や契約の成立過程（メールやSNS上のやりとり）の保存といった対応が考えられる〔脚注4〕。

　具体例として、Word機能のマウスを動かして文字にできる機能で自己の氏名を記入したり、印鑑の形状をした画像や図形を作成して貼付したりしても（図表17－3）、電子署名認証2条2号が定める公開鍵暗号方式などを用いて電磁的記録の内容が変更されるとそれを検出できる仕組みが用いられているとは解し難く、電子署名に該当せず電子署名法の推定規定を適用することができないが、このような場合には、①契約の締結に至るまでのメールのやりとりにおいて、当該取引の担当者のみならず決裁権者を宛先に含めて契約条件の交渉・すりあわせを行ってその記録を保存することや、②契約書案をメール添付のデータで送信する場合に当該データにパスワードを設定し別メールにてパスワードを伝達し、後日、実際に締結された契約書と事前に送信された契約書データの内容・文言を照合できるように記録を保存しておくこと等が有益と考えられる。

4　内閣府、法務省、経済産業省「押印についてのQ&A」（2020.6.19）

Ⅲ　電磁的方法により契約が締結された場合における訴訟でのその他の立証の留意点

1　本人確認措置

　電磁的方法により契約が締結される場合においては、基本的に契約当事者が対面することなくインターネットなどを通じて契約を締結することになる。当然のことであるが、契約の名義人（当事者）とされた者が全くの別人によって契約が締結されたと争った場合においては、当該名義人に対する請求を維持するのであれば当該当事者により契約が締結されたことを立証する必要がある。

　その立証方法としては、その契約において電子署名が使用されているのであれば上記Ⅱ記載の事項を立証する、オンライン上にアップロードされた身分証を証拠として提出する、事業者が行った本人認証に関する情報（知識認証、生体認証、所有物認証、多要素認証（従前の本人認証に加え、ワンタイムパスワードをSMSなどで通知する等）を行った事実を裏付ける資料）などを提出することになる〔脚注5〕。

2　電子消費者契約に関する民法の特例に関する法律3条が定める確認措置

　電子消費者契約に関する民法の特例に関する法律（以下「電子消費者特例」という）3条は、事業者側が、電磁的方法によりそのパソコンの画面等を介して申込み等を行う契約について、事業者側が消費者の申込内容などの確認を求める措置を設けていない場合には、原則として、誤操作のような消費者の重大な過失による場合であっても無効と定めている。

　そのため、訴訟において問題となる契約が消費者と事業者による電磁的方法により締結された契約である場合、事業者は、電磁的方法による契約の有効性確保のため、確認措置実施したことの立証が必要となる場合がある。こ

5　本人確認の実施については、令和5年3月に公表された「民間事業者向けデジタル本人確認ガイドライン（第1.0版）」が参考になる。

の点、電子商取引及び情報財取引等に関する準則は、「申込みを行う意思の有無及び入力した内容をもって申込みにする意思の有無について、消費者に実質的に確認を求めていると判断し得る措置になっている必要がある」とした上で、あるボタンをクリックすることで申込みの意思表示となることを消費者が明らかに確認することができる画面を設定することや、確定的な申込みとなる送信ボタンを押す前に、申込みの内容を表示し、そこで訂正する機会を与える画面を設定することなどを例としてあげており〔脚注6〕、このような確認措置を実施したことを裏付ける資料を準備しておくべきである。

3 電磁的方法では契約が成立しない例

訴訟における立証以前の話として、電磁的方法のみでは契約が成立しないと定められているものがある。例えば、事業性融資を主たる債務とする保証契約を締結する際にはその契約締結前の1か月以内に公正証書を作成して保証意思を表示する必要があり（民法465条の6。なお例外は民法465条の9）、また、事業用定期借地契約は公正証書をもって契約を締結しなければならない（借地借家法23条3項）。

そのため、実体法において公正証書などの書面の作成が求められている場合にはその書面を作成し、電磁的記録にかかる証拠とともに当該書面を証拠として提出する必要があるので留意すべきである。

6 「電子商取引及び情報財取引等に関する準則」（経済産業省、令和4年4月最終改訂）12〜15頁

18 | 裁判手続のIT化と債権回収

Q

1 これまでの裁判手続はどのようなものか。

2 裁判手続のIT化とは何か。

3 弁護士ではない貸金業者やサービサーも裁判手続のIT化を利用することはできるのか。また、債権の管理回収に当たりIT化のデメリットはあるか。

A

1 電話会議システムやテレビ会議システムといった通信技術を取り入れた手続は一部用意されていたものの、訴えの提起は書面を裁判所に提出する必要がありインターネットを通じて提出することはできず、口頭弁論期日には原則として出頭が必要であり、裁判手続の記録は紙媒体によるものとされていた。

2 裁判手続のIT化とは、民事訴訟手続などの裁判手続に情報通信技術（information technology）をすることを指し、民事訴訟手続の全面的IT化を目指して、①e提出（e-Filing）、②e法廷（e-Cort）、③e事件管理（e-Case Management）の導入が予定されている。

3 貸金業者及びサービサーといった弁護士以外であっても利用することができる。また、債権の管理回収に当たってはITのデメリットは小さく、メリットのほうが大きいと想定される。

I これまでの裁判手続

1 IT化

これまでの民事裁判手続のIT化においては、平成8年に成立した民事訴

訟法（以下「民訴法」という）により電話会議システムやテレビ会議システムの利用が開始されたものの、訴訟の提起には裁判所に書面を実際に提出することが求められ、口頭弁論期日には原則として現実の出頭が要求され、裁判手続の記録も紙媒体によるものとされるなど、裁判手続が全面的にIT化されている状況になかった。

2　これまでの民事訴訟

これまでの裁判手続における民事訴訟の進行の一例を示すと、その概要は次のとおりである。

(1)　訴訟提起後、第1回口頭弁論期日まで

原告は紙媒体で訴状を作成し訴状に印紙を貼付し、裁判所に持参又は郵送して訴状を提出する必要があった。インターネットを通じた訴状提出は一切認められていない。

訴状の提出を受けた裁判所は訴状に不備がないかを審査し、問題なければ原告と第1回口頭弁論期日の日程調整を行う。第1回口頭弁論期日の日程調整が終われば被告に対して訴状を送達する。この被告に対する訴状送達は、郵便等を利用して送達を受けるべき者に送達すべき書類を実際に交付することが原則として求められインターネットを通じた送達は認められていない。

訴状の送達を受けた被告は、第1回口頭弁論期日までに答弁書を作成して裁判所に提出する。この答弁書の提出は、FAXによる提出が認められるがインターネットを通じての提出は一切認められていない。

(2)　第1回口頭弁論期日及び続行期日について

第1回口頭弁論期日には原告が出頭し、訴状を陳述〔脚注1〕することになる。被告のほうでも答弁書を陳述するが、第1回口頭弁論期日においては被告が出頭することなく答弁書を陳述することが認められる（擬制陳述。なお、簡易裁判所における訴訟手続では第1回口頭弁論期日後の続行期日でも擬制陳述が認められる）。

1　陳述とは訴状などの裁判所に提出した書面に記載した事項を正式に主張することをいう。

第1回口頭弁論期日の後の期日においても双方が出頭するのが原則とされている。しかし、手続が弁論準備手続に付されると電話会議システムを利用することができ、この場合一方当事者のみは出頭せずに手続を進められるが、当事者の一方が裁判所に出頭しないと電話会議システムを利用した弁論準備期日は実施できない。双方が裁判所に出頭せずに電話会議システムを利用する手続としては、書面による準備手続が用意されているが、この手続では書証の証拠調べができない等の制限がある。

　なお、当事者双方が提出する準備書面は、答弁書と同様にFAXでの提出が可能であるが、インターネットを通じての提出は一切認められていない。

(3)　証拠調べから判決まで

　証人尋問などの人証調べについては、裁判所に出頭し公開の法廷で尋問を行うことが原則である。例外として映像などの送受信による通話の方法による尋問という制度が用意されているが、証人が遠隔地に居住する等の要件がある。

　和解協議期日においても双方の出頭が原則とされる。電話会議システムを利用しての弁論準備期日でも和解が可能であるが、上記のとおり一方当事者の出頭が必須となる。双方が出頭しない書面による準備手続では和解を行うことができない。和解条項案の書面による受諾手続についても、当事者の一方が期日に出頭することが必要となる。

　判決の言渡しは、紙媒体の判決書原本に基づいて実施される。判決書は当事者に送達されるが、その送達は訴状と同様、インターネットを通じての送達は認められていない。

　判決に不服のある当事者が上訴する場合、紙媒体で控訴状などを作成し、裁判所に持参又は郵送により提出することになる。インターネットを通じての提出は一切認められていなかった。

(4)　小　　括

　以上がこれまでの民事訴訟手続の進行の概要である。民事裁判手続のIT化については2001年6月に取りまとめられた司法制度改革審議会意見書でも言及されていたが、わが国の裁判手続のIT化の進展は停滞しているといっ

てよいものであった。

3　支払督促手続のオンライン化

　この点、平成16年の民訴法の改正により支払督促手続がオンライン化された。これにより、支払督促の申立てがインターネットを通じて行うことが可能となった。

　しかしながら、支払督促手続は、債務者の住所地を管轄する簡易裁判所への申立てが必須となり、債務者から異議申立てがなされると通常訴訟に移行し、債権者は遠隔地の裁判所への出頭を強いられることになる。オンライン化されたとはいえ、支払督促という手続から生じる制約により利便性がよいものとは言い難かった。

II　裁判手続のIT化

1　IT化の推進

　これまでの裁判手続の状況を踏まえ、政府は平成29年6月の閣議決定において裁判手続のIT化を推進することとした。この閣議決定に基づき、内閣官房に「裁判手続等のIT化検討会」が設置され、同研究会は平成30年3月に「裁判手続等のIT化に向けた取りまとめ —「3つのe」の実現に向けて—」を公表した。

　その取りまとめにおいては、訴訟記録を全面的に電子化するなど裁判手続の全面的IT化の方向性が示された。上記取りまとめは、裁判手続の全面的IT化の具体的内容として、①e提出（e-Filing）、②e法廷（e-Cort）、③e事件管理（e-Case Management）という「3つのe」に整理し、この「3つのe」を順次導入していく方向性が示された。

　上記の三つの全面的IT化の検討・実施のプロセスとしては、現行法の規定のもとで既に可能となっているウェブ会議などの運用を開始する段階（フェーズ1）、法改正・法整備が必要となる口頭弁論期日・争点整理期日の運用を開始する段階（フェーズ2）、オンライン申立てなどの導入（フェー

ズ 3）を予定するものとされた。

その後、マイクロソフト社のTeamsを活用したウェブ会議の積極的活用、答弁書及び準備書面といったFAX提出が可能な書面についてオンラインでの提出を可能とするシステム（「民事裁判書類電子提出システム：mints」）の開発などが行われ、令和4年5月18日には「民事訴訟法等の一部を改正する法律」（令和4年法律第48号）が成立し、同月25日に公布された。この改正法により、民事訴訟手続の全面的IT化を可能とする規定が整備された。

2　民事訴訟手続の変容

この裁判手続の全面的IT化により民事訴訟手続も大きな変容を遂げることになる。その概要は、次のとおりである。

⑴　インターネットを利用した訴状などの提出

改正法では、インターネットを通じて訴状などを提出することを可能としている。また、訴状提出の際に印紙を貼付して納付していた申立手数料についてもインターネットを利用した納付が可能となる。

⑵　インターネットを利用した送達手続

現行法での送達手続は上記のとおりであるが、改正法においては、インターネットを利用した送達の方法を導入することとしている。具体的には、裁判所書記官が、送達を受けるべき者が裁判所のサーバーにアクセスして送達される電磁的記録を閲覧し、ダウンロードできる措置をとり、その措置をとったことを、送達を受けるべき者に通知することで、送達の効力が生じるものとしている。

⑶　口頭弁論期日及び争点整理手続

改正法では口頭弁論期日でのウェブ会議等による出席が可能となる。そのため、遠隔地の裁判所に訴えを提起した原告側が第1回口頭弁論期日に出頭を強いられることなく手続を進めることが可能となる。

また、弁論準備手続については、当事者双方とも出頭せず、電話会議・ウェブ会議を利用して実施することが可能となった。また、従前は弁論準備

手続においてウェブ会議や電話会議を利用するには「当事者が遠隔の地に居住しているときその他相当を認めるとき」という要件があったが、この「遠隔地」要件は削除され裁判所が相当と認めるときにウェブ会議等の利用を認めるものとし、柔軟にウェブ会議等の利用が可能となっている。

⑷ 証拠調べ

書証に関しては、インターネットを通じて提出することが可能となる。

また、人証調べについては、証人尋問等におけるウェブ会議の活用が拡大する。具体的には、これまで証人尋問等でウェブ会議を採用するには証人が遠隔地に居住する等の要件を充たす必要があったが、この現行法の要件を満たす場合のほか、証人が遠隔地に居住する以外の理由で裁判所に出頭することが困難な場合、当事者に異議がない場合にもウェブ会議の実施が可能となる。

⑸ 和解協議期日

現行法には和解期日についてウェブ会議及び電話会議を実施する旨の定めがないが、改正法は和解期日でウェブ会議を活用できる規定を設けている。

また、いわゆる受諾和解に関し、上記のとおりこれまでは当事者の一方の出頭が必要であったが、当事者双方が受諾書面を提出する方法による和解が認められる。

⑹ 判決言渡し

これまでは紙媒体の判決書が作成されたが、訴訟記録が全面的に電子化されるため、電子判決書が導入される。

⑺ 訴訟記録及び閲覧

訴訟記録は電子化され電磁的記録として管理される。この電磁的訴訟記録の閲覧などについて、当事者及び利害関係を疎明した第三者は、裁判所外の端末を用いて閲覧請求することが認められる予定である。

3 民事訴訟手続以外のIT化

民事訴訟手続以外のIT化についても進展がみられる。民事執行手続・民事保全手続・倒産手続及び家事事件に係る手続についてもIT化の検討が進

められ、令和5年3月には民事執行手続等のIT化に係る法律案が国会に提出され、同年6月6日の法案は可決・成立し（令和5年法律第53号）、同月14日に公布された。

この法改正により、民事執行手続、民事保全手続及び破産手続などの申立てについてもインターネットを通じて行うことが可能となる。また、審尋期日又は債権者集会がウェブ会議の方法により実施可能となる。さらに、民事執行手続においては、債務名義が電子判決書などで裁判所のサーバーに記録されたものである場合においては、現行法において提出が求められていた債務名義の正本の提出が求められない（この場合、強制執行手続は電子化された記録事項証明書に基づき実施され、かつ、債権者は当該債務名義に係る事件を特定するために必要な情報を提供することで足りる）。

公正証書の作成に係る手続もデジタル化されることが予定されており、公正証書作成の申請のオンライン化、公証人の面前での手続のウェブ会議化、公正証書に関する証明書のデータ作成・提供といったことが可能になる見込みである。

このように債権回収・保全についての利便性がより高まることが期待される。

Ⅲ　裁判手続のIT化の利用

1　利用主体

インターネットを通じたオンライン申立てなどの手続の利用主体は、弁護士に限定されるものではない。そのため、貸金業者及びサービサーなどもインターネットを通じたオンライン申立て等が可能となる〔**脚注2**〕。なお、弁

2　なお、現時点の裁判実務の運用につき、ウェブ会議による手続の実施は双方当事者に訴訟代理人がついていることが想定されているが、当事者の一方又は双方が本人訴訟の場合には、本人確認、場所の適切さの確認、秘密録音・録画の防止、弁護士でない第三者の関与の防止、投稿・チャット等を常時利用可能な状態に置くことの適切性といった問題があることを踏まえて、これらの問題上支障がないと考えられる事案においては、当面は、相手方の了解が得られる場合に限って行うものとされている（東京地方裁判所民事部「ウェブ会議等による争点整理等手続の実施要領」（令和5年8月25日改訂））。

護士など当事者から委任を受けた訴訟代理人などはオンライン申立てなどが義務化されるが、貸金業者及びサービサーがオンライン申立てを行う義務まではない。そのため、従来どおり、紙媒体の訴状を作成し申立てを行うことも可能である。

したがって、債権の管理回収に裁判手続のIT化を利用して、これまで以上に効率的に債権の管理回収を行うことができるようになると考えられる。

2　IT化のデメリット

債権者側として懸念されるのは、裁判のIT化により、過払金返還請求訴訟等の提起が容易になるとともに、破産手続が増加するといった事態が考えられる。債務整理を専門的に行う士業としては、地方における訴訟提起や破産申立てが容易になることから、全国的に広告宣伝を行って大々的な集客を行うことがあり得る。そういったことから、これまで地理的条件によって裁判手続が使用されることが少なかった地方での裁判手続が増加する可能性はある。

もっとも、士業が依頼者から受任を受ける場合には、受任時の面談を行うなどの手続が必要であり、受任数の限度はあるといえるので、債権者側にとって問題となり得るほどの全国的な集客という事態は考え難い。

それよりも債権者側としてのメリットは大きいと考えられるので、債権の管理回収の分野において裁判手続のIT化は歓迎すべき状況であるといえる。

19 電子マネー、暗号資産に対する強制執行

Q
1. 電子マネーにはどのようなタイプが存在するか。
2. 電子マネーに対して強制執行を行うことはできるか。
3. 暗号資産に対して強制執行を行うことはできるか。

A
1. 電子マネーには、利用者が自身の資産を事前にチャージにする前払式のほか、後払式のものや利用者の口座から即時に引落しがなされるデビット型等、さまざまな形態のものがある。
2. 前払式電子マネーといった財産的価値を有するものであれば強制執行を行うことができると考えられる。電子マネーには、換金できないタイプのものと換金可能なタイプのものがあり、換金できないものについてはどのように換価するかという問題は残るものの、財産的価値を有するものであることから、執行の対象となると考えられる。
3. 暗号資産を債務者自身が管理しているのか、暗号資産交換業者が管理しているのかによって、換金の難易度は変わってくると考えられるが、暗号資産は財産的価値を有することから、執行の対象となると考えられる。

I　電子マネーの種類

1　電子マネーのうち執行の対象となるもの

　電子マネーは、発行者が必ず存在しており、発行者と利用者との契約内容（通常は約款によって内容が定まっている）によって、利用者の決済の方法や払戻しの可否などが定められることになる。これらの契約内容に基づいて

電子マネーの種類を分類することができる。

　まず利用者の決済方法としては、利用者が自身の資産を事前にチャージにする前払式のほか、後払式のものや利用者の口座から即時に引落しがなされるデビット型があるが、後払式やデビット型のものは、それ自体がいまだ財産的価値を有していないことから電子マネー自体に対する執行をすることはできない。ただし、後払式やデビット型であっても、カード等の物理的な媒体が存在し、その媒体自体が価値を有するものであれば、動産執行の対象となり得る。

　ここでは電子マネーに対する強制執行を検討するので、以降、前払式の電子マネーを前提とする。前払式の電子マネーには事前にチャージした資金の払戻しが原則として受けられないものと、払戻しを受けることができる換金可能なものがある。前者の原則換金ができないものは、資金決済法上の前払式支払手段に該当するものであり、多くの電子マネーがこの分類に属している（前払式支払手段型電子マネー）。後者の換金可能なものは資金決済法上、資金移動業者が取り扱う為替取引によるものである（為替取引型電子マネー）。

図表19−1　前払式支払手段型電子マネーのイメージ

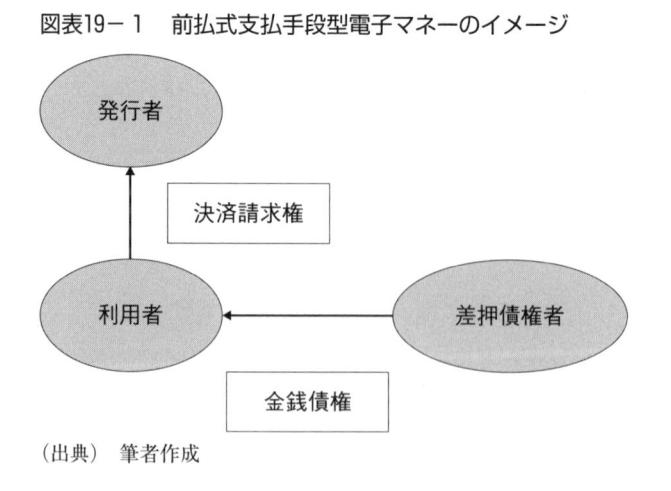

（出典）　筆者作成

238

2　前払式支払手段型電子マネー

前払式支払手段型電子マネーとは、以下の全ての要件を満たすものをいう（資金決済法3条1項各号）。

① 金額等の財団的価値が記載又は記録されていること（価値情報の保存）

② 金額又は数量等に応ずる対価を得て発行される証票等、番号、記号その他の符号であること（対価発行）

③ 発行者又は発行者の指定する者に対する代価の弁済等に使用されること（権利行使）

原則として払戻しを受けることはできないが、商品の購入や役務の提供に当たって、代価の弁済等に使用することができるものである。すなわち、利用者は、事前に自身の資産等をチャージして前払いをすることによって、電子マネーの発行者に対して、そのチャージした資産等を用いて決済をすることを請求する権利（決済請求権）を有しているものといえる。利用者の債権者は、この決済請求権の差押えを検討することになる。

3　為替取引型電子マネー

為替取引型電子マネーは、資金決済法上、資金移動業者が取り扱う為替取

図表19-2　為替取引型電子マネーのイメージ

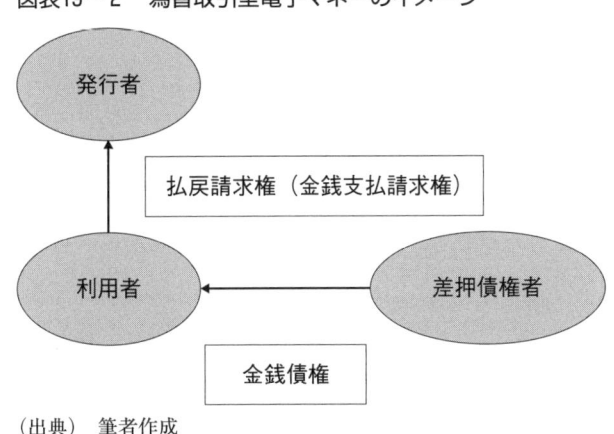

（出典）　筆者作成

引を前提としたものである。前払式支払手段型電子マネーと異なり、払戻しをすることができることが大きな特徴であり、利用者は発行者に対して、払戻請求権という権利を有することになる。利用者の債権者は、この払戻請求権の差押えを検討することになる。

Ⅱ　電子マネーに対する強制執行手続

1　前払式支払手段型電子マネー

　前払式支払手段型電子マネーにおいて、利用者が有しているのは、発行者に対する決済請求権であり、これは発行者と利用者との間の契約に基づいて発生しているものであり、その内容は契約内容、通常は約款で定められることになる。そのため、発行者が定める約款の内容により、決済請求権の内容が各事業者で異なるものであることはあり得るが、前払式支払手段型電子マネーは原則払戻しを受けることができないため、利用者が発行者に対して金銭債権を有することはない。このように利用者が有する決済請求権は、金銭債権ではないことから債権執行の対象とはならず、「その他の財産権」に対する執行を行うことになるといえる。その他の財産権に対する執行は、原則として債権執行と同様の流れとなる（民事執行法167条1項）。

　では、前払式支払手段型電子マネーを差し押さえた場合、どのようにして換価できるであろうか。前述のとおり、前払式支払手段型電子マネーの利用者は払戻請求権を有しないことから、発行者に対する取立てを行うことはできないものと考えられる。そこで債権者としては、譲渡命令又は売却命令（民事執行法161条1項）を申し立てることを検討することになる。譲渡命令とは、債務者の有する財産権を執行裁判所が定めた価額で支払にかえて差押債権者に譲渡する命令であり、売却命令とは、執行裁判所の定める方法によりその財産権の売却を執行官に命ずる命令である。譲渡命令により差押債権者は、電子マネーの譲渡を受けることができ、売却命令により差押債権者は売却代金から配当を受けることになる（民事執行法166条1項2号）。ただし、ここで問題になるのは、譲渡するにせよ売却するにせよ、電子マネーは

通常発行者のサーバー等で残高が管理されているため、有効に電子マネー保有者の権利を移転させるためには発行者の協力が必要になる。発行者の協力としては、電子マネーがサーバー上管理されていればサーバー上のデータの書換えであったり、また電子マネーを利用するに当たって、IDとパスワードが必要であれば、新たなIDとパスワードの付与といった作業が考えられる。このような発行者の協力が得られてはじめて、電子マネーの換価が実現できることになる。

2　為替取引型電子マネー

　為替取引型電子マネーの場合、利用者は発行者に対して払戻請求権を有しており、これは金銭債権であることから、債権執行を実施することになる。ただし、利用者が発行者に対して具体的にどのような権利を有しているかは、発行者と利用者との契約内容によって定まることから、約款上、利用者が金銭債権を有していないと判断される場合には、「その他の財産権」としての執行を検討することになる。

　電子マネーに対して、債権執行を行うことができる場合、通常の金銭債権に対する執行と同様に第三債務者である発行者に対して取立権を行使することによって、債権回収を行うことができる。また、転付命令によって債権を取得することもできる。

3　電子マネーに物理的な媒体がある場合

　前払式支払手段型であっても、為替取引型であっても、電子マネー発行に当たって物理的な媒体がある場合、その媒体に対して動産執行を実施することが考えられる。ただし、発行者の定めた約款によって物理的な媒体の所有権が発行者に留保されている場合があるので、その場合には動産執行の対象とすることはできない。

　媒体が債務者の所有物で動産執行を実施する場合は、売却によって換価がなされることになり、差押債権者は売却代金から配当等を受けることになる。

物理的な媒体を所持するだけで電子マネーの利用が可能である場合には、特段発行者の協力を要しないと考えられるが、電子マネーの利用に当たってパスワードや暗証番号の入力が必要な場合には、発行者側に新たなパスワード等を発行してもらうなどの協力が得られないと事実上の利用ができない事態になる。また、記名式の電子マネーで記名者にしか利用が認められていない場合、名義変更せずに電子マネーを利用することが発行者の定める規約等に違反するという事態が生じる可能性もある。

Ⅲ　暗号資産に対する強制執行

1　暗号資産の性質

　暗号資産とは、ブロックチェーン技術を用いたインターネット上でやりとりできる財産的価値であり、ビットコイン等が有名である。

　資金決済法上、「物品等を購入し、若しくは借り受け、又は役務の提供を受ける場合に、これらの代価の弁済のために不特定の者に対して使用することができ、かつ、不特定の者を相手方として購入及び売却を行うことができる財産的価値（電子機器その他の物に電子的方法により記録されているものに限り、本邦通貨及び外国通貨、通貨建資産並びに電子決済手段（通貨建資産に該当するものを除く。）を除く。次号において同じ。）であって、電子情報処理組織を用いて移転することができるもの」（資金決済に関する法律2条5項1号）及び「不特定の者を相手方として前号に掲げるものと相互に交換を行うことができる財産的価値であって、電子情報処理組織を用いて移転することができるもの」（同法2条5項2号）と定義づけられている。従前は、仮想通貨と呼ばれていたが、資金決済法では暗号資産という名称で定義づけられている。

　上記定義にあるとおり、暗号資産は財産的価値を有することが前提となっており、実際にも暗号資産の取引により、そのボラティリティの大きさから、莫大な価値の暗号資産を保有する者も現れている。そのため、今後は暗号資産に対する強制執行の重要性が増してくることが想定される。

暗号資産の大きな特徴は、電子マネー等と異なり発行者がいないことにある。暗号資産は、いわゆるマイニングと呼ばれる暗号資産の取引に必要となるコンピューター演算作業を行うことによって報酬として新規に発生するものであり、特定の発行者が存在しない。そのため、電子マネーのように利用者の発行者に対する権利というものを想定することができない。

　もっとも、一般に暗号資産を保有する場合には、暗号資産の交換業者を通じて取引を行うことが多く、交換業者に暗号資産を預託していたり、交換業者を通じて暗号資産の売買を行っていることがある。そのような場合、利用者と交換業者との間には、暗号資産の交換等及び管理に関する契約が存在するはずであり、その契約に基づいて発生する暗号資産移転請求権を有していることが考えられる。

　また、暗号資産のもう一つの大きな特徴は、暗号資産の移転のために秘密鍵が必要であるということである。そのため、動産執行や債権執行を行う場合には債務者の協力がなくとも執行が可能であるが、暗号資産においては秘密鍵情報が開示されない限り、その移転が不可能となることになる。

2　暗号資産に対する強制執行手続

(1)　利用者が保有する暗号資産に対する強制執行

(a)　差押えの対象

　暗号資産に対する強制執行を検討するにあたっては、まず利用者が自身で管理しているウォレットにて保有している暗号資産に対して執行をすることが考えられる。暗号資産は、財産的価値を有しているが、動産や債権には該当しないので、「その他の財産権」に対する執行を行うことになる。

　差押対象の特定は、暗号資産の種類等が特定されていれば足りると考えられる。

　暗号資産には、第三債務者となり得る発行者が存在しないことから、交換業者等を利用しておらず、利用者自身が保有する暗号資産を差し押さえる場合には、債務者である暗号資産保有者に対して差押命令が送達されることによって差押えの効力が生じることになる。

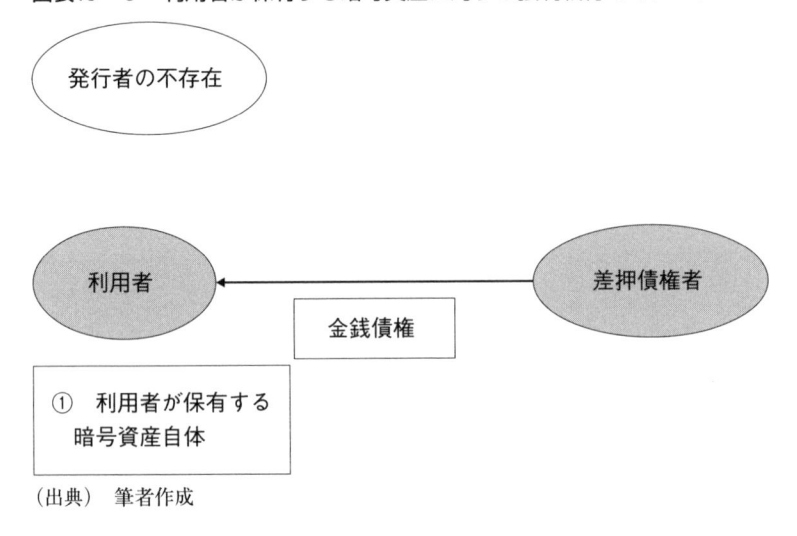

図表19-3　利用者が保有する暗号資産に対する強制執行のイメージ

（出典）　筆者作成

(b) 換　価

このように差押えの効力を生じさせることができたとしても、換価することは困難であることが予想される。暗号資産の移転には秘密鍵が必要であり、利用者自身が暗号資産を保有している場合には、利用者が秘密鍵を管理していることが多いはずである。そのため、譲渡命令や売却命令によっても、秘密鍵情報が取得できない限り暗号資産を移転することはできず、結局換価できないことが想定される。執行に当たって秘密鍵を開示することを義務づけることができれば、秘密鍵を開示しないことについて間接強制〔脚注1〕を行うことも考えられるが、秘密鍵を開示することを義務づけるための裁判手続が別途必要になると考えられ、迅速な債権回収は見込めないことになる。

このようなことから、利用者が保有する暗号資産に対する強制執行の換価に当たっては、債権証書の引渡しの規定を類推する方法や立法的解決等が模

1　債務者が債務を履行しない場合に、債務の履行を確保するために相当と認める一定の額の金銭（制裁金）を支払うよう命じる裁判に基づき、債務者を心理的に強制し履行させる執行方法。

索されている（高松志直「民事執行における暗号資産の取扱いと具体的対応」金判1611号51頁）。

(2)　利用者が交換業者に対して有する暗号資産移転請求権に対する強制執行

(a)　差押えの対象

　利用者が交換業者を利用していて、交換業者に暗号資産を預託している場合、利用者が交換業者に対して有する暗号資産移転請求権を差し押さえることが考えられる。民事執行の実務では、暗号資産の差押えを実施する場合には、債務者が交換業者に対して有する暗号資産移転請求権を強制執行の対象とするのが主流になっているようである〔脚注2〕。もっとも、通常、債務者がどの交換業者と取引をしているかは確認できないので、取引が予想される複数の業者に対する債権を差し押さえることが多いであろう。暗号資産移転請求権は、金銭債権ではないため、執行方法としては、「その他の財産権」に対する執行となる。

(b)　特　　定

　交換業者に対して有する暗号資産移転請求権を差し押さえる場合、当該請

図表19－4　利用者が交換業者に対して有する暗号資産請求権に対する強
制執行のイメージ

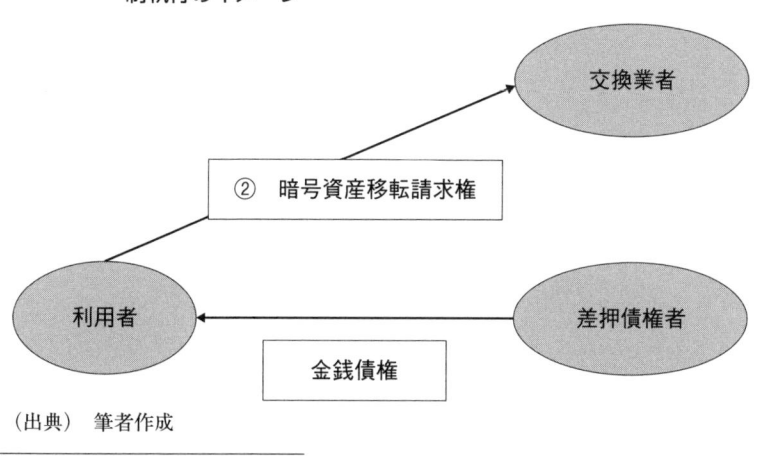

（出典）　筆者作成

2　満田智彦「暗号資産（仮装通貨）をめぐる強制執行」金法2164号42頁

求権は債務者と交換業者との契約に基づき発生する権利であることから、差押債権目録（暗号資産移転請求権等目録）においては、暗号資産の交換等及び管理に関する契約に基づく権利であるとして特定することが考えられる。

次に、超過差押えとならないよう暗号資産を円貨に換算した価額を算定する必要があるところ、交換業者は、暗号資産を利用者に販売する販売所と、第三者と暗号資産の取引を行う取引所を提供していることがある。そこで、販売所での交換業者との相対取引の価格で換算するのか、取引所における約定価格で換算するのか、それらの価格がない場合にどのように換算するのかを差押債権目録（暗号資産移転請求権等目録）に記載することになる。

また、債務者が銀行において複数の預金口座を保有していることがあるのと同様、債務者が同一の交換業者において複数の種類の暗号資産を保有していることがある。そこで、どの暗号資産から差押えをするか順序づけをする必要がある。通常は、先行の差押えがないものを優先させ、次に債務者が当該交換業者で保有していると思われる暗号資産を特定することになるであろう。交換業者が取り扱っている暗号資産の種類は、金融庁のホームページで確認することができる。

交換業者との約款の定めによって、利用者に対して差押えがなされると交換業者によって暗号資産の売却がなされ利用者は交換業者に対して売却代金の返還請求を有するに至ることがある。この売却代金返還請求権は、暗号資産移転請求権が転化したものと考えられることから、暗号資産移転請求権と併せて差押えが可能であると考えられている。

以上の要素を加味すると暗号資産移転請求権等目録は、図表19－5のような内容となる。

(c) 換　　価

暗号資産移転請求権の換価については、交換業者が管理するウォレットに暗号資産が保管され、交換業者が秘密鍵を管理していることが通常であろうから、取立権の行使として、債権者や執行官が管理するウォレットに暗号資産を移転させるか、譲渡命令によって暗号資産の譲渡を受けることによって、執行の目的が達成し得ることになりそうであるが、実務上そのような方

図表19-5　暗号資産移転請求権等目録の例

暗号資産移転請求権等目録

1　差押えの目的及び限度

　債務者と第三債務者との間の暗号資産の交換等及び管理に関する契約に基づいて、債務者が第三債務者に対して有する暗号資産の移転を目的とする請求権（暗号資産移転請求権）のうち、2の順序に従い、金○○○円（換価に際して差し引かれる手数料等の額を控除後の金額）相当分に満つるまで。

　ただし、次の場合に応じた価格により換算（最小取引単位に満たない暗号資産を切り捨て）するものとする。

(1)　第三債務者が運営する販売所における相対取引価格（売付価格）が定められている場合

　　本差押命令が第三債務者に送達された時点の当該相対取引価格

(2)　上記(1)の価格がない場合

　　第三債務者が提供する取引所における上記時点の約定価格

(3)　上記(1)及び(2)の価格がない場合

　　当該暗号資産を取り扱う暗号資産交換業者が運営する販売所における上記時点の相対取引価格（売付価格）。なお、当該暗号資産を取り扱う暗号資産交換業者が複数ある場合は、所管する財務局が五十音順で最も早いものとし、所管する財務局が同一のものが複数ある場合は、登録番号が最も若いものとする。

2　差押えの順序

(1)　差押え等のない暗号資産移転請求権と差押え等のある暗号資産移転請求権があるときは、次の順序による。

　　ア　先行の差押え・仮差押えのないもの

　　イ　先行の差押え・仮差押えのあるもの

(2)　複数の種類の暗号資産があるときは、次の順序による。

　　ア　ビットコイン（BTC）

　　イ　イーサリアム（ETH）

　　ウ　リップル（XRP）

(3)　同じ種類の暗号資産移転請求権が複数の口座にある場合は、口座に付された番号等の若い順序（アルファベットは数字に後れるものとし、アルファベットはAを最も若いものとする。）による。

3　上記1により差し押さえられた暗号資産移転請求権に係る暗号資産を第三債務者がその利用約款の規定に基づき売却した場合、当該利用約款に基づき債務者が有する当該売却代金（売却に要する手数料を控除したもの）の返還請求権にして上記1記載の金額に満つるまで。

（出典）　金法2164号50頁、園部厚『民事執行の実務（下）〔改訂版〕』（新日本法規出版、2023）695頁

法は採用されていないようである。

　まず、交換業者の約款の定めによって、差押えを原因として暗号資産の売却がなされた場合、債務者が交換業者に対して有するのは通常の金銭債権となるため、その代金を取り立てることができる。

　そのような約款の定めがなく、交換業者が暗号資産のまま保有している場合、第三債務者に対する売却命令（民事執行法167条1項、161条1項）によって、交換業者に売却を実施させることが考えられる。これにより、暗号資産の売却がなされれば配当等が実施されることになる〔**脚注3**〕。

3　前掲金法2164号47頁、園部厚『民事執行の実務（下）〔改訂版〕』（新日本法規出版、2023）701頁

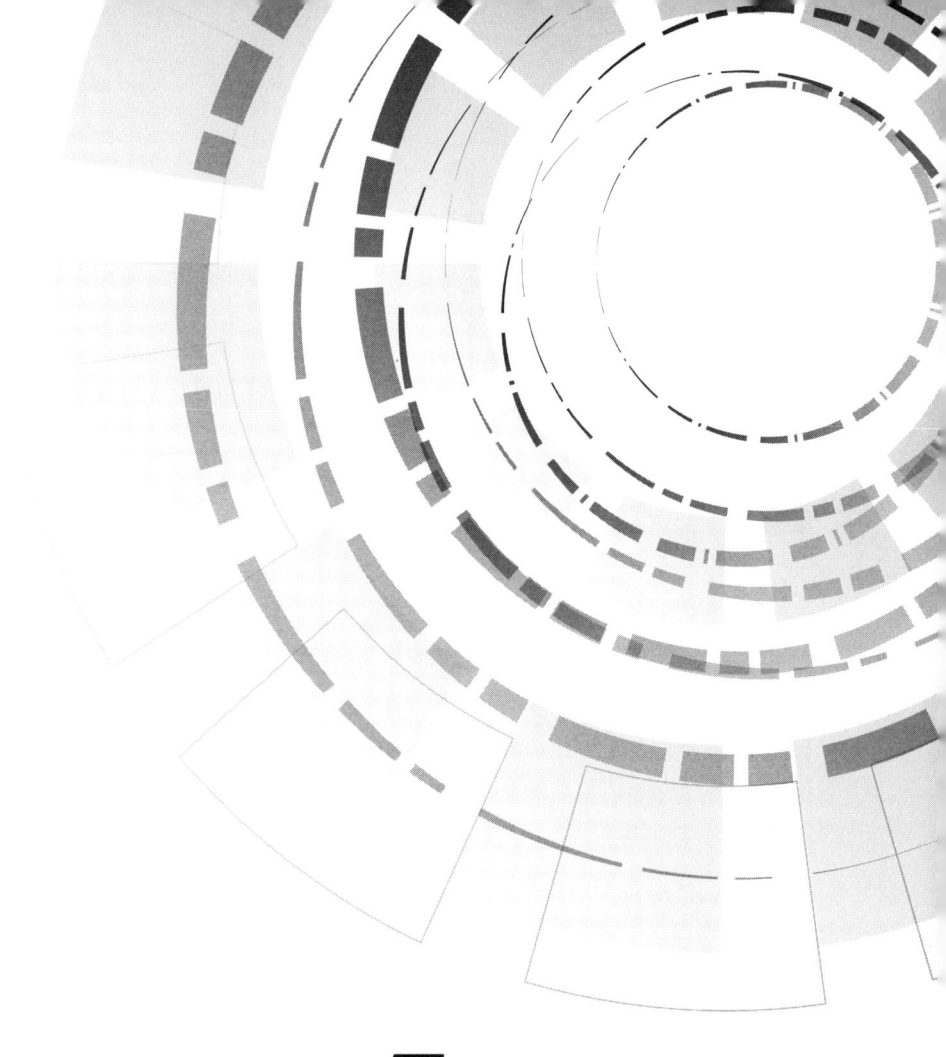

第 **5** 章

その 他
（関連する法的制度等）

20 AIの利活用に伴う貸金業法の留意点

Q 1 AIを用いる上で、貸金業法との関係で留意しなければならない事項は何か。
2 AIを用いた債権回収によって生じ得る責任としては、どのようなものが考えられるか。

A 1 貸金業法上との関係では、例えば、帳簿作成、領収書の発行、交渉履歴、取立行為規制及び貸金債権の譲渡・委託などの事項について留意しなければならない。
2 1.行政上の責任（本件では、貸金業法上の責任）、2.民事上の責任、3.刑事上の責任、という三つの責任が考えられる。

I 貸金業法

1 貸金業

　貸金業法（以下「法」という）は、業として貸付を行う事業者を規制する法律であり、「貸金業者」としての登録制度や「貸金業者」が行う貸付についての規制を定める法律である。すなわち、金銭の貸付又は金銭の貸借の媒介を業として行う場合には、一定の例外に該当する場合を除き、「貸金業者」としての登録が必要となり、同業者は、貸金業法に基づき業務を行う必要がある（法3条）。

2 貸金業法上の規制の内容とAIを用いる場合の留意点

(1) 取立行為規制（委託先も含まれること）

　①貸金業を営む者又は②貸金業を営む者の貸付の契約に基づく債権の取立

てについて貸金業を営む者その他の者から委託を受けた者は、貸付の契約に基づく債権の取立てをするに当たって、人を威迫し、また法21条1項各号に掲げるような言動その他の人の私生活若しくは業務の平穏を害するような言動をしてはならない（法21条1項）ことと規定されており、AIのプログラムを設定する際に、同規律に反しないよう留意しなければならない。

なお、取立行為規制については、貸金業者向けの総合的な監督指針Ⅱ-2-19において、「人の私生活若しくは業務の平穏を害するような言動」に該当する可能性のある事項の例示だけでなく（法2条1項1号、3号及び9号に規定する）、「正当な理由」に該当する可能性のある事項についての例示などが示されており、取立行為の監督に関する詳細な内容が記載されているため、同内容にも留意する必要がある〔**脚注1**〕。

(2) 受取証書の発行

貸金業者は、貸付の契約に基づく債権の全部又は一部について弁済を受けたときは、そのつど、直ちに、内閣府令〔**脚注2**〕で定めるところにより、法18条1項各号に掲げる事項〔**脚注3**〕を記載した書面を、当該弁済をした者に交付しなければならない（法18条1項柱書）。もっとも、預金又は貯金の口座に対する払込みその他内閣府令で定める方法により弁済を受ける場合においては、当該弁済をした者の請求があった場合においてのみ、同交付が義務づけられている（同条2項）。

同受取証書については、弁済を受けた場合において、AIによる受取証書発行及び交付の自動化といった対応を図ることが考えられるところである。

このような対応を実現する上では、受取証書の内容について、法的に記載

1 　この点、第3章13にもあるとおり、SMS等のシステムを用いた手法による債権回収などにも規制が及ぶこととなる点も注意する必要がある。
2 　貸金業法施行規則15条参照
3 　ここでいう事項というのは、以下のものである。
　一　貸金業者の商号、名称又は氏名及び住所
　二　契約年月日
　三　貸付けの金額（保証契約にあっては、保証に係る貸付けの金額）
　四　受領金額及びその利息、賠償額の予定に基づく賠償金又は元本への充当額
　五　受領年月日
　六　前各号に掲げるもののほか、内閣府令で定める事項

することが義務づけられている事項を全て網羅できているかといった点や、預金又は貯金の口座に対する払込みその他内閣府令で定める方法により弁済を受ける場合において、弁済をした者からの交付の請求がされたときにのみ、AIで同交付が行われるようプログラムされているかどうかという点などを確認する必要がある。

⑶　帳簿の作成及び備付け

　貸金業者は、内閣府令で定めるところにより、その営業所又は事務所ごとに、その業務に関する帳簿を備え、所定の事項を記載し、これを保存しなければならない（法19条）。ここでいう所定の事項には、「交渉の経過の記録」が含まれる（貸金業法施行規則16条1項7号）。

　「交渉の経過の記録」とは、債権の回収に関する記録、貸付の契約（保証契約を含む）の条件の変更（当該条件の変更に至らなかったものを除く）に関する記録等、貸付の契約の締結以降における貸付の契約に基づく債権に関する交渉の経過の記録のことを指している〔**脚注4**〕。

　上記記録については、個別の債務者ごとの交渉を踏まえた内容とする必要があり、実務上は作成の負荷が高いため、例えば、AIによる自動文字起こし機能を用いて、当事者間においてどのような交渉（やりとり）がなされたのかを文章化する、といった対応が考えられるところである。

II　具体的な事例を踏まえた責任に関する検討

1　前提とする具体的な事例

　以下では、貸金業登録を行っている事業者（貸金業者）が、AIサービス事業者（当該貸金業者の代理店等ではなく、また、弁護士やサービサーではない者とする）に対して、貸付債権の管理回収業務の一部を委託するケースを想定する。

　このようなケースでは、貸金業者は、AIサービス事業者が提供する債権

4　「貸金業者向けの総合的な監督指針」II‒2‒17⑴③参照

図表20-1　AIを用いた督促行為のイメージ

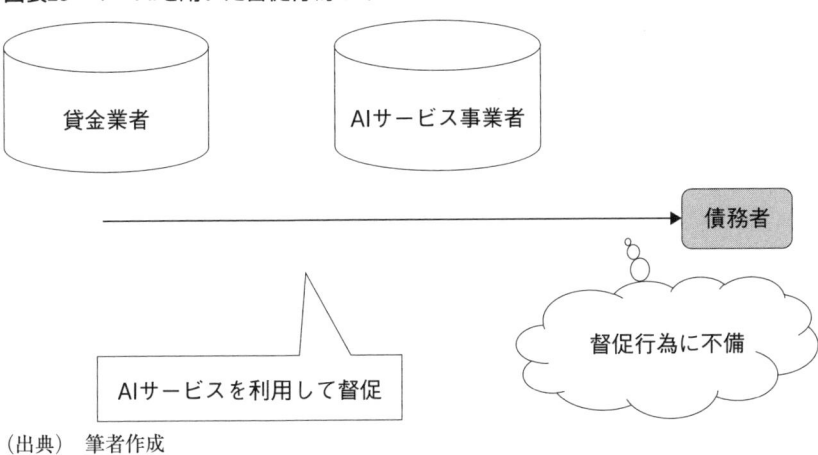

（出典）　筆者作成

管理回収に係るサービス（例えば、AIで自動的に選別した債務者等に対して、SMSを利用した督促通知を行うようなサービス）を利用することになるところ、当該サービスに不備があり、督促通知において必要的な記載事項が欠落していたり、本来督促すべきでない債務者等に対して督促したことにより、私生活の平穏を害する事態に至った場合などに、だれがどのような責任を負うのであろうか。

2　行為主体についての検討

　行為主体を特定する際には、AI債権管理回収システムによる督促の主体、すなわち、督促の対象や方法、時期に関する事項の判断を行う主体の特定が重要となる。

　貸金業者が、どの債務者等に対して、どのような方法で債務者等に連絡等をするのかといった判断に係る事務の一切をAIサービス事業者に委ねていた場合には、実質的には、AIサービス事業者による督促行為が行われたものと解されるため、「弁護士……以外の者が委託を受けて法律事件に関する法律事務である特定金銭債権の管理及び回収を行う営業又は他人から譲り受けて訴訟、調停、和解その他の手段によって特定金銭債権の管理及び回収を

行う営業」（債権管理回収業に関する特別措置法2条2項）を行っているものとして、無許可営業に該当し、債権管理回収業に関する特別措置法（以下「サービサー法」という）違反となるおそれがある〔**脚注5**〕。

　もっとも、AI事業者が督促等に係る実質的な判断を行うケースはほぼなく、実務的には、貸金業者が、AI事業者から提供を受けたAIサービサーを用いて督促等を行うケースが圧倒的に多いものと考えられる。

　そこで、Ⅲ以降では、貸金業者（委託された弁護士又はサービサーも含む。以下同じ）がAI債権管理回収システムによる督促の主体となっているケースを念頭に置いた検討を行う。

Ⅲ　行為規制に関する問題点

1　行為規制に反する行為

　上述のように、貸金業には、複数の行為規制が課せられており、全ての行為規制について検討することはむずかしいため、本書では、貸金業者又はAIを用いた債権管理回収サービスを提供する事業者によるAI債権管理回収システムを通じた督促において、法21条の取立行為に規制に反した督促がされた場合についての検討を行う。

　上記Ⅰ2(1)で指摘したところではあるが、法21条の取立行為規制に反する行為として、以下のようなもの（貸金業法施行規則19条参照）が考えられる。

　　①　正当な理由なき、午後9時から午前8時までの時間帯における督促
　　　　行為
　　②　正当な理由なく、債務者等から連絡をとる時期等の申出を受けたに
　　　　もかかわらず、それ以外の時期に督促行為をすること

5　無許可営業を行った者は、3年以下の懲役若しくは300万円以下の罰金に処せられる（サービサー法33条1号）こととなる。また、サービサー自身が無許可営業を行わせた場合も、サービサーに対して、同様の刑罰が科せられることとなる（サービサー法33条3号、14条）。

③ 正当な理由なく、勤務先、その他居宅以外の場所へ連絡すること

④ 債務者の借入事実を債務者以外の者に明らかにすること

⑤ 債務者代理人就任後の債務者への直接連絡

そのため、例えば、AI債権管理回収システムを通じた督促が、午後9時から午前8時までの間にされてしまった場合や、債務者等から連絡をとる時期等の申出を受けたにもかかわらず、それ以外の時期にAI債権管理回収システムを通じた督促を行ってしまった場合には、法21条の取立行為規制に反する行為に該当することとなってしまう。

なお、上記取立行為規制に反するAI債権管理回収システムを通じた督促がなされてしまう原因については、後に検討を行う。

2 責 任 論

では、このような行為規制に反する督促がされた場合の責任については、どのように考えられるか。

大まかな責任の区別としては、①行政上の責任（本件では、貸金業法上の責任）、②民事上の責任、③刑事上の責任という三つが考えられる。

3 貸金業法上の責任

貸金業者が督促の主体である場合には、当該貸金業者が貸金業法違反としての責任主体となる。そして、課せられる処分としては、業務改善命令（法24条の6の3）、登録の取消し・業務停止命令（法24条の6の4第1項2号（法令違反））といったものが考えられる。

4 民事上の賠償責任

民事上の責任については、①契約当事者間における責任（すなわち、債権回収を委託した貸金業者と委託を受けたAI事業者間における問題）と、②第三者に対する責任といったものが考えられるが、本書では、②について考察を行っていく〔脚注6〕。

（1）　不法行為責任の検討

このような場合には、当該貸金業者が賠償責任の主体となる。ここで考えられる賠償責任というのは、不法行為に基づく損害賠償責任（民法709条）である。

前提として、不法行為に基づく損害賠償請求は、以下の要件を満たしている必要があるとされている〔脚注7〕。

①　被害者の権利又は法律上保護される利益が侵害されたこと

②　行為者の故意又は過失

③　故意・過失行為と被害者の権利・法益侵害との間の因果関係（責任設定の因果関係）

④　損害の発生

⑤　権利・法益侵害と損害との間の因果関係（賠償範囲の因果関係）

上記各要件のうち、本書では、②行為者の故意又は過失の要件について検討をしていく。

ⓐ　「行為者」

②の要件は、「行為者」自身に「故意又は過失」があることを責任の要件としているところ、AI債権管理回収システムを通じた督促が行為規制に反する場合における「行為者」というのは、同システムを通じた督促を行った者（以下「AI利用者」という）を指している。そのため、②要件との関係では、AI利用者（すなわち、賃金業者）自身の「故意又は過失」が必要となる。

他方、督促の主体ではない債権回収システムを提供したAI事業者は、あくまでもシステムを提供したにすぎず、AI利用者でもないことから、「行為者」とはいえないため、貸金業者と同様の不法行為に基づく損害賠償責任（民法709条）を当然に負うものとは考え難い。

6　なお、①については、当事者間の契約内容によって責任の内容が変動し得るものの、例えば、AIサービス事業者が提供したAI債権回収システムに不備が生じてしまったために貸金業者に損害が生じたというような場合には、契約不適合に基づく損害賠償責任（民法564条、415条1項）の対象となる可能性がある。

7　潮見佳男『民法（全）』（有斐閣、2017）500～501頁

もっとも、AI事業者が、共同不法行為者として賠償責任を負う（民法719条1項）か否かについては、議論の余地があるところである。すなわち、例えば、AI事業者が、貸金業者に対して、貸金債権の債権管理回収にも対応したシステムとしてAI債権管理回収システムを提供していた場合には、不法行為の共同性が肯定されるとして、AI事業者による共同不法行為性が肯定される可能性があるといえる。

(b)　「故意又は過失」

　例えば、AI利用者である貸金業者が、取立行為規制に反することを認識した上で、AIに指令を与えて取立行為を行った場合には、行為者（すなわち貸金業者）自身に「故意」があったといえるであろう。

　他方、「過失」の有無については、議論の余地が残されているところである。すなわち、「過失」とは、結果発生の予見可能性がありながら、結果の発生を回避するために必要とされる措置（行為）を講じなかったこと、つまり、結果回避義務に対する違反をいう〔脚注8〕。

　この点、AI利用者の「過失」を否定する見解として、AIの行為は、AIが繰り返し行った学習の結果としての行為であり、AI利用者が予見可能であったとは言い難いと主張する見解も見受けられる。このような見解は、AIを利用する貸金業者としても、AI債権管理回収システムによる督促行為について、AIがどのような場合に、どのような動きをするのかについて予測をすることが困難である（貸金業者の予測可能性が否定される）として、「過失」要件を満たさないという結論に帰着し得る。

　もっとも、AIによる自動運転における運転者の過失の有無に関する議論においては、自動運転の性能区分によって運転者の過失の考え方に差異はあるものの、運転者による過失を認める考えが採用されている（46頁以降参照）。

　そのため、このような議論が、AI利用者たる貸金業者の過失の有無に関する検討において妥当するものと整理した上で、一定のAIの性能区分にお

8　潮見佳男『民法（全）』（有斐閣、2017）502頁

いては、貸金業者に「過失」があるものと整理される可能性は決して否定できないものと考えられる。

(2) 貸金業者とAI事業者との権利調整（求償処理）

上記では、取立行為を行った側の者と、取立行為をされた側の者との法律関係を中心に検討をしてきた。以下では、取立行為を行った側の者らの間での法律関係（すなわち、貸金業者とAI事業者との間の法律関係）について検討していく。

⒜ 共同不法行為の場合

仮に、上記検討において触れた共同不法行為に基づく損害賠償責任（民法719条1項）が肯定される場合において、貸金業者又はAI事業者のいずれかが、被害者に対して、損害の全額賠償を行ったときには、両者の帰責性の程度に応じ、他方の不法行為責任者に対して求償権を行使することができるものと考えられるところである〔**脚注9**〕。

⒝ 貸金業者が単にAI債権管理回収システムの利用者であった場合

仮に、貸金債権の債権管理回収にも対応したシステムである旨のサービス提供者からの説明を受けていたにもかかわらず、当該システムの不備によって行為規制に反した場合においては、貸金業者は、第三者に対して負担した金員の全てについて、サービス提供者に対して、債務不履行に基づく損害賠償請求を行使（民法415条1項）できる可能性がある。

このとき、サービス利用約款に免責規定があったとしても、上記システムの不備は、サービスの本質的な部分となるため、免責の対象とはならないと判断されることもあり得る。

なお、上記貸金債権の債権管理回収にも対応したシステムである旨の説明がない場合には、システムの問題なのか、あるいは利用の仕方の問題なのかを、同システムの利用契約の内容に従い判断した上で、債務不履行の有無を検討することになるものと考えられる。

9　最判昭和41・11・18民集20巻9号1886頁参照

(c) 貸金業者がAI事業者にAI債権管理回収システムの開発依頼をしていた場合

　これまでは、AI事業者による既成システムの提供を前提としていたが、ここでは、新規AI債権管理回収システムの開発・提供後において、同システムの不備によって行為規制に反してしまった場合を前提に検討する。

　このような場合、貸金業者が、AI事業者に対して、「制御プログラムの組入れ」を要求事項に含ませていたときは、同プログラムの不備が、契約内容に適合しない目的物を引き渡したとして、同業者に対し、契約不適合に基づく責任追及（民法562条1項など）を行える可能性がある。

　もっとも、上記プログラムの組入れに関する要求のみ行い、貸金業者において、その後のテストやチェックなどの措置を講じていなかったという場合には、AI事業者に対する責任追及（例えば損害賠償請求）において、貸金業者にも帰責性があったとして、損害賠償額について過失相殺（民法722条2項）がなされることも考えられないことではない。

5　刑事上の責任

　取立行為規制に反した場合の刑事上の責任としては、①取立規制違反罪（2年以下の懲役若しくは300万円以下の罰金又は併科、法47条の3第3号）、②業務命令違反罪（量刑は同じ、法47条の3第4号〔**脚注10**〕）が考えられる。

　①の取立規制違反罪について、故意に違反した場合でなければ、罪に問われないものとされている。

　②の業務命令違反罪については、故意に命令に背いた場合には問題となるが、このようなことは実務上の観点からして想定し難いものと考えられる。

10　ここでいう業務命令というのは、法41条の4を指しているところ、貸金業法違反の問題について、システムを用いた督促行為の実施主体が貸金業者又はAI事業者いずれの場合であるかにかかわらず、業務改善命令の対象は賃金業者となるものと考えられる。

6 AI事業者の責任負担の可能性

民事上の責任の問題について、いずれのケースにおいても、貸金業者が第一次的な賠償責任を負担することになると思われる。

AI事業者が責任を負うか否かについては、程度の問題も含め、規則違反が発生した原因によって、差異が出ると思われる。

前提として、AI債権管理回収システムを通じた督促において、上記規制に反する督促がなされてしまう原因としては、例えば、以下のようなものが考えられる。

① システムのプログラムにおいて、法律上のルールを遵守するための制御プログラムが組み込まれていないこと

② 制御プログラムは組み込まれていたものの、システムがマルウェアに感染し、プログラムが破壊されていたこと

③ 突然の災害により、システムダウンが起こり、その後復旧したが、当日の督促データの一部が削除されていたため、復旧時に、夜間の時間帯にもかかわらず、督促が行われてしまったこと

そして、上記①〜③のように原因を整理した場合には、それぞれ下記のような問題があると考えられる。

(1) 原因①の場合

貸金債権の債権管理回収業務を担う事業者である以上、法律遵守のための制御プログラムを組み込む対応が必須であるとしてAI事業者も、貸金業者とともに、第一次的な責任からは免れないとして、両者が共同不法行為者となる可能性が高い。

共同不法行為者間の権利調整については、「制御プログラム」の開発・利用責任をどちらが負うかの問題になると思われる。

(2) 原因②の場合

マルウェア感染について、帰責性が認められるか否かという問題と整理することができる。AI債権管理回収システムの提供事業者がマルウェアに感染した場合には、提供事業者として、マルウェアの感染に関し、事前に十分な対策を施していたか否かが重要な事実となり得る。また、貸金業提供事業

者の選定、定期的な監査、マルウェア感染に対する対策の有無等の点で、過失がなかったか否かも、責任負担の割合を決する上で、重要な事情になるといえる。

(3) 原因③の場合

災害発生時の対応について、帰責事由が認められるかの問題と整理することができる。災害発生時の対応について、対応策が作成されていたか、実際に同対応策に従った対策がとられていたか等の点で過失がなかったか否かが問題になるといえる。

21 後払サービスにおけるAI技術の利用可能性

Q
1　「後払サービス」とは何か。
2　後払サービスに係る各種法規制としては、どのようなものがあるか。
3　BNPL事業者は、顧客に対する後払サービスに係る債権を、サービサーに委託又は譲渡して回収することができるか。

A
1　「後払サービス」（「後払決済」）とは、法律などで明確な定義があるわけではなく、商品の購入時における代金の支払を不要とし、後から当該代金の支払をすることを可能とする決済サービスを総称した概念である。BNPL（Buy Now Pay Later）とも称され、クレジットカードに比して利便性の高いサービスとして、近年日本でも普及してきている。なお、後払サービスの法的構成としては、債権譲渡型と立替払型が存在する。

2　後払サービスに係る法規制に関しては、割賦販売法や犯罪収益移転防止法の適用の有無が問題となる。この点、後払サービスについては、さまざまな商品設計・法律構成のもとで行われており、各サービスごとに適用法令が変わり得るが、例えば、後払サービスを「個別与信型」かつ「マンスリークリア方式」として商品設計することで、割賦販売法、犯罪収益移転防止法の適用を受けることなくサービス提供することができると考えられる。

3　BNPL事業者は、顧客に対する後払サービスに係る債権を、サービサーを利用するかたちで管理回収することができると考えられる。

I 「後払サービス」とは何か

1 総 論

「後払サービス」（「後払決済」）とは、商品の購入時における代金の支払を不要とし、後から当該代金の支払をすることを可能とする決済サービスを総称した概念である。商品等〔**脚注1**〕を先に購入し（Buy Now）、後で支払う（Pay Later）決済方法として、「BNPL」とも称されている。

通常は、商品を受領する際に代金の支払を行う必要があるが、後払サービスにおいては、商品の購入を完了した後に、後払サービスを提供する事業者（以下「BNPL事業者」という）から送付される請求書にて指定された期限内に代金の支払を行うことができる。

この後払サービスは、クレジットに似たサービスとして位置づけられることがしばしばあるが、厳密にはその建付けは異なっており、より顧客の購買意欲を高め、利便性を向上させるサービスとして、近年日本でも普及してき

図表21-1 後払サービスの仕組み

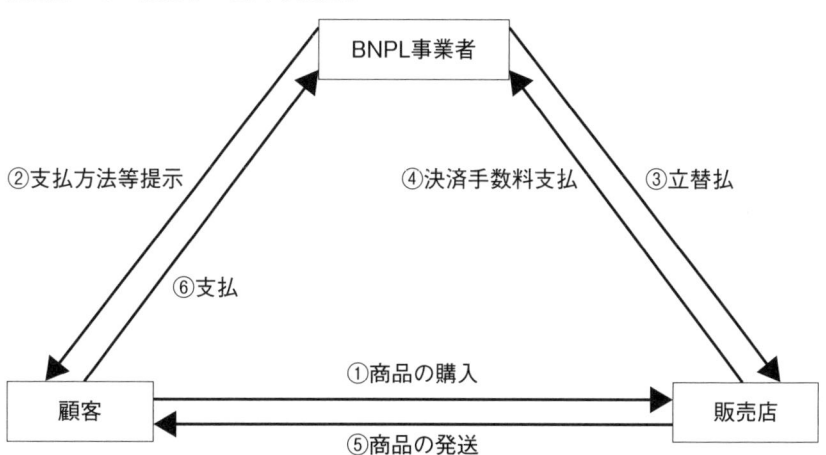

（注） 後述する「立替払型」を念頭に置いた仕組みである。
（出典） 筆者作成

---

1 商品の代金のみならず、役務の対価等も対象となる。

ている。

　なお、日本においては、後述するとおりこの後払サービス自体を直接的に規制する法律は現在存在しないが、例えば英国やオーストラリアでは、顧客の多重債務問題を懸念して、後払サービスの規制強化に向けた法整備が進んでおり〔脚注2〕、また、EUや米国でも同様の議論がなされている状況である。日本における後払サービスにおいても、今後は、法改正等により、直接的な規制が設けられる可能性が少なからずあるものと思われる。

2　法的構成

　実体法上、後払サービスは、債権譲渡又は立替払の法律構成が採用される。

　「債権譲渡型」は、BNPL事業者が加盟店から顧客に対する代金債権を譲り受け、顧客から一定の期日に弁済を受けるという構成である。この構成の場合は、顧客が有する抗弁権（民法468条1項〔脚注3〕）を放棄させることが通例である。

　他方で、「立替払型」は、BNPL事業者が加盟店に対して代金の立替払を実行し、顧客に対して一定の期日に求償するという構成である。この構成の場合は、顧客がBNPL事業者に対して代金の立替払を委託すること等を内容とする立替払契約がBNPL事業者及び顧客間において締結されることが一般的となっている。

2　英国政府は、2023年2月14日、金融業者が後払サービスを開始するために金融行為監督機構（FCA）の認可を受ける必要があるほか、顧客の返済能力を査定し、融資に関する明確な情報を提供することを義務づける旨等を内容とする法案を公表している。
　　また、オーストラリア政府は、同年5月22日、BNPL事業者が顧客に与信する前に信用情報の紹介を義務づける等、後払サービスを顧客金融に再分類して規制する方針を明らかにしている。
3　「債務者は、対抗要件具備時までに譲渡人に対して生じた事由をもって譲受人に対抗することができる。」（民法468条1項）。抗弁権の内容としては、弁済その他の事由によって債権の一部又は全部が消滅したこと、各種の抗弁権・取消権等があげられるが、もちろんこれらに限られず、契約の解除、期限の猶予等、さまざまな事由が問題となり得る（我妻榮ほか『我妻・有泉コンメンタール民法〔第8版〕―総則・物権・債権』日本評論社、2022）974頁。

以上のとおり、後払サービスには、二つの法的構成が存在する。いずれの構成においても、サービスとしての基本的な流れが大きく異なるものではないが、近時は、立替払構成を採用するBNPL事業者が多いように思われる。

　ただし、上記の法的構成は、後払サービスを提供するBNPL事業者に対して、割賦販売法や犯罪収益移転防止法の適用があるか否かという結論とは、直接的に関連しない。これらは、当該後払サービスにおけるカード等の交付の有無や、与信審査の方法などによって、結論づけられることになる（詳細は後述する）。

II　後払サービスに係る各種法規制

1　総　　論

　前述のとおり、日本において、後払サービス自体を直接的に規制する法律は現在存在しない。

　しかしながら、類似する後払式の決済サービスを規律する割賦販売法に規定される「包括信用購入あっせん」（同法2条3項）、「個別信用購入あっせん」（同条4項）又は「二月払購入あっせん」（同法35条の16第2項）等に該当する可能性があるものと考えられる。

　また、BNPL事業者が「包括信用購入あっせん業者」や「二月払購入あっせん業者」に該当する場合は、犯罪収益移転防止法の適用対象となる。

　以下、各種法規制の適用の有無と後払サービスにおける商品設計の現状について説明することとする。

2　割賦販売法の適用の有無

(1)　割賦販売法の各種規制

　まず、割賦販売法では、さまざまな事業について定義づけした上で、一定の事業については、登録が必要であるとしている。その主なものは、以下のとおりである。

(ア)	「包括信用購入あっせん業者」（イシュア）の登録
	「包括信用購入あっせん」とは、事業者が、①利用者にカード等を交付し又は付与し、②利用者がそのカード等を利用して商品若しくは権利を購入し又は役務（サービス）の提供を受けるときは、その代金・対価に相当する額を販売業者又は役務提供事業者に交付し、③利用者からその代金・対価に相当する額を、あらかじめ定められた弁済期までに受領（2か月を超えない範囲において弁済期が定められている場合を除く）し、又はリボルビング方式により受領することをいう〔脚注4〕。
	この「包括信用購入あっせん」を業として営むためには、経済産業省に備える包括信用購入あっせん業者登録簿への登録を受けなければならない（同法31条）。
(イ)	「個別信用購入あっせん業者」の登録
	「個別信用購入あっせん」とは、事業者が、①カード等を利用することなく、②特定の販売業者又は役務提供業者から購入者又は役務の提供を受ける者が商品・指定権利を購入し又は役務を受領することを条件として、その代金・対価に相当する額を当該販売業者又は役務提供事業者に交付し、③その金銭の返還を受けることをいう〔脚注5〕。
	この「個別信用購入あっせん」を業として営むためには、経済産業省に備える個別信用購入あっせん業者登録簿への登録を受けなければならない（同法35条の3の23）。
	ただし、販売契約又は役務提供契約の締結日から2か月以内に弁済が完了することが予定されていないものについては、個別信用購入あっせんからは除外され、割賦販売法の適用はない

4　中崎隆『詳説　特定商取引法・割賦販売法』（金融財政事情研究会、2021）193頁
5　前掲注4・311頁

	（いわゆるマンスリークリア方式の個別信用購入あっせん）。
(ウ)	「二月払購入あっせん」 　「二月払購入あっせん」とは、包括信用購入あっせんと同様の包括的な与信を前提とする取引のうち商品の売買契約等の締結から二月を超えない範囲内においてあらかじめ定められた時期までに事業者が顧客から代金を受領することをいう。いわゆるマンスリークリア方式の包括信用購入あっせんである。 　このマンスリークリア方式の場合には、「包括信用購入あっせん」の定義に該当しないため、「包括信用購入あっせん業者」としての登録が不要とされている。
(エ)	「クレジットカード番号等取扱契約締結事業者」（アクワイアラ）の登録 　カード決済サービス（「包括信用購入あっせん」だけでなく、「二月払購入あっせん」に該当するサービスも含む）に係る加盟店契約の締結を業として営む〔脚注6〕場合には、経済産業省に備えるクレジットカード番号等取扱契約締結時業者登録簿への登録を受けなければならない（同35条の17の2）。

(2)　後払サービスと割賦販売法の各種規制

(a)　「包括信用購入あっせん」「二月払購入あっせん」該当性

　前述のとおり、包括信用購入あっせんに該当するためには、「①利用者にカード等を交付し又は付与し」という要件を満たすことが必要不可欠となる。この点、「カード等」とは、「それを提示し若しくは通知して、又はそれと引換えに、特定の販売業者等から商品……を購入（……す）ることができるカードその他の物又は番号、記号その他の符号」をいい（割賦販売法2条

6　この該当性判断に当たっては、加盟店との間の契約締結について最終的な決定権限を有する者がだれなのか、という点がポイントとなる。

３項１号）、クレジットカードに代表される、いわゆる「人」単位で包括的な与信枠を付与するものが前提となっている（この点は、二月払購入あっせんも同様である）。

　この点、後払サービスにおいても、顧客に対して包括的な与信を行った上で、番号等を提供し、顧客が当該番号等を利用することで決済が行われ、また、その後の支払についても分割払いなどが可能なものがある。このようなサービスについては、包括信用購入あっせんに該当する（また、支払方法が翌月１回払いのみの機能を有する後払サービスについては、二月払購入あっせんに該当する）。

　これに対して、後払サービスの多くは、顧客に対してクレジットカードのような物や個々の番号等を交付等することを想定していない。包括的な与信をするものではなく、基本的には、販売店との間の個々の「取引」単位に注目して、取引のつど、与信審査を実施することが一般的となっている。このような後払サービスは、「カード等」を用いるものではなく、「包括信用購入あっせん」に該当しないという整理が定着しているものと考えられる。

　なお、後払サービスにおいて仮に会員制を採用し、個々の顧客に対して会員番号を付与したような場合において、当該会員番号をもって決済の用に供することとなれば、「人」単位の包括的な与信に近い性質を帯びるため、上記「カード等」を用いるものと評価され、「包括信用購入あっせん」に該当するリスクが残るものと思われる。

　しかしながら、この点については、会員番号をあくまで個々の顧客を特定するためのキーであると整理した上で、実際の決済に当たっては個々の取引のつど審査を実施するかたちとすれば、依然として「カード等」を用いるものではないとの整理が可能であると考えられる。

　⒝　「個別信用購入あっせん」該当性

　以上のとおり、後払サービスの多くは「包括信用購入あっせん」に該当しないという整理が可能であるものの、「カード等」を利用することなく個々の取引ごとに与信するサービスとして「個別信用購入あっせん」に該当する可能性が高い。

したがって、多くのBNPL事業者は、顧客の支払方法について翌月一括払いとする等、マンスリークリア方式を採用することによって、後払サービスを「個別信用購入あっせん」の定義除外として整理し、割賦販売法上の適用がないとすることが多い。

3　犯罪収益移転防止法の適用の有無

(1)　犯罪収益移転防止法の各種規制

犯罪収益移転防止法は、金融機関等の一定の類型に属する事業者（「特定事業者」）にさまざまな義務を課しているが、本章では紙面の関係から、次のとおり主たる二つの義務を簡単に紹介することとする。

(a)　取引時確認義務

特定事業者は、一定の取引を行う場合には、取引時確認を行う義務がある（犯罪収益移転防止法4条等）。この取引時確認は、本人特定事項の確認を要素とする本人確認、取引の目的及び職業・事業の内容等の確認を含むものであり、要するに、取引の際に、相手方の身元や取引内容等を確認する手続である。

この取引時確認は、マネー・ローンダリング等が行われることを事前に防止するほか、マネー・ローンダリング等が実際に行われた際の事後的なトレースを可能にするという効果を有しており、犯罪収益移転防止法上の重要な義務の一つとして位置づけられている。

(b)　疑わしい取引の届出義務

特定事業者は、一定の取引において収受する財産が犯罪による収益である疑いがあるか否か、又は顧客等が取引に関して組織的犯罪処罰法10条若しくは麻薬特例法6条（犯罪収益等の隠匿）の罪に当たる行為を行っている疑いがあるか否かを判断した上、これらの疑いがあると認められる場合には、すみやかに、行政庁に疑わしい取引の届出を行う義務がある（同法8条等）。

この疑わしい取引の届出制度は、犯罪収益に係る取引に関する情報を集めて捜査に役立てることや、特定事業者のサービスが犯罪者によって利用され

ることを防止し、金融機関や金融システムの健全性及びこれらに対する信頼を確保することを目的としており、取引時確認と並んで犯罪収益移転防止法上の重要な義務の一つとして位置づけられている。

(2) 後払サービスと犯罪収益移転防止法の各種規制

前述のとおり、犯罪収益移転防止法の各種規制が適用されるのは、「特定事業者」に限られる。

この「特定事業者」については、同法2条2項各号に列挙されているところ、同項40号は、クレジットカードの発行業務（イシュイング業務）を行う事業者、すなわち包括信用購入あっせん業者及び二月払購入あっせん業者をあげている〔**脚注7**〕が、個別信用購入あっせん業者は、特定事業者に含まれていない。

このようにBNPL事業者が行う後払サービスが「包括信用購入あっせん」や「二月払購入あっせん」に該当する場合には、特定事業者として、犯罪収益移転防止法の適用を受けることになる。

これに対して、後払サービスが「個別与信型」であれば、犯罪収益移転防止法の適用を受けない。

4　各種法規制と後払サービスの商品設計

これまで検討したとおり、後払サービスの多くは、「個別与信型」かつ「マンスリークリア方式」と商品設計することで、割賦販売法や犯罪収益移転防止法の適用を受けることなくサービスを提供することができる。実際に多くのBNPL事業者は、自社の後払サービスをそのように設計することで円滑なサービス運営を図っている。

以上をまとめると、図表21－2のように整理できる。

7　二月払購入あっせん業者は、クレジットカード発行業務を行うに当たり、割賦販売法に基づく登録は不要であるが、犯罪収益移転防止法上は、「特定事業者」として各種規制の適用を受けることとなっている。

図表21-2　後払サービスに対する法規制

			包括与信型サービス		個別与信型サービス	
			包括信用購入あっせん	二月払購入あっせん	個別信用購入あっせん	後払サービス（マンスリークリア方式）
顧客向けサービス	割販法	登録制	○	×	○	×
		行為規制	○	×	○	×
	犯収法	行為規制	○	○	×	×
加盟店向けサービス	割販法	登録制	○	○	×	×
		行為規制	○	○	○	×

（出典）　筆者作成

Ⅲ　BNPL事業者の債権管理回収（サービサーへの委託・債権譲渡の可否）

1　「特定金銭債権」の定め

　「特定金銭債権」とは、債権管理回収業に関する特別措置法（以下「サービサー法」という）2条1項各号に掲げる債権をいう。この特定金銭債権は、弁護士法〔**脚注8**〕の特例として、債権管理回収会社（以下「サービ

8　弁護士法73条は、「何人も、他人の権利を譲り受けて、訴訟、調停、和解その他の手段によって、その権利の実行をすることを業とすることができない。」と規定している。ここでいう「権利」には、債権も含まれるため、他人から債権譲渡を受け、訴訟や交渉を通じて債務者に債務の履行を求めるような行為を業として行ってはならないということも同条のカバーする内容である。
　　また、弁護士法72条は、「弁護士又は弁護士法人でない者は、報酬を得る目的で訴訟事件、非訟事件……その他一般の法律事件に関して……代理……和解その他の法律事務を取り扱い、又はこれらの周旋をすることを業とすることができない」として、いわゆる「非弁行為」に言及しているが、同条ただし書は、「ただし、この法律又は他の法律に別段の定めがある場合は、この限りでない」と規定している。サービサー法における債権管理回収会社や特定金銭債権の概念は、まさにこの「他に法律に別段の定めのある場合」として位置づけられている。

サー」という）が「債権管理回収業」〔**脚注9**〕を行うことができる債権としてサービサー法上規定されているものである。

　後払サービスの提供に伴ってBNPL事業者が顧客に対して有する債権がこの特定金銭債権に該当しなければ、BNPL事業者は、サービサーに対して当該債権の管理回収を委託又は債権譲渡を行うことができず、別途、当該管理回収について弁護士に委託するほかなくなるため、BNPL事業者のコスト管理の観点からすれば、当該債権が特定金銭債権に該当するか否かは、後払サービスにおいて留意すべき点である。

2　「特定金銭債権」該当性
(1)　サービサー法2条1項5号

　まず、サービサー法2条1項5号は、利用者に「証票その他の物」（以下「証票等」という）を交付し、「当該利用者がその証票等と引き換えに又はこれを提示して販売業者等から商品を購入し、又は役務の提供を受ける場合において、その代金……の全部又は一部に相当する金額を当該販売業者等に交付し、……契約に基づいて、当該利用者に対し生ずる金銭債権」、すなわちクレジットカード債権を特定金銭債権として規定する（なお、同号は、マンスリー方式による二月払購入あっせんについても包含するものである）。

　この点、後払サービスの商品においては、上記のとおり、顧客に対して包括的な与信を行った上で、番号等を提供し、顧客が当該番号等を利用することで決済が行われるものがあり、このようなサービスは、サービサー法2条1項5号に該当するものとして、特定金銭債権に該当する。

　なお、後払サービスの中には、アプリ上でカード番号等を通知するのみであったり、QRコードやバーコードをスマートフォンで読み取ったり、販売店に提示させたりするなど、必ずしも物理的なカードや有体物を発行しない

9　弁護士、弁護士法人又は弁護士・外国法事務弁護士共同法人以外の者が委託を受けて法律事件に関する法律事務である特定金銭債権の管理及び回収を行う営業又は他人から譲り受けて訴訟、調停、和解その他の手段によって特定金銭債権の管理及び回収を行う営業をいう（サービサー法2条2項）。

サービスもあるところ、このような場合においても「証票その他の物」の要件〔脚注10〕を満たすかが問題となる。もっとも、サービサー法2条1項5号は、QRコードやバーコードをスマートフォンで読み取ったり、販売店に提示させる等のサービス形態を排除するものではないため、（最終的には個別のサービスごとの検討は必要とはなるものの）このような場合であっても、特定金銭債権に該当し得ると考える。

(2) サービサー法2条1項6号

次に、サービサー法2条1項6号は、「証票等を利用することなく、販売業者等が行う……購入者等への商品の販売……を条件として、その代金……の全部又は一部に相当する金額を当該販売業者等に交付し、当該購入者等から当該金額を受領することを約する契約に基づいて、当該購入者等に対し生ずる金銭債権」、すなわち個別クレジットの場合において事業者が顧客に対して有する金銭債権が特定金銭債権に該当することを明記している（なお、同号は、マンスリー方式による個別クレジットを特段除外していない）。

この点、前述のとおり、後払サービスは、割賦販売法や犯罪収益移転防止法の適用を回避するため、「個別与信型」かつ「マンスリークリア方式」として商品設計されることが多い。

このような後払サービスにおいてBNPL事業者が顧客に対して有する債権は、基本的には、上記のサービサー法2条1項6号に該当し、特定金銭債権になるため、BNPL事業者は、弁護士に委託することなく、サービサーに対して委託を行うことにより、顧客に対する債権回収を行うことができるものと考えられる。

ただし、同号は、基本的には個別クレジットを想定した規定であるため、BNPL事業者から加盟店への「資金の交付」と顧客による加盟店からの「商品等の購入」との間に密接牽連関係が認められることが必要とな

---

10 割賦販売法においては、カード等には「番号、記号その他の符号」が含まれることが明示され（割賦販売法2条3項）いわゆるカードレスの商品も適用対象とされることが明確にされているが、サービサー法は、「証票その他の物」とのみ規定し、カードレスの商品について該当するか否かが必ずしも明確ではない。

る〔**脚注11**〕。

　この密接牽連関係の要件は、「資金の交付」及び「商品等の購入」の手続的一体性・内容的一体性や、BNPL事業者と加盟店との一体性（人的関係・資本関係等）等の要素を考慮して総合的に判断されるものであるが、特にBNPL事業者と加盟店との間の提携関係の有無が重要視される傾向があるため〔**脚注12**〕、実務上は、例えば、両者の間の加盟店契約又はこれと同視し得る契約等の存在がポイントとなる。

　以上に対して、後払サービスを、前述する「債権譲渡型」として商品設計したような場合は、密接牽連関係が認められることはむずかしいと考えられる。このような商品設計をした場合には、サービサー法2条1項15号に該当する債権（いわゆるファクタリング債権）となるかという観点から特定金銭債権の該当性を検討する必要がある。

11　この密接牽連関係が認められない場合は、BNPL事業者から加盟店への「資金の交付」が「金銭の貸付け」（貸金業法2条1項柱書）に該当し、これを業として行う場合に「貸金業」の登録（同法3条）が必要となる可能性がある。
12　割賦販売法（後払分野）の概要・FAQ（経済産業省）問16においても、密接牽連関係が認められる典型的な例について、加盟店との間にいわゆる加盟店契約があるものが代表的である旨指摘されている。

22 「認定包括信用購入あっせん制度」の概要とその活用可能性

 割賦販売法において、AI技術等を使用して与信審査等を行う制度として、「認定包括信用購入あっせん制度」が創設されたが、どのような制度か。

A 「認定包括信用購入あっせん制度」とは、令和2年割賦販売法改正において創設された制度であり、与信審査について従来の画一的な算定方法が法令によって定められている支払可能見込額調査ではなく、各社がAI技術等を駆使して独自の調査を可能とする制度である。なお、少額包括信用購入あっせん制度もAI技術等を駆使して、独自の与信調査を可能とする点で共通するが、同制度は、極度額が少額（10万円以下）という制約がある。

I 導入背景

　クレジットカード各社は、元来、カード利用者に係る購入明細や支払実績等の膨大なデータを集積しており、近年、AI等をはじめとする情報分析技術の発展を機に、このようなデータに基づき、各社の創意工夫で、より効果的な与信審査を行い、支払可能見込額を柔軟に設定したいというニーズが存在していた。

　一方、割賦販売法（以下「割販法」という）は、与信審査に関し、包括信用購入あっせん業者（クレジットカード会社等の包括信用購入あっせんを業者とする事業者。以下、単に「カード会社」という）に対して、年収を基準とした画一的・定型的な包括支払可能見込額の調査義務を課していた（割販法30条の2）。

これらの背景をもとに、経済産業省の産業構造審議会商務流通情報分科会割賦販売小委員会中間整理（令和元年５月。以下「本中間整理」という）が公表され、この中で技術やデータを活用して支払可能な能力を判断できる場合には、画一的な規制によらず、「性能規定」を導入し、これを従来の支払可能見込額調査にかえることができるようにすることが提案された。

　この提案を踏まえ、支払可能見込額調査をせずとも包括事業者が利用者の与信審査をすることができるように令和２年の改正割販法により創設されたのが認定包括信用購入あっせん制度である。

II　認定包括信用購入あっせん制度の利用

　認定包括信用購入あっせん制度の概要は、以下のとおりである。

1　経済産業大臣の認定（割販法30条の５の４第１項及び２項）

　カード会社が包括支払可能見込額にかえて利用支払可能見込額〔脚注１〕の算定を行う場合には、法令上の基準を満たすことの認定を受ける必要がある。

　具体的には以下のとおり。

　　①　当該算定方法の基準として（割販法30条の５の４第１項１号）、ⓐ当該算定方法において不適正又は不十分な技術及び情報が利用されていないこと（割賦販売法施行規則（以下「規則」という）62条１項１号）、ⓑ利用者の支払能力に関する情報を当該利用者に対する不当な差別、偏見その他の著しい不利益が生じるおそれがあると認められる方法による利用していないこと（規則62条１項２号）、ⓒ法令に基づいて指定信用機関が算定する延滞率を超えないよう延滞率を管理すること（規則62条１項３号）

1　最低限度の生活の維持に支障を生ずることなく、利用者が包括信用購入あっせんに係る購入又は受領の方法により購入しようとする商品若しくは指定権利の代金又は受領しようとする役務の対価に相当する額の支払に充てることができると見込まれる額をいう。

② 態勢整備の基準として（割販法30条の5の4第1項2号）、当該算定方法の円滑な実施を確保するために必要な体制を定めること（規則62条2項）

2 申請するに当たってのポイント

認定包括信用購入あっせん事業者の認定の申請（規則61条）に当たっては、①利用者支払可能見込額の算定方法の概要を示した上で、②当該算定方法が法令上の基準を満たしていることを示す必要がある。

①②に関して、どのように、どの程度算定方法を記載すべきかを明確に示すことはむずかしいが、利用者支払可能見込額算定のフロー及び算定方法の見直しのPDCAサイクルを示しつつ説明することが肝要と思われる〔脚注2〕。

もっとも、法令違反により取得した情報を用いないことや、後述3にて述べる差別、偏見等の禁止は基本的には、事後の立入検査などで確認されるべき事項であるので、申請段階では法令違反により取得した情報を用いないことを利用支払可能見込額算定のフローに明記した上で、必要に応じて情報の取得方法や情報の用い方を説明することになると考えられる。

3 与信審査における差別、偏見等の禁止

本中間整理に対して、令和元年8月、内閣府消費者委員会より意見が公表され、この中で「AI等の技術・データの活用については、消費者に多大な利便をもたらす可能性がある反面、プライバシーの問題や不当な差別につながるおそれがある」との見解が示された。

このような見解を踏まえ、具体的に施行規則のかたちで定められた内容が規則62条1項2号であり、同条項では、算定に用いる「利用者の支払能力に関する情報」について、当該利用者に対する不当な差別、偏見その他の著しい不利益が生じるおそれがある方法により利用することが禁止されている。

より具体的に禁止されている情報利用の形態としては、「例えば、特定の

---

2 大内南人「令和2年割賦販売法改正における少額制度、認定制度の概要」月刊消費者信用2021年12月号22頁

信条を有することのみをもって与信を拒否するよう算定の方法を構築すること及び利用者支払可能見込額を算定すること」が禁止の対象となるとされている（経済産業省平成21年9月8日商第4号「割賦販売法に基づく経済産業大臣の処分に係る審査基準等について」別紙5「2」）。

Ⅲ 認定包括信用購入あっせん制度の諸規定

1 算定方法に関する変更（割販法30条の5の4第3項及び4項）

割販法30条の5の4の1第1項の認定を受けた包括信用購入あっせん業者（以下「認定包括信用購入あっせん業者」という）は、利用支払可能見込額の算定方法に用いるデータや技術を変更することが想定されるため、このような場合には変更の認定を受ける必要がある。

具体的には、①算定の方法の構築に新たな技術又は統計手法等を導入し又は廃止した場合又は②顧客の過去情報の取得先の変更に伴い、算定の方法の構築に用いる当該過去情報の項目を追加し又は削減した場合その他利用者支払可能見込額の算定の方法の構築に重大な影響を与える変更を行った場合（経済産業省「割賦販売法に基づく経済産業大臣の処分に係る審査基準等について（別紙6）」）には、変更の認定に係る申請をする必要がある（割販法30条の5の4第3項及び規則62条の2第1項）。

変更の認定に係る申請において実務上悩ましい点は、どのような場合が「利用者支払可能見込額の算定の方法の構築に重大な影響を与える変更」に該当するかという点であろう。

この点、上記「別紙6」にて例示された場合のほか、自社内でいままでの業種と異なるサービスを開始したことにより、全く異なる情報で審査ロジックを構築することになった場合には、情報の取引先の変更に伴う情報項目の変更はないものの、これと同等のものとして重要な変更に該当する場合もあり得るものと考えられる。

2 認定取消し（割販法30条の5の4第5項）

認定の取消事由としては①認定業者の与信審査手法が法令上の基準を満たさなくなったと認められるとき、②変更の認定を受けずに利用支払可能見込額の算定方法や与信体制を変更したとき、③改善命令に違反したとき、④不正の手段により認定を取得したときを規定している。

3 利用者支払可能見込額の算定義務（割販法30条の5の5第1項～3項）

認定包括信用購入あっせん業者は、利用者にカードを交付する場合等には、認定を受けた方法によって利用支払可能見込額を算定しなければならない。ただし、30万円以下の極度額のクレジットカードを発行する場合（当該事業者へのクレジット債務が50万円を超える場合を除く）や、家族カード等の付随カードを発行する場合等には、例外的に、利用者支払可能見込額の算定義務を負わない。

4 定期報告（割販法30条の5の5第4項）

認定包括信用購入あっせん業者は、事業年度ごとに利用支払可能見込額の算定の実績及び時期事業年度の延滞率として設定した延滞率（想定延滞率）を報告しなければならない。

5 改善命令（割販法30条の6）

経済産業大臣は、利用者支払可能見込額の算定義務に違反した場合等に認定事業者に対して改善命令を発動することができる。

Ⅳ 認定制度と債権回収のかかわり

1 想定延滞率の管理

上記のとおり、認定に際しては、法令に基づいて指定信用機関が算定する延滞率を超えないよう延滞率を管理することが認定基準の一つになっている

（規則62条1項3号）。

　これは、延滞率の適切な管理が与信ロジック構築（認定基準における、規則62条1項1号に規定する「当該算定方法において不適正又は不十分な技術のないこと」に該当しないためのロジック構築）の前提となっているからであると考えられる。

　従前より既存のカード会社の中には、支払可能見込額調査（割販法30条の2）に加えて、独自にAI技術等を用いたスコアリング（＝任意の手法での与信審査）を行う運用を行う業者が多数見受けられた。

　認定包括信用購入あっせん制度は、このような運用から支払可能見込額調査を外したような制度設計となっているといえよう。

　もっとも、認定包括信用購入あっせん制度という新制度になったからといって、過剰与信の水準が従前より低下することを法は想定していない点には注意が必要である。

　すなわち、支払可能見込額調査をせずに認定包括信用購入あっせん制度に基づきAI技術等による与信審査をする場合には、当該AI技術等による審査を行ったことが原因で延滞率が従前と異なる割合で算出される事態は、避けるべきといえる。

　また、例えば想定延滞率を6％としながら、延滞率実績が1％の場合には、想定より低い延滞率ではあるものの、延滞率の管理について定期報告（割販法30条の5の5第4項）等で説明を求められる可能性がある。

　したがって、認定制度の申請時及び運用時には、想定延滞率に近い延滞率になるよう債権回収の実運用を構築する必要がある点に注意が必要である。

2　想定延滞率の管理とサービサーの活用

　以上のとおり、認定包括信用購入あっせん業者は、債権回収の場面において、想定延滞率に近い延滞率になるように、管理回収業務を行うことが必要である。そして、認定包括信用購入あっせん業者自らが管理回収業務を行うことなく、債権回収会社（以下「サービサー」という）を利用して当該業

務を行う場合には、以下のような点に留意が必要である。

　まず、包括信用購入あっせん業者がサービサーに対して債権の管理回収を委託して債権管理回収を行わせる際には、債権者たる地位は、いまだ認定包括信用購入あっせん業者が有していることから、委託を受けたサービサーとしては、1に記載したとおり、想定延滞率と異なる延滞率にならないよう注意して債権回収を行う必要がある。

　もっとも、想定延滞率の具体的な管理のあり方については、サービサーに対して管理回収業務を委託している場合であっても、認定包括信用購入あっせん業者自身が判断して、決定すべきであり、サービサーに一任することは適切ではない。

　したがって、債権の管理回収を受託しているサービサーとしては、想定延滞率と異なる延滞率にならないように、債権の管理及び回収の手法が適切なものであるか、認定包括信用購入あっせん業者と緊密に連携をとった上で確認することが好ましいものと思われる。

　これに対して、認定包括信用購入あっせん業者がサービサーに対して債権譲渡を行い、債権を買い取ったサービサーが自らの債権として債権回収を行う場合には、債権者たる地位は、認定包括信用購入あっせん業者からサービサーに移転している。そのため、譲渡後の債権については、想定延滞率の算定基礎から除外されることになる。

　このように、認定包括信用購入あっせん業者にとっては、債権譲渡によって、対象となる延滞債権を切り離すことで、想定延滞率のコントロールを行うことができることとなるが、恣意的な債権譲渡を行うこととなると法の潜脱と評価されかねないため、年次で債権譲渡のスケジュールや、譲渡範囲などをある程度決定しておき、それに従った債権譲渡とするなど、潜脱と評価されないような対応も検討する必要がある。

3　想定延滞率とは異なる延滞率に陥っている場合に、発生した債権を債権回収する際の留意点

　ある認定包括信用購入あっせん業者が、当初の想定延滞率と異なる延滞率

に陥っていた状態において、顧客との間で与信契約を締結し、債権が発生した場合に、当該債権を回収する際の留意点はあるだろうか。

この点、想定延滞率の管理はあくまで事業者に課せられた行政法規上の義務であり、直ちに債権の民事上の効力について疑義を生じせしめることにはならないため、認定包括信用購入あっせん業者（又は同者から委託を受け、若しくは債権譲渡を受けたサービサー）は、当該債権に係る契約内容に従い、管理回収業務を行えば足りるものと考える。

4　債権管理回収の場面における信用情報の必要性

以上でみてきたように、認定包括信用購入あっせん業者は、AI技術等により法令で必要とされる与信審査への対応が可能とされているが、適切な与信審査ロジックの構築、維持という観点から、与信後の管理の場面（債権管理回収の場面）において、想定延滞率のコントロールが必要とされている。

また、認定包括信用購入あっせん業者でなくとも、従来のカード会社を含む与信事業者においては、任意の与信審査として、独自にAI技術等を用いたスコアリング（＝任意の手法での与信審査）を行う業者が多数存在しているところである。そして、かかる与信事業者においても、単に与信審査を精緻にすれば足りるというわけではなく、与信後の債権管理回収における延滞率のコントロールが重要である。

このように、認定包括信用購入あっせん業者においても、カード会社を含む与信事業者においても、債権管理回収の場面における延滞率のコントロールに際しては信用情報機関からさまざまな信用情報を取得し、これを分析、利用することが当然の前提となっており、このような債権管理回収を通じて、適正な与信審査ロジックが維持されているという実態がある。

すなわち、認定包括信用購入あっせん業者やカード会社を含む与信事業者は、信用情報機関に加入しているため、債権管理回収の場面においても、当該債務者に関する他社債権の延滞の有無等を適時のタイミングで確認することが可能であり、債務者のその時々の資力に応じ、資力回復するまで一時的に支払を猶予したり、逆に約定どおりの支払を求めたりなど、的確な債権管

理回収を行うことができる。このような債権管理回収が、AI技術等を用いた審査与信ロジックを維持することにもつながっている。

　言い換えれば、債権管理回収の場面で、信用情報を利用することは、AI技術等を用いた審査与信ロジックの適正化を確保するために必要な行為であり、先に述べた認定包括信用購入あっせん業者に係る想定延滞率のコントロールという制度も、このような必要性を当然の前提にした制度といえる。

　これに対して、サービサーは、現時点において、信用情報機関に加盟できていないため、現状では与信事業者がサービサーに対して債権管理回収業務を委託したり、債権譲渡を行ったりした場合には、当該サービサーにおいて信用情報を用いた債権管理回収が不可能になるという実態がある。これでは、与信事業者がサービサーを利用した場合には、当該与信事業者に係る審査与信ロジックの適正化を確保することが困難になりかねず、最終的には債務者保護が十分に図られなくなることにもなりかねない。

　サービサーについても、信用情報機関への加盟を認める等、制度的な対応が必要であろう。

23 銀行法の改正と債権回収分野への影響

1. 令和3年改正銀行法の概要はどのようになっているか。
2. 銀行が行う情報利活用に係る業務を他業態に提供し、当該業態において利活用することは可能か。
3. 改正銀行法に係る債権回収分野への今後の影響は何か。

1. 付随業務に、地域活性化や産業の生産性向上など持続可能な社会の構築に資する業務として「地域活性化等業務」が追加された。従属業務を営む子会社の収入依存度規制の撤廃、銀行業高度化等会社の認可基準の規制緩和がなされた。
2. 情報利活用の事例としては、広告・マーケティング業務があげられるが、これらは、従来は付随業務の枠組みの中で行われていたが、今回の法改正により、「地域活性化等業務」として行ったり、子会社に従属業務として当該業務を営ませたり、認可を受けて「一定の銀行業高度化等業務」として行わせることが可能となった。
3. 現時点では、グループ会社以外のサービサー向けの債権回収にフォーカスした、銀行ないしその子会社の、情報分析サービスが行われていないものと思われ、今後、情報分析サービスの提供が期待されるが、銀行法の業務範囲規制との関係では、基本的には、広告・マーケティング業務をはじめとする各種業務における議論が妥当するものと思われ、サービス提供に当たって特有のハードルはないように思われる。

I 令和3年改正銀行法

1 銀行等本体における業務範囲規制

(1) 改正の概要

令和3年改正銀行法（同年11月22日施行）により、銀行の付随業務として、新たに「地域活性化等業務」が追加されることになった（銀行法10条2項21号）。

「地域活性化等業務」として認められる業務として、具体的には、以下の業務が定められた。（同法施行規則13条の2の5各号）。

① 経営相談等業務（例えば、DX支援、事業者紹介のような業務）

② 登録型人材派遣業務（例えば、銀行が行員を取引先企業の人材不足等のニーズに応じて派遣するような業務）

③ システムやプログラムの設計・開発等業務（例えば、アプリの開発及び開発したアプリの販売のような業務）

④ 広告・宣伝・調査、情報の分析等業務（例えば、DMの送付、インターネットバンキング余白画面へ広告掲載、マーケット調査及びその提供のような業務）

⑤ 巡回訪問業務（例えば、高齢者見守りサービスのような業務）

また、上記①〜⑤に該当する業務であっても、「地域活性化等業務」が銀行業に係る経営資源の利活用を念頭に置いたものであることから、「銀行業に係る経営資源」に加えて、「当該業務の遂行のために新たに経営資源を取得する場合にあつては、需要の状況によりその相当部分が活用されないときにおいても、当該銀行の業務の健全かつ適切な遂行に支障を及ぼすおそれがないものに限る」と要件が定められている（同法施行規則13条の2の5カッコ書）。

もっとも、同要件については、監督指針において、「当該要件について過度に厳格な扱いをすべきではない点に留意する必要がある」との姿勢が示され、「当該要件については、新規又は追加的に取得しなければならないリソースを最小限度にしなくてはならないわけではなく、仮に当該業務の需要

がゼロになったとしても、銀行の固有業務の遂行又は健全性に著しい支障を
きたさないことが明らかである限り、当該要件を充足するとみなすことができ
き、地域活性化等業務として実施可能であることに留意する」とされてい
る〔脚注1〕。

そのため、地域活性化等業務として、一定の業務を行う場合には、固有業
務の遂行に必要な資源の余剰部分といった、既存リソースの余剰部分のみを
活用して業務を行うことに限定されず、全く新たなリソースを当該業務を行
うために取得・開発して業務を行うことも、「仮に当該業務の需要がゼロに
なったとしても、銀行の固有業務の遂行又は健全性に著しい支障をきたさな
いことが明らかである限り」可能ということになる。

したがって、後述する「その他付随業務」の余剰能力の活用が要件になら
ない点で、銀行本体に広く、上記①〜⑤の業務を認めるものといえる。

(2) 従来の整理との関係

従来、上記①〜⑤の業務については、取引先企業でないものに対して行う
場合を中心に〔脚注2〕、監督指針の4要素、ⓐ当該業務が法10条1項各号及
び2項各号に掲げる業務に準ずるか（準業務性）、ⓑ当該業務の規模が、そ
の業務が付随する固有業務の規模に比して過大なものとなっていないか（非
過大性）、ⓒ当該業務について、銀行業務との機能的な親近性やリスクの同
質性が認められるか（機能的親近性・リスク同質性）、ⓓ銀行が固有業務を
遂行する中で正当に生じた余剰能力の活用に資するか（余剰能力の活
用）〔脚注3〕に照らして「その他付随業務」に該当するかを整理、判断し、
営まれていた。

この点、今回の改正により追加された地域活性化等業務のうち①経営相談
等業務、③システムやプログラムの設計・開発等業務、④広告・宣伝・調

1　主要行等向けの総合的な監督指針V-3-2-1(1)
2　取引先企業に対して行うコンサルティング業務、ビジネスマッチング業務について
は、従前の監督指針で「その他の付随業務」に該当することが示されていた。もっと
も、今回の改正で、これらの業務は「経営相談等業務」として行うことができることに
なったため、監督指針の記載からは削除されている。
3　主要行等向けの総合的な監督指針V-3-2-2(4)

査、情報の分析等業務については、「他の事業者等（法人その他の団体及び事業を行う個人（当該事業の利益のためにする行為を行う場合における個人に限る。）をいう）に対して行うものであればよい」とされており、「他の事業者等」は取引先企業に限られるものではなく、未取引先、潜在顧客も含むものとされている〔脚注4〕。

また、②登録型人材派遣業務、⑤巡回訪問業務についても、「当該銀行の利用者」という文言になっているものの、上記と同様に、既存顧客に限定されず、潜在顧客も含まれるとされている〔脚注5〕。

そして、地域活性化等業務に該当するものについては、「その他付随業務」に該当するか否かにかかわらず行うことができる〔脚注6〕ところ、地域活性化等業務該当性については、上記のとおり緩やかに解されているため、情報の分析業務を含む①から⑤の業務について、疑義なく行うことができるようになったといえる。

なお、地域活性化等業務に該当する業務であっても、従前の整理や事例等に従い、監督指針の4要素に照らし、「その他付随業務」として整理された業務について、引き続き「その他の付随業務」として営むことを妨げるものではないとされている〔脚注7〕。

2　銀行子会社における業務範囲規制

(1)　従属業務子会社規制の緩和

令和3年改正銀行法により、銀行又は銀行持株会社の子会社（以下「銀行子会社」という）の業務における、いわゆる収入依存度規制が撤廃された。

収入依存度規制とは、図表23－1のとおり、銀行グループのバックオフィス業務を行う従属業務子会社の業務は、銀行業からみれば「他業」であり、

4　令和3年銀行法等改正に係る政令・内閣府令案等に関するパブリックコメントの結果等について（以下、「令和3年改正パブコメ」という）No.10、11
5　令和3年改正パブコメNo.43
6　「主要行等向けの総合的な監督指針」等の一部改正（案）に対するパブリックコメントの結果等についてNo.4
7　令和3年改正パブコメNo.14

図表23-1　収入依存度規制

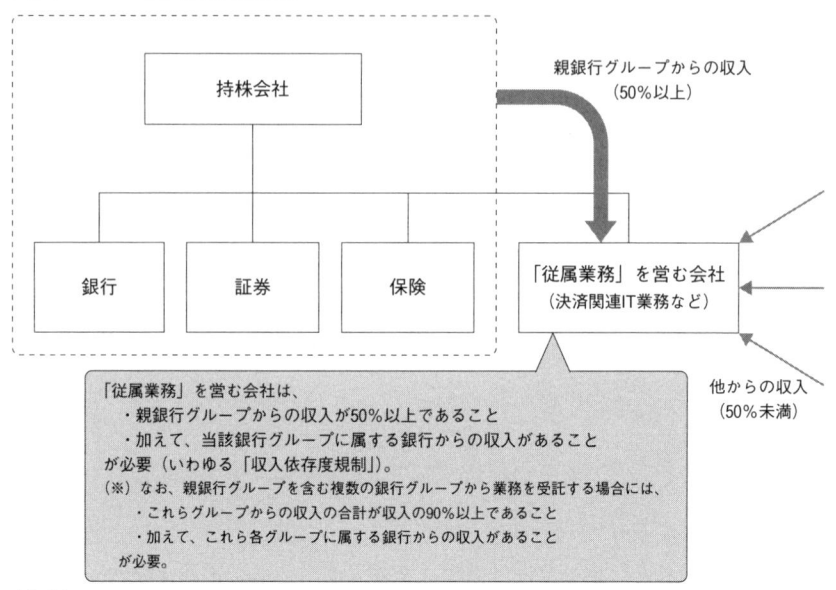

主として銀行グループ内の業務遂行の範囲内で認められるべきとの考え方から、従属業務につき原則として銀行からの収入の合計額が総収入の額の50%以上でなければならないという規制であった。

　もっとも、従属業務に含まれる業務の中には、銀行グループ外にも提供されることで、提供先の生産性向上等を通じて地域の活性化に資するものもあるという考え方等により、数値基準としての収入依存度規制は撤廃され、従属業務を営む子会社は、「銀行等のためにその業務を営んでいるもの」のみが従属業務会社の要件となった（銀行法16条の2第1項11号）。

　また、ここでいう「銀行等」の範囲も拡充され、子法人等・関連法人等まで含めることとされた（同法施行規則17条の2第4項）。

　そして、「銀行等のためにその業務を営んでいるもの」の具体的な判断基準については、収入依存度規制の数値基準にかえた一定の目安を示すことも考えられるとされたが、現時点でこのような目安は示されておらず、あくま

で個別の事案ごとの判断であるが、「銀行等のためにその業務を営んでいるもの」と適切かつ合理的に説明できる場合には、従属業務として当該業務を営むことができるものとされている〔**脚注8**〕。

そのため、銀行子会社の主要な収益源が、銀行グループ外との取引によるものであったとしても、直ちに「銀行等のためにその業務を営んでいるもの」の該当性が否定されることにはならず、〔**脚注9**〕銀行グループ内からの収益が大幅に減少したのではなく、経営余力を捻出するためにグループ外との取引を増やしたといった事情であれば、「銀行等のためにその業務を営んでいるもの」と適切かつ合理的に説明できると思われる。

(2) 銀行業高度化等会社

銀行業高度化等会社制度は、銀行が認可を受けて、銀行業高度化等会社（従来は、「情報通信技術その他の技術を活用した当該銀行の営む銀行業の高度化若しくは当該銀行の利用者の利便の向上に資する業務」と定義されていた）を営む会社を子会社とすることができる制度である。

令和3年改正銀行法では、銀行業高度化等会社の従来の定義に加えて、「地域の活性化、産業の生産性の向上その他の持続可能な社会の構築に資する業務又はこれらに資すると見込まれる業務を営む会社」が追加された（銀行法16条の2第1項15号）。

また、従来銀行及び銀行持株会社が銀行業高度化等会社を子会社とするための認可手続においては、通常の子会社認可基準に加えて、①出資が全額毀損した場合でも銀行等の財産・損益が良好であると見込まれること、②優越的地位の濫用の著しいおそれがないこと、③利益相反取引の著しいおそれがないことを確認することが必要とされていた。

令和3年改正銀行法により、銀行業高度化等会社のうち、以下の業務については、「一定の銀行業高度化等業務」として、これを専ら営む場合には、

8　「主要行等向けの総合的な監督指針」等の一部改正（案）に対するパブリックコメントの結果等についてNo.25、No.28

9　「主要行等向けの総合的な監督指針」等の一部改正（案）に対するパブリックコメントの結果等についてNo.26では、銀行等以外からの収入が全体の60％や70％であっても、従属業務子会社に該当するケースはあり得るとされている。

通常の子会社認可基準で足りるとする規制緩和がなされた（銀行法16条の2第4項、同法施行規則17条の4の3）。銀行業高度化等会社として、業務を営む場合には、従属業務会社のように「銀行等のためにその業務を営んでいるもの」に該当する必要はない。

① フィンテック業務

② 地域商社業務

③ 登録型人材派遣業務

④ システム関連業務

⑤ 広告宣伝、データ分析等業務

⑥ ATM保守点検業務

⑦ 成年後見制度に係る相談等を行う業務

⑧ 上記に掲げる業務に関し必要となる業務であって、子会社対象会社が営むことができるもの

⑨ 上記に掲げる業務に附帯する業務

⑩ 障害者雇用促進法に係る特例子会社が営む業務

さらに、財務健全性、ガバナンスが一定以上であることの認定を受ければ、個別の認可を受けずに、届出によって、一定の銀行業高度化等業務と同様の「特例銀行業高度化等業務」を営む会社を子会社とすることも可能となった（銀行法52条の23の2第6項〜10項）。

そのため、子会社が、当該子会社が属する銀行グループとの取引を行わず「銀行等のためにその業務を営んでいるもの」と適切かつ合理的に説明できない場合には、認可を受けて「一定の銀行業高度化等業務」として行わせることが可能である。

Ⅱ　改正銀行法に関連するサービスと債権回収分野への今後の影響

1　既に存在している具体的なサービス

(1)　銀行本体がデータ分析、活用を行っている例

　銀行本体がデータ分析、活用を行っている例としては、銀行グループ会社を含めて、顧客の統合データベースを作成し、顧客のニーズや信用力をグループの個人顧客に関する属性情報、勘定取引情報、行動履歴やウェブサイトのログなどの情報に加え、各種の政府統計や人口動態に関する情報などのオープンデータを蓄積・AIを用いて分析し、銀行及びグループ会社が分析されたデータを、個人顧客向けのサービスに活用している事例がある。

　グループ会社で統合されたデータの分析・活用により、例えば顧客が銀行の住宅ローンを申し込んだ際に、提供された情報をもとにグループ会社で提供するクレジットカードやカードローンなどに対するニーズ予測や審査も行うことなども可能になる。

(2)　銀行業高度化等会社の例

　銀行業高度化等会社の例としては、銀行が、IDデータ事業を行う子会社を設立し、新たなデータプラットフォームサービスを開始している事例も見受けられる。

　当該子会社は、金融庁から銀行業高度化等会社として認可を受けて設立され、銀行がこれまで培ってきた事業との連携を図るかたちで、データプラットフォームサービスを行っている。

　具体的には、銀行やグループ会社、提携会社の顧客が提供した情報を、データ分析を行う子会社に連携し、子会社にて蓄積、分析されたデータを銀行やグループ会社、提携会社で上記(1)で述べたような活用をすることに加えて、グループ外の広告主に対して顧客個人が特定されないかたちに加工した上で提供するサービスが行われている。

　また、将来的には広告業務のみならず、グループ外の企業向けにマーケティング業務も提供される見通しであるため、銀行やグループ会社が有する

膨大な情報の効果的な活用が期待される。

2 債権回収分野

　現時点では、グループ会社以外の金融機関やサービサーなどに向けて債権
回収分野において、債権回収にフォーカスした、銀行ないしその子会社の、
情報分析サービスが行われている実例は、現状はないものと思われる。

　もっとも、今後においては、グループ会社以外の金融機関等に向けて債権
回収にフォーカスした情報分析サービスも生じてくることが期待できる。

　すなわち、債権回収の局面であっても、期限の利益を再付与し、債権の一
部について分割払いを認める（その後、残債は放棄する）などの和解契約は
一般的であり、このような契約締結に際しては、対象となる債務者の支払能
力についての判断（＝与信判断）が必要であるため、当該与信判断に情報分
析サービスを活用することも考えられる。

　また、情報分析会社が分析した債務者属性等や趣味嗜好等の当該債務者の
情報を、当該債務者の同意のもとで、他の金融機関等に提供し、当該金融機
関等において債権回収の優先順位を決定したり、具体的な方法を検討したり
するということも考えられる。

　このように、債権回収分野においても、今後情報分析サービスの提供、拡
大が期待されるが、銀行法の業務範囲規制との関係では、基本的に上記で取
り上げた、広告・マーケティング業務をはじめとする各種業務における議論
が妥当するものと思われ、サービス提供に当たって特有のハードルはないよ
うに思われる。

　ただし、銀行法とは別に、個人情報保護法等の別の論点は問題となり得る
ところであるので、第2章7も併せて参照されたい。

Ⅲ　補足——改正銀行法に関連するサービスと他業態での利
活用

　債権回収分野情報の利活用の事例としては、広告・マーケティング業務が

あげられる。すなわち、銀行は、業務の性質上、個人顧客の保有資産や住宅ローン等の借入れ等の、他業種では容易に入手することができない情報を大量に保有しているため、銀行が保有するかかる情報を分析し、広告・マーケティング業務を行うサービスがあり得る。

　具体的には、銀行ないし子会社が、取引先企業等から依頼を受けて、顧客に送付しているDMに取引先企業の広告を掲載したり、インターネットバンキングの画面の余白に取引先企業の広告を掲載したりすることや、広告を行うことで得られた情報も併せて分析しマーケティング情報として取引先企業に提供したりすることが想定される。

　このような業務も、Ⅰ1でも述べているように、銀行法改正以前も、銀行は付随業務の範囲内で行うことができていたが、「その他付随業務」の範囲内である必要があり、Ⅰ1(2)であげた4要素を考慮する必要があり、とりわけⓓ銀行が固有業務を遂行する中で正当に生じた余剰能力の活用に資するか（余剰能力の活用）という要素が制約となっていたため、銀行ないし子会社が有する余剰部分を利用した限度で行われていた。

　そして、上記改正によって、銀行ないし子会社は、余剰部分を利用したものにとどまらず、他の事業者のために広告・マーケティング業務を行うことが可能となった。

　また、上記業務を営むに当たっては、契約形態の制限はないと解されている〔脚注10〕ため、銀行ないし子会社は、自らのDMに他の事業者の広告を掲載することのみならず、他の事業者が営む広告事業の委託を受けることも可能である。

10　令和3年改正パブコメNo.82

24 事業再生支援等において サービサーが担うべき役割と 現行サービサー法の課題

Q
1. 近時の事業再生支援等の動向とサービサーが担うべき役割は何か。
2. 現行のサービサー法における課題は何か。
3. サービサー法の改正を行うべき事項は何か。

A
1. ポストコロナの状況下で、サービサーには大きな期待が寄せられており、サービサーが担うべき具体的役割についても明確になっている。
2. 上記の役割に照らせば、現行のサービサー法にはさまざまな課題、問題点があり、サービサーが担うべき具体的役割を十分に果たすためには、法改正を行う必要がある。
3. 特定金銭債権の範囲を拡大する等、さまざまな事項を含む改正事項が想定される。

I 近時の事業再生支援等の動向とサービサーが担うべき役割

1 近時の事業再生支援等の情勢

2020年1月以降、新型コロナウイルス感染症の世界的流行により、日本においても未曾有の経済停滞にさらされた。

その結果、多くの中小企業が資金繰りに困窮したため、資金繰り支援のためにさまざまな施策が講じられた。具体的には、①日本政策金融公庫等による「新型コロナウイルス感染症特別貸付」の制度、②民間金融機関による融資を支援する目的で、「セーフティネット保証4号」「同5号」の別枠対応に

よる信用保証協会の保証制度（さらに伴走支援型特別保証制度の場合には、保証料の大幅な引下げ）、③都道府県等による制度融資を活用した民間金融機関での融資対応（都道府県等が利子補給を行うことで実質無利子とするもの）などである。これらの資金繰り支援により、中小企業は、急場をしのぐことができたといえる。

コロナ禍は終息を迎えつつあるが、コロナ関連の倒産件数は、2020年835件、2021年1,731件、2022年2,238件、2023年1,957件と増加傾向にある〔脚注1〕など、資金繰りのために多額の借入債務を負うこととなった中小企業への支援は引き続き必要である。

2　サービサーが担うべき役割について

(1)　公表資料にみるサービサーへの期待

(a)　「中小企業活性化パッケージNEXT」

このような情勢のもとで、経済産業省・金融庁・財務省は、2022年3月に「中小企業活性化パッケージ」を、同9月に「同NEXT」を公表した。

これらのパッケージでは、①資金繰り支援の拡充及び②収益力改善・事業再生・再チャレンジの総合的支援がうたわれているところであるが、特に「NEXT」では、上記②を更に加速するための追加措置が明示され、事業再生を加速させるという観点から、再生系サービサーを活用した支援スキームの創設が図られることとなった。

(b)　金融庁プログレスレポート

金融庁では、毎年「金融仲介機能の発揮に向けたプログレスレポート」を公表しているところであるが、直近の2年のレポートでは、サービサーにおける事業再生支援機能（令和3年7月公表版27頁以下）や、事業再生におけるサービサーとの連携・機能の活用（令和4年6月公表版33頁以下）が言及され、サービサーの重要性が指摘されている。

1　2023年9月29日時点での株式会社帝国データバンクの公表資料による。

(c)　令和6年1月の監督指針改正

　新型コロナウイルス感染症が5類感染症に移行したことを受け、社会経済活動の正常化が進む一方で、令和5年7月以降、民間金融機関において実施した実質無利子・無担保融資の返済が本格化するに至っており、事業者の実情に応じた経営改善や事業再生支援が急務となったことから、監督指針において所要の改正が行われた。

　当該改正においては、「顧客企業のライフステージ等に応じて提案するソリューション（例）」として、事業再生や業種転換が必要な顧客企業（抜本的な事業再生や業種転換により経営の改善が見込まれる顧客企業など）を対象としたソリューションの一例として、再生系サービサーの活用が紹介されている。

(d)　小　　括

　このように、中小企業に対する事業再生支援の観点より、金融支援の専門家集団であるサービサーに大きな期待が寄せられている状況である。

(2)　**サービサーが担うべき具体的な役割**

　ポストコロナ、ウィズコロナを踏まえれば、コロナ禍で影響を受けた中小企業の事業再生支援等を図るためには、公的な支援だけでは不十分であり、民間の活力を図る必要があり、サービサーも事業再生支援の一翼を担うことが期待される。

　具体的には、サービサーは、事業再生支援等の手続において、図表24-1のような役割を果たすことが期待される。

Ⅱ　現行のサービサー法における課題について

1　サービサーの役割と法的制約

　事業再生支援等におけるサービサーの役割は、前述のとおりであり、いずれも重要なものである。

　他方で、サービサーは、事業再生支援等の役割を果たす場合にも、債権管理回収業に関する特別措置法（平成10年10月16日法律第126号。以下「現行

図表24-1　サービサーの役割

	サービサーの役割	概要
①	再生の機会提供	サービサーはDPO機能（注）を有しているから、サービサーは、金融機関からの債権買取りを行うことを通じて、事業再生を図る中小企業に対し、有利子負債の圧縮というメリットを提供することが可能であり、これにより再生の機会を提供することができる。
②	事業再生の迅速化	サービサーが複数の金融機関から債権の買取りを行うことで、債権集約を図ることが可能であり、事業再生を図る債務者としては、複数の債権者と交渉する負担が軽減され、事業再生が加速される。
③	金融機関の負担軽減	金融機関にとっては、これまでは準則型私的整理の手続を利用していた案件において、サービサーへの債権売却を行うことで、無税償却を確保しつつ、債権管理コストの削減を図ることが可能となる。

（注）　ディスカウント・ペイオフ機能とは「対象となる債権を、額面額を下回る時価で買い取り、買取額以上の回収を行った後に、必要に応じて債務者に当該債権を売却する」ことである。

（出典）　筆者作成

サービサー法」という）を遵守する必要がある。

　この点、現行サービサー法は、平成13年の改正を最後に、実質的な改正がなされておらず、変化し続ける現在の事業再生支援の制度を踏まえた内容とされていないことから、以下で述べるような課題が生じている。

2 現行サービサー法における主な課題——事業再生支援等の観点から

(1) 特定金銭債権の範囲が限定的であること

(a) 現 状

現行サービサー法では、サービサーが管理回収業において取扱いができる債権（特定金銭債権）を規定しているが〔脚注2〕、事業再生支援等の観点からは、その範囲が限定的すぎる。そのため、以下のような課題が認められる。

(b) 課 題

(i) 「法的倒産者等」の債権に限定されていること

現行サービサー法では、事業再生関連の債権として特定金銭債権となるのは、「法的倒産手続開始決定・取引停止処分を受けた者」が有する債権に限定される。これでは、事業の収益性は相応に確保できているが一時的に財務の健全性が棄損している事業者（すなわち、いまだ法的倒産手続は開始されていないものの、財務上の問題が生じている事業者）が有する債権については、特定金銭債権には該当しないことになってしまう。

このような事業者に対しては、有利子負債の圧縮等を含む財務の健全性改善のための支援を、早い段階から行うことが重要であり、サービサーのDPO機能に照らせば、当該支援は可能であるにもかかわらず、現行サービサー法の制約のもとでは、これができないこととなる。

(ii) 「有する」債権に限定されていること

また、現行サービサー法では、法的倒産者等が保有する（又は保有していた）債権に限り、特定金銭債権となる。言い換えれば、法的倒産者等を債務者とする金銭債権（法的倒産者等に「対する」金銭債権）については、特定

---

2 現行サービサー法は、①法的倒産手続中の者が有する金銭債権等（現行サービサー法2条1項16号〜18号）、②手形交換所による取引停止処分を受けた者が有する金銭債権（同19号）、③これらの者が譲渡した金銭債権について特定金銭債権（17号等）とし、サービサーに一定の範囲での取扱いを認めている。また、サービサーが金融機関から債権を譲り受け、事業再生を図る場合であれば、債権の種類によっては、金融機関が有していた貸付債権（同2号）、担保の目的となっている金銭債権（同3号）として特定金銭債権となる。

金銭債権に該当しないことになる。

　例えば、大手事業者が法的倒産手続を開始した場合には、当該法的倒産者等に対して売掛金債権等を有している中小企業にも連鎖的に影響が生じることは必然である。

　このような中小企業について、連鎖倒産という事態が生じないように、有利子負債の圧縮等を含む財務の健全性改善のための支援を、早い段階から行うことが重要であるが、現行サービサー法の制約のもとでは、サービサーのDPO機能を活用した支援を行うことができない。

(iii)　小　　括

　上記(i)及び(ii)の課題については、金融機関の貸付債権を前提とする限りにおいては、なお特定金銭債権となるため、クリアできるようにも思われる。

　しかしながら、近時の金融機関においては、単に融資による支援にとどまらず、さまざまなかたちでの事業者支援を行うことを志向し、金融仲介機能を拡充させている〔**脚注3**〕。そのため、特定金銭債権に該当しない債権も多数想定される。

　事業再生支援等において、債権集約・迅速化を図るためには、サービサーが金融機関から対象債権をもれなく買取りできることが重要であるが、現行サービサー法のもとでは、買取りができない債権が生じてしまうという課題がある。

(2)　「債権回収」という商号規制

(a)　規制の内容

　現行サービサー法では、サービサーは、その商号中に「債権回収」という文字を用いる必要がある（同法13条1項）。

(b)　課　　題

　そのため、サービサーが事業再生支援等を行う債務者については、「決算

3　具体的には、地域金融機関においては、各種ビジネスマッチングや、ICTコンサル、総合的なコンサルサービスの提供など幅広いビジネスを志向しているところであり（令和4年6月公表の「金融仲介機能の発揮に向けたプログレスレポート」37頁以下参照）、金融機関が有する債権にもさまざまな種類がある。

書」や「不動産登記簿謄本」において、自社の債権者として、「○○債権回収」等のサービサー名が記載されることになる。

事業再生を行う債務者にとっては、新たな取引先や金融機関からの支援を受けることが必要であるが、上記記載は、当該債務者において期限の利益を喪失した債務があり、サービサーから管理、回収を受けているという事態を想起させるものであり、支援に向けた支障になるおそれがある。

Ⅲ　サービサー法の改正を行うべき事項

1　法改正の必要性

以上で説明したように、サービサーが事業再生支援等を実効的に行う場合には、現行サービサー法には一定の課題がある。この課題は、現行サービサー法の内容そのものに起因するものであり、最終的には、法改正により解決するほかない。

以下では、必要と解される法改正事項について言及する。

2　事業再生支援等の観点からの具体的な改正事項──特定金銭債権の範囲の見直し

前述のとおり、現行サービサー法では、特定金銭債権の範囲が限定的であり、サービサーのDPO機能を活用した支援を十分に実施することができない。この点を踏まえると、以下の事項について法改正が必要である。

⑴　事業再生関連債権

⒜　「法的倒産者等」の範囲

まず、現行サービサー法の「法的倒産者等」の範囲を見直し、事業再生を試みる事業者を広く取り込むべきである。

この点、金融庁のプログレスレポート〔脚注4〕によれば、サービサー機能の活用が想定される「事業再生」とは、「融資契約等の金融取引が困難と

4　令和4年6月公表の「金融仲介機能の発揮に向けたプログレスレポート」33頁脚注25

なった事業者が、再度、金融取引を行うことができる状態になること」をいうとされており、法改正に際しても、このような状態にある事業者が広く含まれるような条項とすべきである。

このような観点からすれば、例えば、「事業再生計画を策定し、債権者に当該計画を通知している者」のように、対象事業者を広くとらえることができる文言とすることが望ましい。

(b) 事業再生を図る事業者に対する債権

また、事業再生を図る事業者に「対する」債権も特定金銭債権に含まれるようにすべきである。

この点、信用保証協会によるセーフティネット保証制度（1号）として、「連鎖倒産防止」の観点から、倒産事業者に「対する」債権を有している事業者があげられていることからもわかるように、倒産事業者に対する債権について対処しなければ、連鎖倒産を招きかねないし、中小企業に対する事業再生もおぼつかない。

このような観点から、法的倒産者等に対する債権は当然として、事業再生を企図する事業者に対する債権も特定金銭債権とすべきである。

(c) 金融機関が有する各種の債権

さらに、事業再生においては、金融機関が主たる債権者となることが多いことから、金融機関が有する各種の債権（各種サービスに係る手数料債権も含む）については、広くサービサーが取り扱い得るものとし、債権集約・迅速化を可能とすべきである。

具体的には、金融機関が業として有し又は有していた金銭債権について、一律に特定金銭債権とすることが考えられる。

(2) 商号規制

「債権回収」という商号には、上記のような課題があるところ、事業再生を図る事業者にとっては、再生に向けた支援獲得への支障となり得る事実であり、極力排することが望ましい。他方で、「債権回収」に加えて実務で定着している「サービサー」という文言を選択の上で使用すべきとすれば、商号規制の趣旨〔脚注5〕も没却されることはない。

このような観点から、商号規制は残しつつ、「債権回収」又は「サービサー」のいずれかを選択させるかたちとすることが考えられる。

3　それ以外の改正事項

上記2で述べた改正事項は、あくまでサービサーが事業再生支援等を実効的に行うという観点からのものにすぎない。

サービサーの業務や役割は、必ずしも事業再生支援等に限られるものではなく、社会のDX化の動きを踏まえ、サービサーの業務も変容していくことを踏まえれば、少なくとも、以下のような改正事項については早急に実現されるべきと考えられる。

⑴　QR決済をはじめとする電子的な方法による決済等が広がったことに対する改正事項

まず、QR決済をはじめとする電子的な方法による決済等が広がったことを踏まえた改正が考えられる。具体的には、現行サービサー法2条1項5号は、いわゆるクレジットカード債権を特定金銭債権として規定しているところ、「証票その他の物」が利用者に交付されることを前提とした規定となっているが、現在のサービスでは、QRコードや番号、符号などを用いるのみで、物理的なカードを発行しないものも増えてきている（いわゆるカードレスの商品）。

この点、割賦販売法では、「番号、記号その他の符号」を付与することを前提とする文言が追加されるなど、カードレスの商品についても、規制対象とする法改正が既に行われ、相当期間が経過しているところであるが、サービサーにおいても、これに倣った改正を行うことが想定される〔脚注6〕。

5　現行サービサー法における商号規制の趣旨は、許可事業者とそうでない者の識別を容易にし、国民が不測の損害を被ることを防止するため、許可事業者であることを商号上明白にする点にあるとされている（黒川弘務ほか『実務サービサー法225問〔第三版〕』（商事法務、2011）235頁）。
6　なお、QRコード決済などについて、必ずしもサービサー法2条1項5号に該当しないものではないが（272頁を参照）、最終的には個別の判断が必要となるため、法改正により、この点を明確化することが可能となる。

(2)　ファクタリング債権に係る改正事項

　次に、ファクタリング債権についての改正も考えられる。すなわち、現行サービサー法 3 条 1 項15号では、一定の金融機関が事業者から金銭債権を買い取ることを業として行う者が有する金銭債権（ファクタリング業として買い取った債権に限る）について、特定金銭債権としている。

　しかしながら、ファクタリング事業にはさまざまな形態があり、必ずしも債権譲渡の法形式をとるものばかりではなく、保証や債務引受の法形式をとるものもある。また、ファクタリング業のみを専門に行う事業者も見受けられるところであり、金融機関に該当しない者がファクタリング業務を行っている場合もある。また、ファクタリングについては、中小企業の資金調達手段として幅広く活用され、最近ではオンラインでのファクタリング商品も増える等、社会的に重要な位置づけとなっており、サービサーがこれを取り扱う意義は大きい。

　そのため、広く特定金銭債権に該当し得るように改正を行う必要がある。

(3)　金融機関等が有する各種手数料債権

　本書284頁でも述べたとおり、改正銀行法により金融機関等が行う業務の範囲は拡大しているため、今後は、金融機関が従来以上にさまざまなサービスを提供し、さまざまな手数料債権を取得することが想定される。

　そのため、金融機関が有し（又は有していた）特定金銭債権に係る債務者と同一の債務者に対する金銭債権のうち、当該特定金銭債権と一体として管理し、当該特定金銭債権と併せて請求する金銭債権については、特定金銭債権に含めることが合理的である。そこで、例えば、銀行取引約定書等において、貸付債権と一体として管理して請求することが約定される金銭債権を特定金銭債権とするような法改正が必要である。

(4)　社会のDX化の動きを踏まえた今後の検討

　以上で述べた点はあくまで一例であり、社会のDX化の動きを踏まえれば、サービサーが取り扱うことが期待される金銭債権の範囲は、今後、大きく変容していく可能性がある。

　そのため、現行サービサー法が採用する方式（取扱可能な金銭債権を個別

に指定する方式）を変更し、サービサーが取り扱うことのできない金銭債権を個別に指定する方式を採用するなど、社会の変容に耐えられるような法制度も検討されるべきであろう。

Ⅳ　ま　と　め

　コロナ禍で影響を受けた中小企業の事業再生支援等においては、金融機関等がサービサーを活用することにより、事業再生が加速化するという関係にある。すなわち、サービサーには、事業再生支援のブースター（booster）としての役割が期待されており、この役割を十分に発揮するためには、現行サービサー法の課題を法改正により解決することが重要である。

これからの債権管理
──AI・DX起点の新デザイン

2025年1月17日　第1刷発行

編　者	右	崎	大	輔
	横	澤	康	平
	櫻	井	宏	平
発行者	加	藤	一	浩

〒160-8519　東京都新宿区南元町19
発　行　所　一般社団法人 **金融財政事情研究会**
出　版　部　TEL 03(3355)2251　FAX 03(3357)7416
販売受付　TEL 03(3358)2891　FAX 03(3358)0037
URL https://www.kinzai.jp/

DTP・校正:株式会社友人社／印刷:三松堂株式会社

ISBN978-4-322-14484-0